卓越工程师教育培养计划配套教材

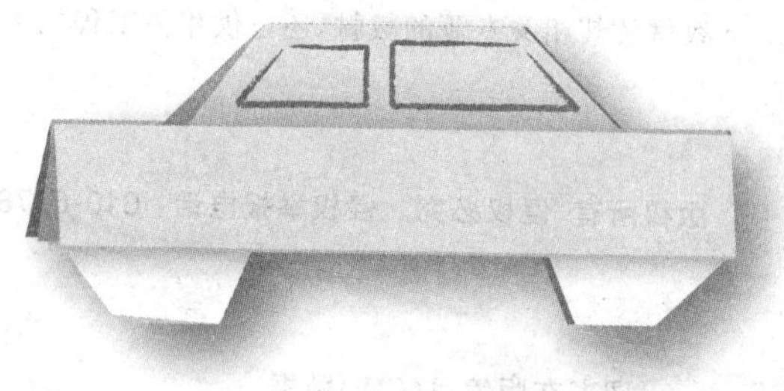

汽车理论

陈浩 王岩松 主编

清华大学出版社
北京

内容简介

培养汽车专业人才、加快汽车产业发展，对促进我国国民经济的发展具有重要的战略意义。作者结合多年来的科学研究与教学实践经验，在参考国内外大量课程成果的基础上，本着系统性、知识性、实用性的原则，特编写此书，力求突出汽车专业基础理论知识及其与汽车工业的结合与应用。

本书分为八章，分别为车辆地面力学、动力性、燃油经济性、动力装置参数的选择、制动性、操纵稳定性、平顺性和通过性。

本书可作为高等院校汽车专业及其相关专业的教材，也可作为高职高专、成人教育等汽车工程类专业教材及其相关专业的教材，还可供相关工程技术人员和汽车服务业、维修业人员阅读参考。

图书在版编目(CIP)数据

汽车理论/陈浩，王岩松主编. --北京：清华大学出版社，2015

卓越工程师教育培养计划配套教材. 车辆工程系列

ISBN 978-7-302-42254-9

Ⅰ. ①汽…　Ⅱ. ①陈…　②王…　Ⅲ. ①汽车工程－高等学校－教材　Ⅳ. ①U461

中国版本图书馆 CIP 数据核字(2015)第 283455 号

责任编辑：杨　倩　赵从棉
封面设计：常雪影
责任校对：赵丽敏
责任印制：宋　林

出版发行：清华大学出版社
网　　址：http://www.tup.com.cn，http://www.wqbook.com
地　　址：北京清华大学学研大厦 A 座　　**邮　　编**：100084
社 总 机：010-62770175　　**邮　　购**：010-62786544
投稿与读者服务：010-62776969，c-service@tup.tsinghua.edu.cn
质 量 反 馈：010-62772015，zhiliang@tup.tsinghua.edu.cn
印 刷 者：北京市人民文学印刷厂
装 订 者：三河市溧源装订厂
经　　销：全国新华书店
开　　本：185mm×260mm　　**印　　张**：13　　**字　　数**：314 千字
版　　次：2015 年 12 月第 1 版　　**印　　次**：2015 年 12 第 1 次印刷
印　　数：1～2500
定　　价：29.00 元

产品编号：050523-01

卓越工程师教育培养计划配套教材

总编委会名单

卓越工程师教育培养计划配套教材

——车辆工程系列编委会名单

PREFACE

序 言

汽车是促进社会经济发展和提高人类生活质量不可或缺的交通工具。进入21世纪以来,我国综合国力进一步增强,人民生活水平不断提高,汽车产业高速发展。2009年,我国因汽车产销量突破1300万辆而成为全球第一汽车产销大国。2010年,我国汽车产销量均超1800万辆,稳居世界第一。2011年,我国汽车产销量双超1840万辆,再次刷新全球历史纪录。2002年至2011年的10年间,我国汽车产销量平均增幅超过22%,汽车产业已经成为我国经济发展重要的支柱产业。

培养造就一大批适应汽车产业发展需求的人才队伍,是保障我国汽车产业长期繁荣与持续发展的关键。伴随我国汽车产业的高速发展,汽车人才的短缺问题日益凸显。这不仅反映在人才培养数量上不能满足需求,而且体现在人才培养质量上存在较大差距。国外高校的汽车专业教育更加强调学生的动手能力和实践能力,学生有很多机会到汽车企业和制造车间进行实践锻炼,因而其开发创新能力更强。改革开放以来,我国的高等工程教育取得了巨大成就,但也存在人才培养模式单一,缺乏多样性和适应性,工程教育中工程性缺失、实践环节薄弱,评价体系导向重论文、轻设计、缺实践等问题。走中国特色新型工业化道路、建设创新型国家、建设人才强国等已经成为教育界和企业界的共识,这对高等工程教育改革发展提出了迫切要求。教育部于2010年开始实施的"卓越工程师教育培养计划"就是要培养造就一大批创新能力强、适应经济社会发展需要的高质量各类型工程技术人才,为国家走新型工业化发展道路、建设创新型国家和人才强国战略服务。

上海工程技术大学车辆工程专业在建设过程中,以服务国家和地区经济建设为宗旨,始终坚持学科链、专业链对接产业链的办学模式。2010年,车辆工程专业被列为教育部"卓越工程师教育培养计划"首批试点专业。为满足车辆工程专业"卓越工程师教育培养计划"的需要,上海工程技术大学车辆工程专业的骨干教师与上海汽车工业(集团)公司和上海交运(集团)公司的技术骨干合作编写了"卓越工程师教育培养计划"车辆工程专业系列教材。该系列教材包括《汽车发动机构造》、《汽车底盘构造》、《汽车车身结构》、《汽车理论》、《汽车设计》、《汽车工程测试基础》、《汽车制造工艺学》(配习题集)、《汽车车身制造工艺》、《UG CAD教程》、《汽车造型基础》、《车辆工程英语精读教程》、《车辆工程英语听力教程》、《汽车专业英语》等。

系列教材在编写过程中,按照理论与实践相结合的原则,参阅了大量的中外文参考书籍和文献资料,吸收和借鉴了现有部分教材的优点,参考了汽车企业的相关材料。系列教材强调理论联系实际,体现"面向工业界、面向世界、面向未来"的工程教育理念,以社会对汽车车辆工程人才的需求为导向，以实际的汽车车辆工程为背景，以汽车工程技术为主线，着力于提升学生的工程素质，强化培养学生的工程能力。系列教材具有基础性、系统性、应用性等特点，能够满足车辆工程专业“卓越工程师教育培养计划”的教学目标和要求。

上海工程技术大学　陈力华

2012 年 1 月

FOREWORD

前言

近年来，汽车技术的发展日新月异，我国汽车行业也发展迅速，汽车产业已成为我国的支柱产业。汽车工业的繁荣，使汽车及其相关产业的人才需求量大幅度增长。培养汽车专业人才、加快汽车产业发展，对促进国民经济的发展具有重要的战略意义。

打造我国自主品牌、开发核心技术是我国汽车工业发展的必然选择。培养具有自主开发能力的研究型人才和具有鲜明的"理论基础扎实，专业知识面广，实践能力强，综合素质高，有较强的科技运用、推广、转换能力"特点的应用型人才是我国汽车工业发展的必然要求。

为了适应现代汽车工业的发展需要，满足社会对汽车专业人才的需求，如今国内高校纷纷开设车辆工程专业，汽车理论作为其专业基础课程，其重要性不言而喻，但其教学内容和教学效果更为重要。基于此，编者结合多年来的科学研究与教学实践经验，在参考国内外大量课程成果的基础上，本着系统性、知识性、实用性的原则，特编写此书。

本书分为八章。从路面与轮胎的相互作用角度出发，根据作用在汽车上的外力特性，分析了与汽车动力学有关的汽车各主要性能，包括地面力学性能、动力性、燃油经济性、制动性、操纵稳定性、行驶平顺性和通过性等。分章节介绍了各使用性能的评价指标与评价方法，建立了有关的动力学方程，分析了汽车及其部件的结构形式与结构参数对各性能的影响，阐述了进行性能预测的基本计算方法，并结合国家标准，对性能的实验方法做了简单的介绍。

本书由陈浩、王岩松主编并统稿，编写分工为：陈浩编写了第 1 和第 8 章，张若平编写了第 2 和第 3 章，李永芳编写了第 4 和第 5 章，张缓缓编写了第 6 章，朱利静编写了第 7 章，杨亚莉进行了全书的文字校对。

李辉、王韵超、陆昌玉、张胜伟、段玉、高坤、张文平等硕士研究生承担了相关文献资料收集和文字录入工作，在此一并对他们表示感谢。

由于编者水平有限，书中疏漏和不妥之处在所难免，殷切期望广大教师和读者不吝指正。

编　者

2015 年 9 月

CONTENTS

目录

地面-轮胎力学特性

轮胎是连接汽车车身与道路的唯一部件，其基本职能是支撑车辆重力、传递驱动和制动力矩、吸振以及保证转向稳定性。轮胎力学是研究轮胎受力、变形和运动响应之间的关系，它的主要任务是建立精确的数学模型，以描述轮胎的力学特性以及分析汽车的运动特性。

1.1 作用在轮胎上的力和力矩

1.1.1 轮胎的坐标系

为了讨论轮胎的力学特性，需要建立一个坐标系，如图 1-1 所示。垂直于车轮旋转轴线的轮胎中分平面称为车轮平面。坐标系的原点 O 为车轮平面和地平面的交线与车轮旋转轴线在地平面上投影线的交点。车轮平面与地平面的交线取为 x 轴，规定向前为正。z 轴与地平面垂直，规定指向上方为正。y 轴在地平面上，规定面向车轮前进方向时指向左方为正。图中还画出了侧偏角 α 与外倾角 γ。侧偏角是轮胎接地印迹中心(即坐标系原点)位移方向与 x 轴的夹角，图示方向为正，外倾角是垂直平面(xOz 平面)与车轮平面的夹角，图示方向为正。

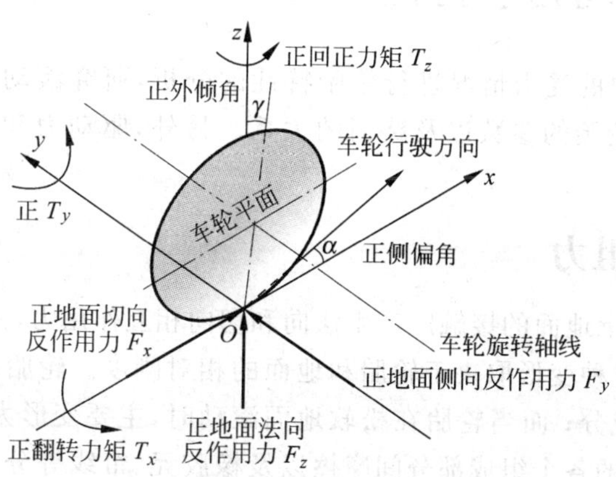

图 1-1 轮胎的坐标系与地面作用于轮胎的力和力矩

1.1.2 轮胎六分力

汽车通过轮胎与路面发生力的作用。地面通过接地印迹作用在轮胎上的应力既有垂直于路面的正应力，也有沿着地面的切向应力(切应力)，切应力可分为沿 x 方向的纵向切应力和沿 y 方向的侧向切应力。如果将印迹上各点的应力向印迹中心(轮胎坐标原点)简化，可得到沿轮胎坐标系的作用在轮胎上的力和力矩。

在轮胎坐标系中，地面作用在轮胎上的主要力和力矩包括：地面切向反作用力沿 x 轴的分力——纵向力 F_x；地面切向反作用力沿 y 轴的分量——侧向力 F_y；地面法向反作用力 F_z；地面反作用力绕 x 轴的力矩——翻转力矩 T_x；地面反作用力绕 y 轴的力矩——滚动阻力矩 T_y和地面反作用力绕 z 轴的力矩——回正力矩 T_z。它们均按轮胎坐标系规定的方向确定正、负方向，见图 1-1。

纵向力按照作用方向的不同或作用形式的不同可以称为驱动力或制动力。驱动力源于发动机。发动机产生的有效转矩经过传动系传到驱动轮上，因此地面反作用力——驱动力作用在车轮上。驱动力是维持汽车行驶的外力，它与汽车行驶方向相一致。而制动力为作用在车轮上阻碍汽车行驶的纵向力，制动力的方向与汽车的行驶方向相反。

侧偏力是地面作用在车轮上的切向力沿 y 轴的分量。汽车作曲线行驶时会受到离心力的作用，为了维持汽车的曲线运动，路面作用在车轮上有与离心力相平衡的力，即侧偏力。

地面的法向反作用力反映了各个车轮所承受的轴重的大小。一般来说，作用在各个车轮上的地面法向反作用力的大小与汽车的纵向加速度、侧向加速度以及汽车的总体布置有关，同时地面的法向反作用力的大小也将影响汽车的纵向力和侧向力的大小。

翻转力矩也称为侧翻力矩，它的大小说明了汽车将发生翻转趋势的大小。特别是汽车作曲线行驶时，由于离心力的存在而形成翻转力矩使得汽车发生侧倾现象。

滚动阻力矩描述了阻碍轮胎滚动的力矩的大小，它与路面的状态、轮胎的结构以及行驶车速等有关。

回正力矩是在汽车作曲线运动时使车轮恢复到直线行驶位置的力矩。汽车在曲线行驶时，轮胎将发生侧偏现象，因此将产生作用于轮胎上绕 z 轴的力矩。

1.2 轮胎的纵向力学特性

主要从轮胎在纵向的受力情况进行轮胎特性的分析，研究滚动阻力、转弯阻力、穿水阻力和前束阻力等与轮胎的参数以及路面的关系。另外，驱动力和制动力将在后面章节介绍。

1.2.1 滚动阻力

轮胎滚动时，与支承地面的接触区产生法向和切向相互作用力，并使接触区的轮胎和地面发生相应的变形。这种变形取决于轮胎和地面的相对刚度。轮胎在硬路面上滚动时，轮胎变形是变形的主要成分；而当轮胎在松软地面滚动时，主要变形为地面的沉陷变形。轮胎在滚动过程中，轮胎的各个组成部分间摩擦以及橡胶元、帘线等分子之间的摩擦，产生摩擦热而耗散，这种损失称为弹性元件的迟滞损失。

图 1-2 为 9.00-20 轮胎在硬支撑路面上受径向载荷时的变形曲线。图中 OCA 为加载变形曲线，面积 $OCABO$ 为加载过程中对轮胎做的功；ADE 为卸载曲线，面积 $ADEBA$ 为卸载过程中轮胎恢复变形时放出的功。由图可知，两曲线并不重合，两面积之差 $OCADEO$ 即为加载与卸载过程中的能量损失。

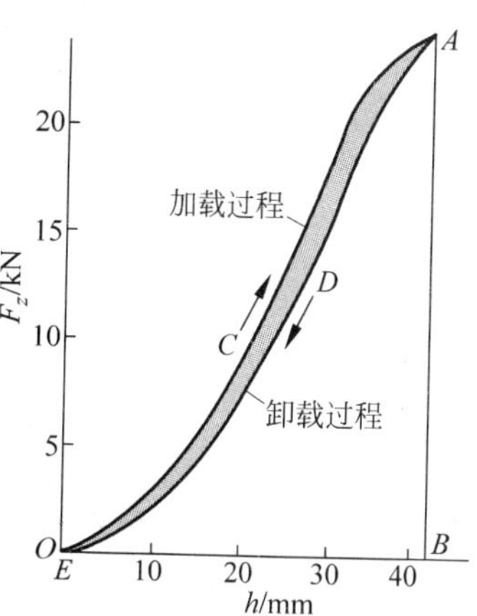

图 1-2　9.00-20 轮胎的径向变形曲线

进一步分析，便可知这种迟滞损失表现为阻碍车轮滚动的一种阻力偶。当车轮不滚动时，地面对车轮的法向反作用力的分布是前后对称的；但当车轮滚动时，在法线 $n—n'$ 前后相对应的点 d 和 d'（图 1-3(a)）变形虽相同，但由于弹性迟滞现象，处于压缩过程的前部 d 点的地面法向反作用力就会大于处于恢复过程的后部 d' 点的地面法向反作用力，这可以从图 1-3(b) 中看出。设取同一变形 δ，压缩时的受力为 CF，恢复时受力为 DF，而 CF 大于 DF。这样，就是地面法向反作用力的分布前后并不对称，而使它们的合力 F_z 相对于法线 $n—n'$ 向前移了一个距离 a（图 1-4(a)），它随弹性迟滞损失的增大而增大。合力 F_z 与法向载荷 W 大小相等，方向相反。

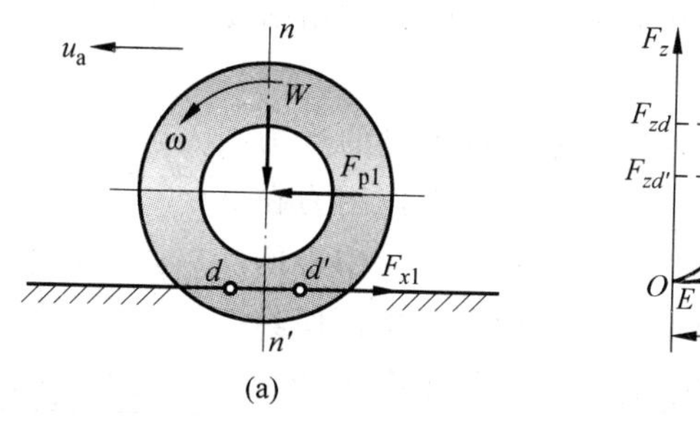

图 1-3　弹性车轮在硬路面上的滚动

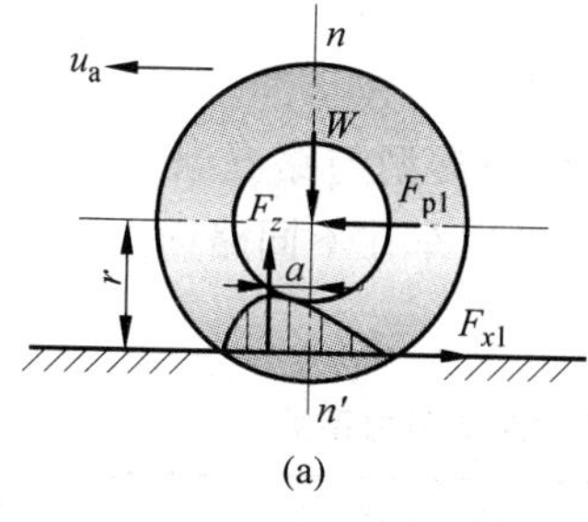

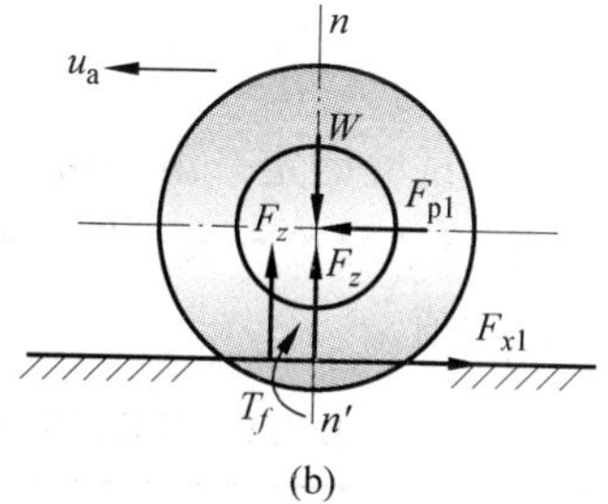

图 1-4　从动轮在硬路面上滚动时的受力情况

如果将法向反作用力 F_z 平移至与通过车轮中心的垂线重合，则从动轮在硬路面上滚动时的受力情况可画成图 1-4(b) 所示的形式，即滚动时有滚动阻力偶矩 $T_f = F_z a$ 阻碍车轮的滚动。

由图 1-4 可知，欲使从动轮在硬路上等速滚动，必须在车轮中心加一推力 F_{p1}，它与地

面切向反作用力构成一力偶矩来克服上述滚动阻力偶矩。由平衡条件得

$$F_{p1}r = T_f$$

故

$$F_{p1} = \frac{T_f}{r} = F_z \frac{a}{r} \tag{1-1}$$

若令 $f=\dfrac{a}{r}$，且考虑到 F_z 与 W 的大小相等，常将 F_{p1} 写作

$$F_{p1} = Wf \quad 或 \quad f = \frac{F_{p1}}{W} \tag{1-2}$$

式中，f 称为滚动阻力系数。

滚动阻力系数是车轮在一定条件下滚动时所需之推力与车轮负荷之比，即单位汽车重力所需的推力。也就是说，滚动阻力等于汽车滚动阻力系数与车轮负荷的乘积，即

$$F_f = Wf \tag{1-3}$$

且

$$F_f = \frac{T_f}{r} \tag{1-4}$$

这样，在分析汽车行驶阻力时，不必考虑车轮所受到的滚动阻力偶矩 T_f，而只要知道滚动阻力系数就可求出滚动阻力 F_f。注意：滚动阻力 F_f 无法在受力图上表现出来，只是为了便于计算分析，而引进的一个在数值上等于轮缘地面切向反作用力 F_x 的值，这将有利于动力学分析。

图 1-5 是驱动轮在刚性平直路面上等速行驶时的受力分析图。图中 F_{x2} 是车轮驱动力矩 T_t 对支承路面作用力在轮缘上的切向反作用力，W 为重力，F_{p2} 是车轴对轮胎中心的水平作用力。法向反作用力 F_z 也由于轮胎迟滞现象而使其作用点向前移了一个距离 a，即在驱动轮上也作用有滚动阻力偶矩 T_f。由平衡条件得

$$\begin{cases} F_{x2}r = T_t - T_f \\ F_{x2} = \dfrac{T_t}{r} - \dfrac{T_f}{r} = F_t - F_f \end{cases} \tag{1-5}$$

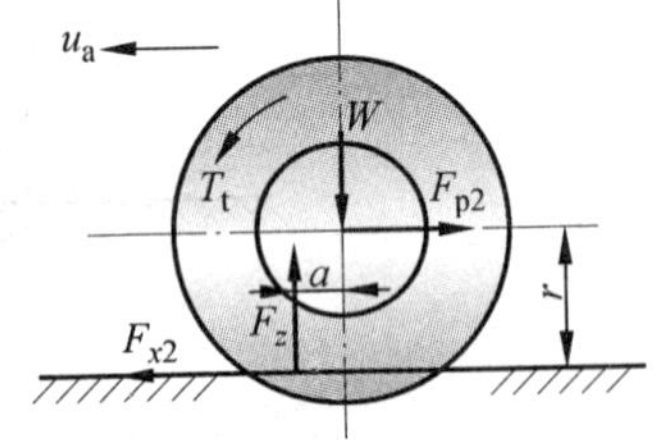

图 1-5　驱动轮在硬路面上滚动时的受力情况

滚动阻力的系数由试验确定。滚动阻力与路面的类型与路况、行驶车速以及轮胎的结构、材料、充气压力、磨损情况等有关。表 1-1 给出了汽车在不同路面上以中低速度前进时，滚动阻力系数的大致数值。

表 1-1　不同道路条件下的滚动阻力系数

道路类型	滚动阻力系数	道路类型	滚动阻力系数
良好的沥青或混凝土路面	0.010～0.018	泥泞土路(雨季或解冻期)	0.100～0.250
一般的沥青或混凝土路面	0.018～0.020	干砂	0.100～0.300
碎石路面	0.020～0.025	湿砂	0.060～0.150
良好的卵石路面	0.025～0.030	结冰路面	0.015～0.030
坑洼的卵石路面	0.035～0.050	压紧的雪道	0.030～0.050
压紧土路(干燥)	0.025～0.035	压紧土路(雨后)	0.050～0.150

行驶速度对滚动阻力系数有很大影响。图 1-6(a)说明，这两种轿车轮胎在车速100km/h 以下时，滚动阻力逐渐增加但变化不大；在某一车速(如 140km/h)以上时增长较快。车速达到某一临界车速(例如 200km/h)左右时，滚动阻力迅速增长，此时轮胎发生驻波现象，轮胎周缘不再是圆形而呈明显的波浪状。出现驻波后，不但滚动阻力逐渐增加，轮胎的温度也会很快上升到 100℃以上，胎面与轮胎帘布层脱落，几分钟内就会出现爆破现象，这对高速行驶的车辆是一件非常危险的事。

轮胎的结构、帘线和橡胶的品种，对滚动阻力都有影响。图 1-6(b)给出了几种不同轿车轮胎的滚动阻力系数随车速与充气压力而变化的曲线。可以看出，轮胎充气压力对 f 值影响很大。气压降低时 f 值迅速增加，这是因为气压降低时，滚动的轮胎变形大，迟滞损失增加。从图中还可以看出，子午线轮胎的滚动阻力系数较低。

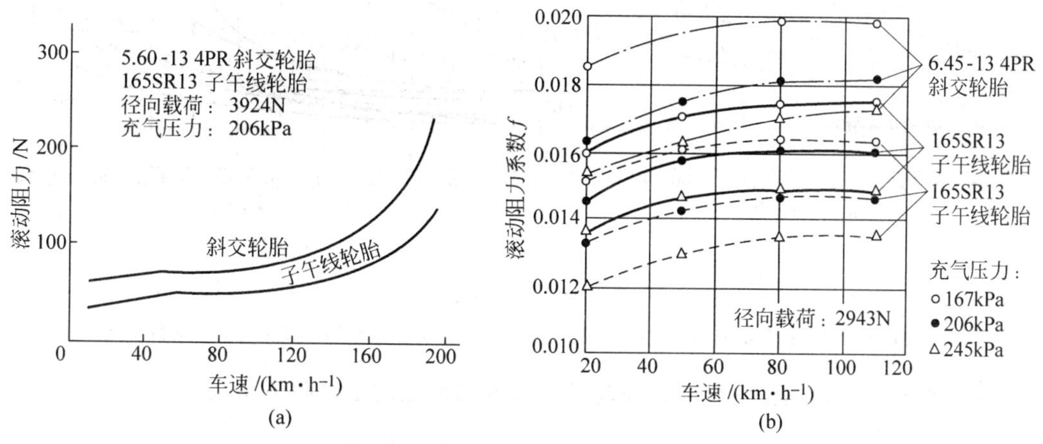

图 1-6 轿车轮胎滚动阻力及滚动阻力系数与车速及充气压力关系曲线

(a) 滚动阻力—车速；(b) 滚动阻力系数—充气压力

驱动状况下的轮胎，作用有驱动转矩，胎面相对于地面有一定程度的滑动，增加了轮胎滚动时的能量损耗。图 1-7 是由试验得到的滚动阻力系数(包含胎面滑动损失)与驱动力系数的关系曲线。驱动力系数为驱动力与径向载荷之比。可以看出，随着驱动力系数的增加，滚动阻力系数迅速增加；从图中还可以看出，子午线轮胎的滚动阻力系数较小，驱动力系数变化对它的影响也较小。

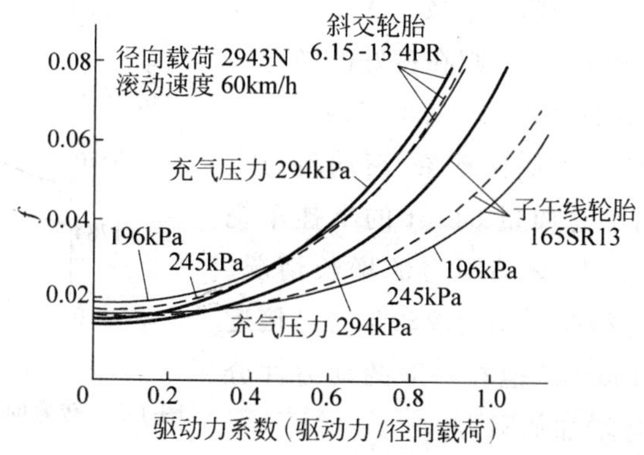

图 1-7 滚动阻力系数与驱动力系数的关系曲线

货车轮胎的滚动阻力系数与车速的关系接近于直线，滚动阻力系数的数值较小，车速对滚动阻力系数的影响也不大。

在进行动力性分析时，若无试验得到的准确滚动阻力系数值，可以利用经验公式大致估算。例如，有人推荐用下式计算良好道路上货车轮胎的滚动阻力系数：

$$f = 0.0076 + 0.00056u_a \tag{1-6}$$

图 1-8(a)给出了根据此式计算得到的滚动阻力系数，图上还有依据其他经验公式计算得到的滚动阻力系数值。

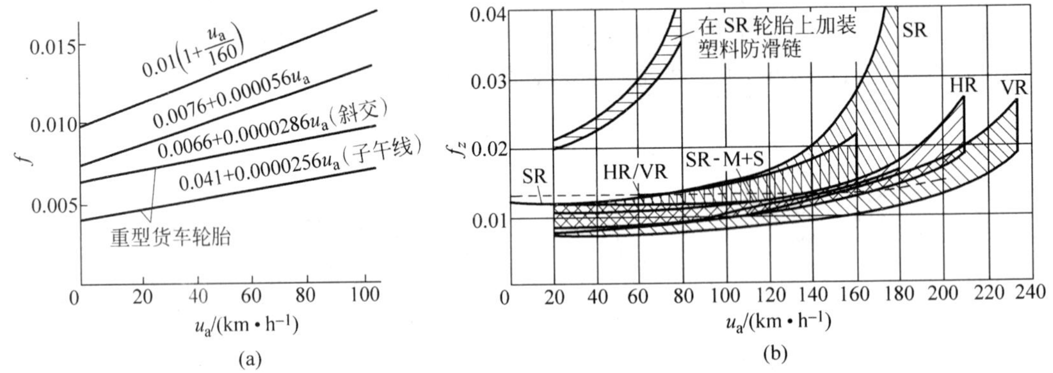

图 1-8 轮胎的滚动阻力系数

(a) 货车轮胎滚动阻力系数的估算公式；(b) 轿车轮胎在转鼓试验台上的滚动阻力系数 f_z

有人推荐用下面的公式估算轿车轮胎在良好路面上的滚动阻力系数：

$$f = f_0 + f_1\left(\frac{u_a}{100}\right) + f_4\left(\frac{u_a}{100}\right)^4 \tag{1-7}$$

德国布伦瑞克工业大学车辆研究所在直径 2m 的钢鼓试验台上进行了各种轮胎的滚动阻力系数测定工作，图 1-8(b)中是 SR 级(允许最高速度 180km/h)、HR 级与 VR 级(允许最高速度分别为 210km/h 与大于 210km/h)子午线轮胎滚动阻力系数与车速关系曲线的范围。图中还有 SR-M+S 级(用于泥浆和积雪覆盖路面)、装有塑料防滑链的 SR 级轮胎的滚动阻力系数曲线的范围。

轮胎在实际道路上的滚动阻力系数 f 大于在转鼓上的滚动阻力系数。若令 $f=cf_z$，则在良好的沥青路面上 $c=1.2$，在粗糙的水泥路面上 $c=1.3\sim1.4$。

在转弯行驶时，轮胎发生侧偏现象，滚动阻力大幅度增加。图 1-9 画出了总质量 34.5t 的半挂车绕半径为 33m 的圆周行驶时，滚动阻力的增长情况。试验表明，这种由于转弯行驶增加的滚动阻力已接近直线行驶时的 50%～100%。但在一般的动力性分析中，常不考虑由于转弯增加的阻力。

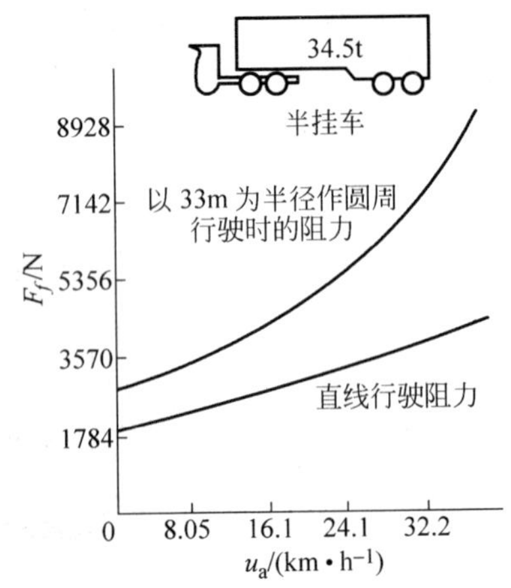

图 1-9 转弯时的滚动阻力与车速的关系

1.2.2 穿水阻力

前面主要分析的是干路面上汽车直线行驶时的滚动阻力，而在湿路面上汽车直线行驶时滚动阻力将发生变化。图 1-10 为在湿路面上轮胎的滚动状态。

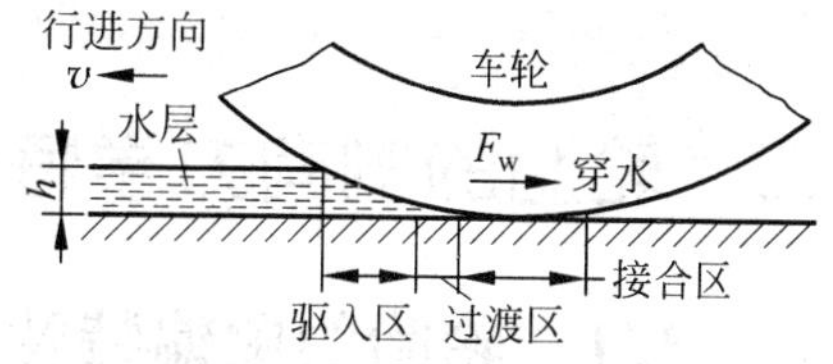

图 1-10 在湿路面上轮胎的滚动状态

在湿路面上，即路面有一定的积水层的情况。当汽车在有积水层的路面上行驶时，必须排挤水层，因此滚动阻力将增加，存在附加的穿水阻力 F_w。同时，由于路面的积水，汽车行驶时会出现比较危险的滑水现象。穿水阻力是汽车行驶阻力的一个有效的补充，一般认为存在如下的关系：

$$F_w = Cbu^n \tag{1-8}$$

式中，C 为比例常数；b 为轮胎宽度；u 为汽车的行驶车速；n 为幂指数，当水层厚度大于 0.5mm 时，幂指数近似等于 1.6。

单位轮胎宽度的穿水阻力与行驶车速的关系如图 1-11 所示。随着水层厚度的增加，所需克服的穿水阻力也越大。

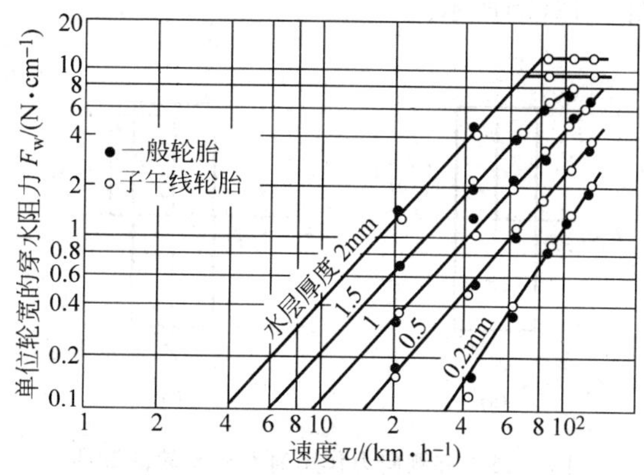

图 1-11 单位轮胎宽度的穿水阻力与行驶车速的关系

1.2.3 前束阻力

在进行汽车设计时，为了保证车辆直线行驶的稳定性和操纵的轻便性，一般前轮(转向轮)都要有一定的定位角。为了保证汽车稳定地直线行驶，应使转向轮具有自动回正作用，即当转向轮在偶然遇到外力作用(如碰到石头)发生偏转时，在外力消失后能立即自动回到直线行驶的位置。这种回正作用是由转向轮的定位参数来实现的。前轮前束就是这些定位参数中的一种。前轮前束的作用是抵消汽车在行驶过程中，两前轮遇到冲击后产生的向外张开的趋势。

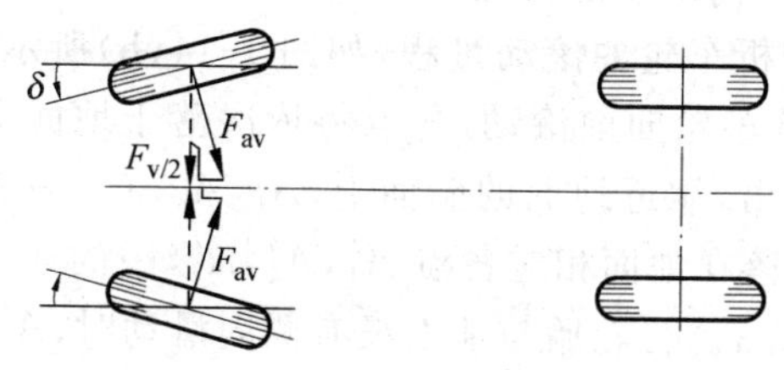

图 1-12 汽车的前束阻力

前束阻力就是因为车轮的前束角造成的。因为车轮与行驶方向存在一定的偏角致使车轮产生附加的侧向力 F_{av}，如图 1-12 所示。侧向力的大小可近似表示为

$$F_{av} = K_{\alpha}\delta \tag{1-9}$$

故前束阻力为

$$F_{v} = 2F_{av}\sin\delta = 2K_{\alpha}\delta^{2} \tag{1-10}$$

1.3 轮胎的侧向力学特性

1.3.1 轮胎的侧偏特性

1. 轮胎的侧偏现象

汽车在行驶过程中，由于路面的侧向倾斜、侧向风或曲线行驶时的离心力等的作用，车轮中心沿 y 轴方向将作用有侧向力 F_y，相应地在地面上产生地面侧向反作用力 F_Y，F_Y 也称为侧偏力。当有地面侧向反作用力时，若车轮是刚性的，则可以发生两种情况：

当地面侧向反作用力 F_Y 未超过车轮与地面间的附着极限时，车轮与地面间没有滑动，车轮仍在其自身平面 cc 内运动，如图 1-13(a)所示。当地面侧向反作用力 F_Y 达到车轮与地面间的附着极限时，车轮发生侧向滑动，若滑动速度为 Δu，车轮便沿合成速度 u' 的方向行驶，偏离了 cc 平面，如图 1-13(b)所示。

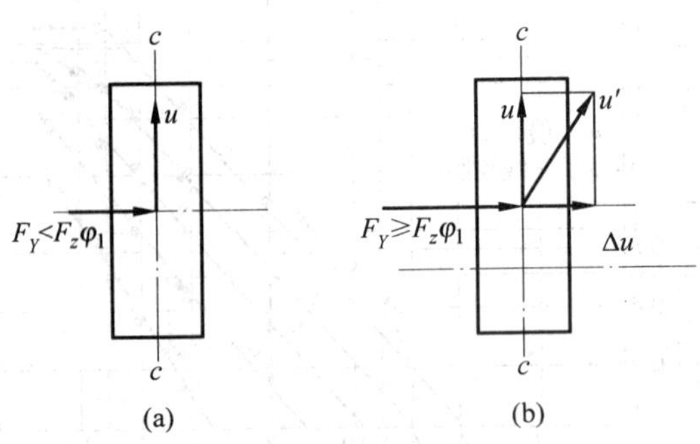

图 1-13　有侧向力作用时刚性车轮的滚动

(a) 没有侧向滑移；(b) 有侧向滑移

当车轮有侧向弹性时，即使 F_Y 没有达到附着极限，车轮行驶方向亦将偏离车轮平面 cc，这就是轮胎的侧偏现象。为了说明侧偏现象，我们讨论具有侧向弹性的车轮在垂直载荷为 W 的条件下，车轮中心受到侧向力 F_y，地面相应的有侧偏力 F_Y 时的两种情况。一是车轮静止不滚动。由于车轮有侧向弹性，轮胎发生侧向变形，轮胎胎面接地印迹的中心线 aa 与车轮平面 cc 不重合，错开 Δh，但 aa 仍平行于 cc，如图 1-14(a)所示。二是车轮滚动。接触印迹的中心线 aa 不只是和车轮平面错开一定距离，而且不再与车轮平面 cc 平行，aa 与 cc 的夹角 α，即为侧偏角。此时，车轮就是沿着 aa 方向滚动的，如图 1-14(b)所示。

为了说清楚出现侧偏角 α 的原因，下面具体分析车轮的滚动过程，如图 1-14(b)所示。在轮胎胎面中心线上标出 A_1，A_2，A_3，… 各点，随着车轮向前滚动，各点将依次落于地面上相应的 A_1'，A_2'，A_3'，…各点上。在主视图上可以看出，靠近地面的胎面上，A_1，A_2，A_3，…各点连线在接近地面时逐渐变为一条斜线，因此它们落在地面相应各点 A_1'，A_2'，A_3'，…的连线并不垂直于车轮旋转轴线，即与车轮平面 cc 有夹角 α。当轮胎与地面没有侧向滑动时，A_1'，A_2'，A_3'，…的连线就是接地印迹的中心线，当然也是车轮滚动时在地面上留下的痕迹，即车轮并没有在车轮平面 cc 内向前滚动，而是沿着侧偏角 α 的方向滚动。显然，侧偏角 α 的数值是与侧向力 F_y 的大小有关的；换言之，侧偏角 α 的数值与侧偏力 F_Y 的大小有关。

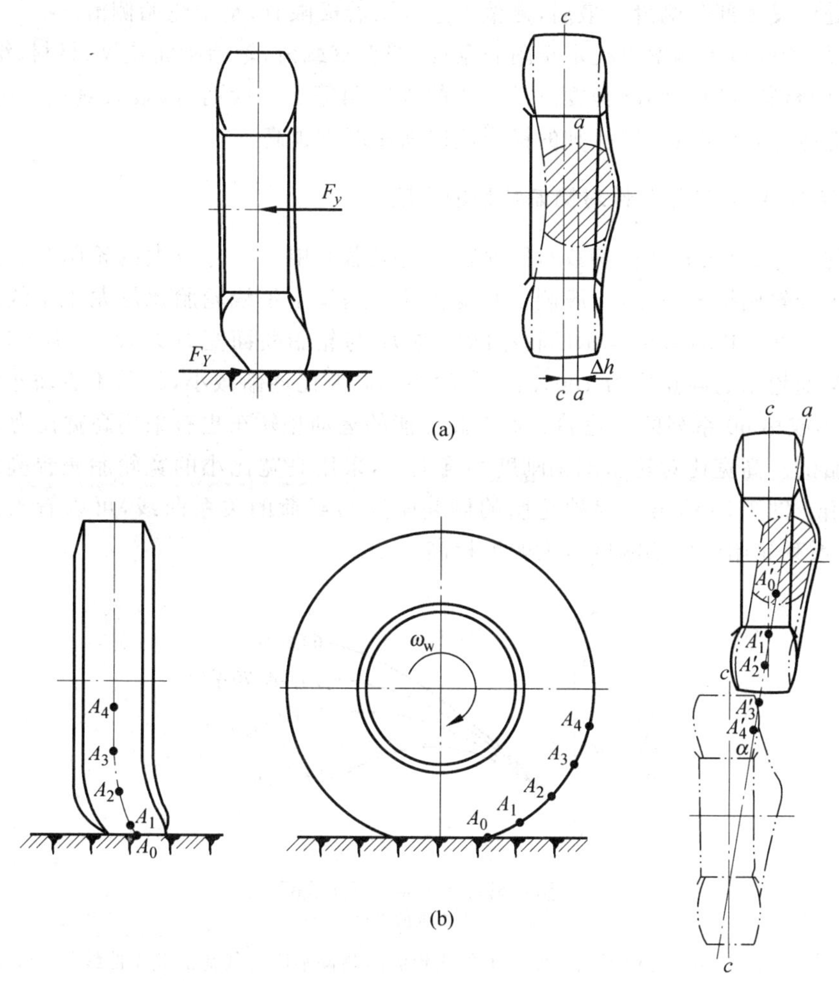

图 1-14 轮胎的侧偏现象

(a) 车轮静止；(b) 车轮滚动

图 1-15 给出了一条由试验测出的侧偏力-侧偏角曲线。曲线表明，侧偏角不超过 5°时，F_Y 与 α 呈线性关系。汽车正常行驶时，侧向加速度不超过 $0.4g$，侧偏角不超过 4°～5°，可以认为侧偏角与侧偏力呈线性关系。F_Y-α 曲线在 $\alpha=0°$处的斜率称为侧偏刚度 k，单位为 N/rad 或 N/(°)。由轮胎坐标系有关符号规定可知，负的侧偏力产生正的侧偏角，因此侧偏刚度为负值。F_Y 与 α 的关系式可写作

$$F_Y = k\alpha \tag{1-11}$$

小型轿车轮胎的 k 值在 $-28000\sim-80000$ N/rad 范围内。侧偏刚度是决定操纵稳定性的重要轮胎参数。

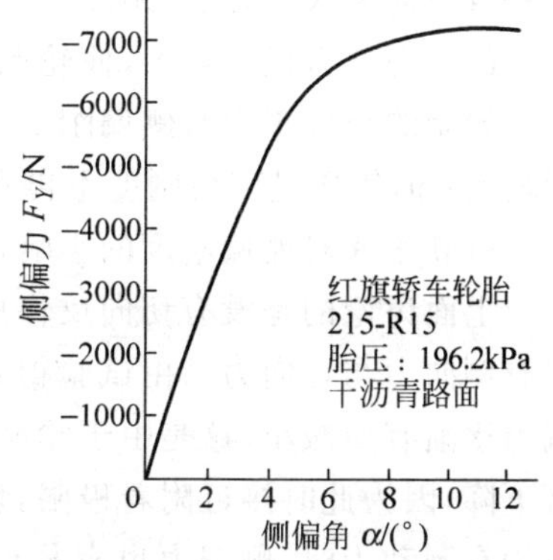

图 1-15 轮胎的侧偏特性

轮胎应有高的侧偏刚度(指绝对值),以保证汽车良好的操纵稳定性。

在较大的侧偏力时,侧偏角以较大的速率增长,即 F_Y-α 曲线的斜率逐渐减小,这时轮胎在接地面处已发生部分侧滑。最后,侧偏力达到附着极限时,整个轮胎侧滑。

显然,轮胎的最大侧偏力决定于附着条件,即垂直载荷,轮胎胎面花纹、材料、结构、充气压力,路面的材料、结构、潮湿程度以及车轮的外倾角等。一般而言,最大侧偏力越大,汽车的极限性能越好,譬如按圆周行驶的极限侧向加速度就越高。

2. 轮胎的结构、工作条件对侧偏特性的影响

轮胎的尺寸、形式和结构参数对侧偏刚度有显著影响。尺寸较大的轮胎有较高的侧偏刚度。子午线轮胎接地面宽,一般侧偏刚度较高。钢丝子午线轮胎比尼龙子午线轮胎的侧偏刚度还要高些。以百分数表示的轮胎断面高 H 与轮胎断面宽 B 之比 $H/B\times100\%$ 称为高宽比。早期轮胎的高宽比为 100%,现代轮胎的高宽比逐渐减小,目前不少轿车已采用高宽比为 60%或称 60 系列的宽轮胎。追求高性能的运动型轿车也有采用高宽比为 50%甚至 40%宽轮胎的。高宽比对轮胎侧偏刚度影响很大,采用高宽比小的宽轮胎是提高侧偏刚度的主要措施。图 1-16 给出了四种轮胎的侧偏刚度与载荷的关系曲线,可以看出高宽比为 60%的 60 系列轮胎的侧偏刚度有大幅度提高。

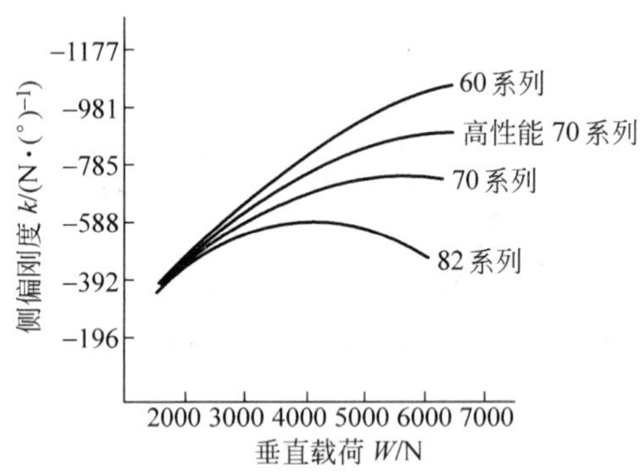

图 1-16 几种不同宽度比子午线轮胎的侧偏刚度与载荷的关系曲线

汽车行驶时,轮胎的垂直载荷常有变化。例如转向时,内侧车轮轮胎的垂直载荷减小,外侧车轮轮胎的垂直载荷增大。垂直载荷的变化对轮胎侧偏特性有显著影响。图 1-17 表明垂直载荷增大后,侧偏刚度随垂直载荷的增加而加大;但垂直载荷过大时,轮胎与地面接触区的压力变得极不均匀,使轮胎侧偏刚度反而有所减小。

轮胎的充气压力对侧偏刚度也有显著影响。由图 1-18 可知,随着气压的增加,侧偏刚度增大;但气压过高后刚度不再变化。

行驶车速对侧偏刚度的影响很小。

上面讨论的是没有切向反作用力作用时轮胎的侧偏特性。实际上,在轮胎上常同时作用有侧向力与切向力。由试验得到的曲线(图 1-19)表明,一定侧偏角下,驱动力增加时,侧偏力逐渐有所减小,这是由于轮胎侧向弹性有所改变的缘故。当驱动力相当大时,侧偏力显著下降,因为此时接近附着极限,切向力已耗去大部分附着力,而侧向能利用的附着力很少。作用有制动力时,侧偏力也有相似的变化。由图还可看出,这组曲线的包络线接近于一椭圆,一般称为附着椭圆。它确定了在一定附着条件下切向力与侧偏力合力的极限值。

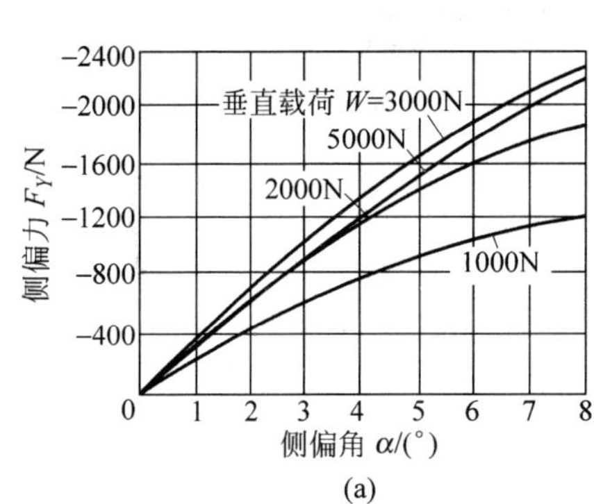

(a)

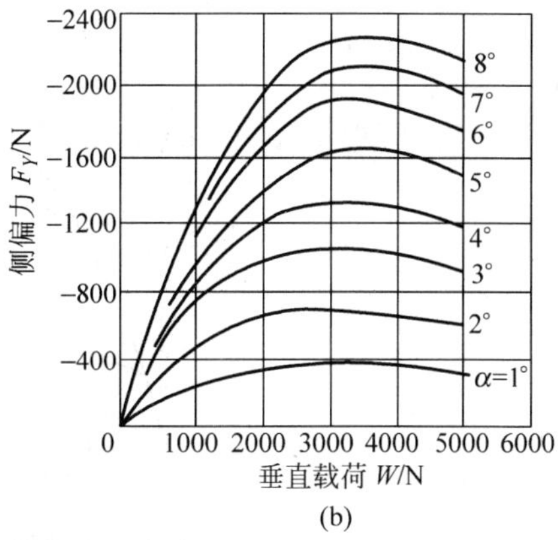

(b)

图 1-17　垂直载荷对侧偏特性的影响

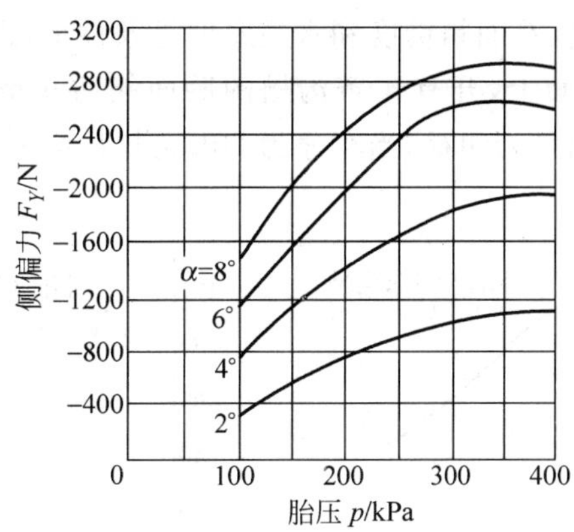

图 1-18　轮胎充气压力对侧偏刚度的影响

轮胎：6.40-13；速度 $u=11\text{m/s}$；垂直载荷 $W=4000\text{N}$

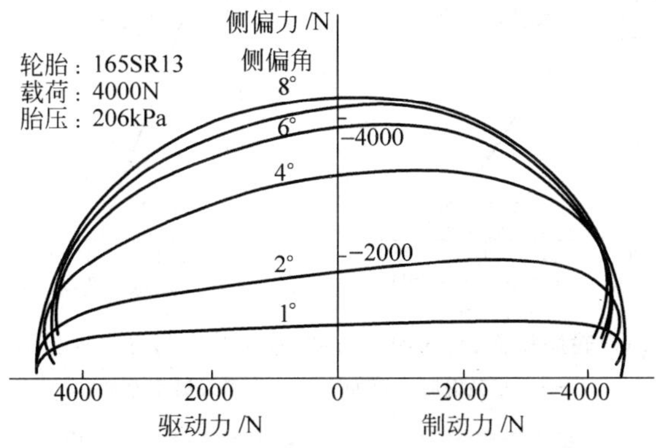

图 1-19　地面切向反作用力对侧偏特性的影响

路面及其粗糙程度、干湿状况对侧偏特性，尤其是最大侧偏力有很大影响。图 1-20 是一轮胎在干和湿沥青路面与湿混凝土路面上的侧偏特性。图中给出的是侧向力系数 F_Y/F_z 与侧偏角 α 的关系曲线。

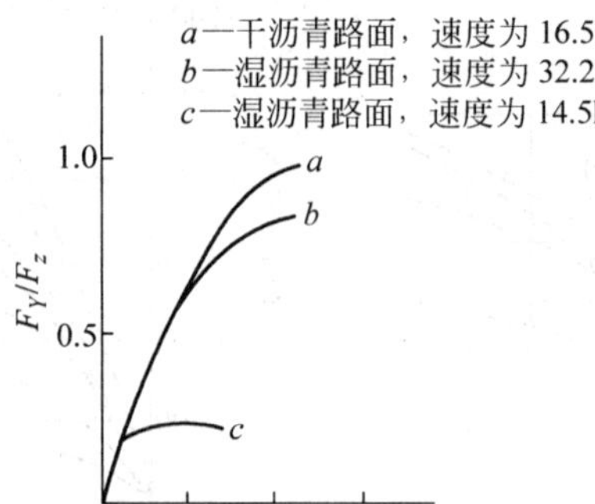

图 1-20　干路面和湿路面上的侧偏特性

路面有薄水层时，由于滑水现象（hydroplaning），会出现完全丧失侧偏力的情况。图 1-21 表明一轮胎在不同轮胎胎面、路面粗糙度和水层厚度等条件下，最大侧偏力的降低情况。水层厚 1.02mm 时，在粗糙路面上，开有 4 条沟槽的胎面能防止滑水现象。水层厚 7.62mm 时，不论胎面有无沟槽、路面是否粗糙，当车速为 80km/h 时均出现滑水现象，此时最大侧偏力为零。

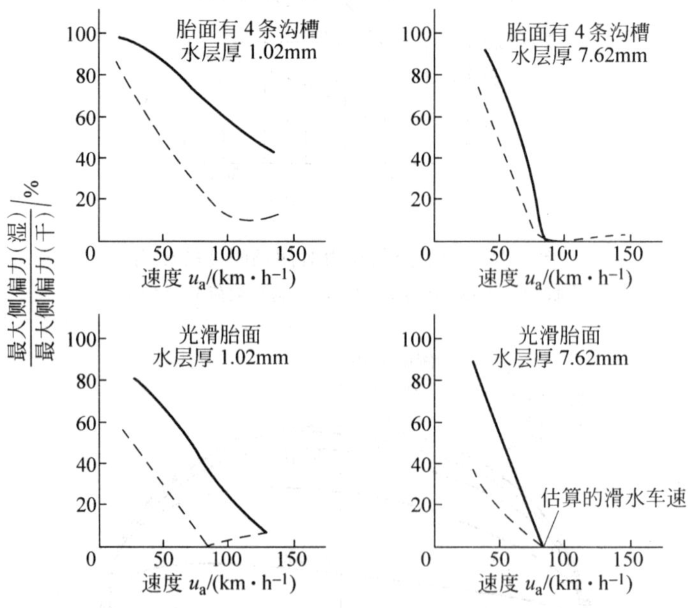

图 1-21　轮胎胎面、路面粗糙程度、水层厚度与滑水现象的关系

—— 粗糙混凝土路面；······ 光滑混凝土路面

1.3.2　回正力矩——绕 Oz 轴的力矩

在轮胎发生侧偏时，还会产生作用于轮胎绕 Oz 轴的力矩 T_z，参看图 1-22。圆周行驶时，T_z 是使转向车轮恢复到直线行驶位置的主要恢复力矩之一，称为回正力矩。

回正力矩是由接地面内分布的微元侧向反力产生的。由图 1-22 可知，车轮在静止时受到侧向力后，印迹长轴线 aa 与车轮平面 cc 平行，错开 Δh，即印迹长轴线 aa 上各点的横向变形(相对于 cc 平面)均为 Δh，故可以认为地面侧向反作用力沿 aa 线是均匀分布的(图 1-22(a))。而车轮滚动时，如前所述，印迹长轴线 aa 不仅与车轮平面错开一定距离，而且转动了 α 角，因而印迹前端离车轮平面近，侧向变形小；印迹后端离车轮平面远，侧向变形大。可以认为，地面微元侧向反作用力的分布与变形成正比，故地面微元侧向反作用力的分布情况将如图 1-22(b)所示，其合力就是侧偏力 F_Y，但其作用点必然在接地印迹几何中心的后方，偏移某一距离 e。e 称为轮胎拖距，$F_Y \cdot e$ 就是回正力矩 T_z。

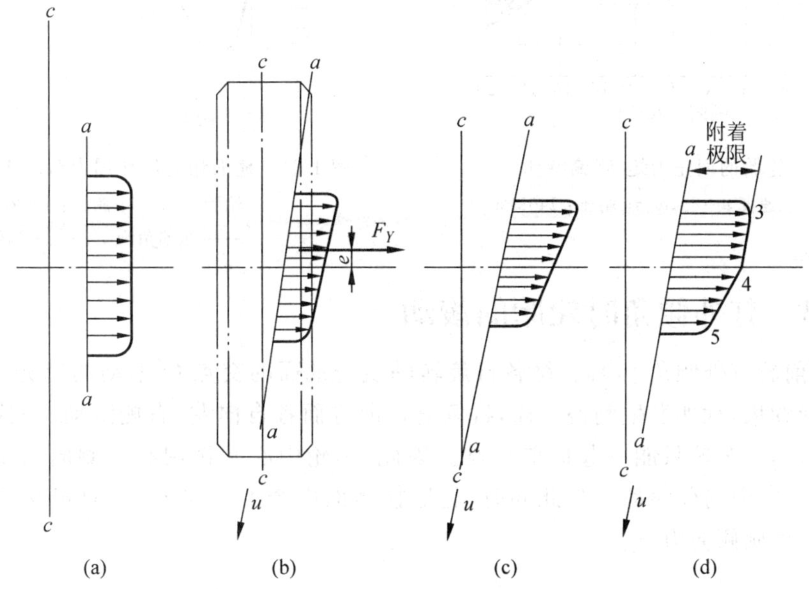

图 1-22　接地印迹内地面侧向反作用力的分布与回正力矩的产生

在 F_Y 增加时，接地印迹内地面微元侧向反作用力的分布情况如图 1-22(c)所示。F_Y 增大至一定程度时，接地印迹后部的某些部分便达到附着极限，反作用力将沿 345 线分布(图 1-22(d))。随着 F_Y 的进一步加大，将有更多部分达到附着极限，直到整个接地印迹发生侧滑，因而轮胎拖距会随着侧向力的增加而逐渐变小。图 1-23 是试验得到的回正力矩-侧偏角曲线。可以看出，回正力矩开始时逐步增大，侧偏角为 4°～6°时达到最大值；侧偏角再增大，回正力矩下降，在 10°～16°时回正力矩为零；侧偏角再增大，回正力矩成为负值。有人用接地面后部发生侧向滑动的速度大，摩擦因数较小来解释这个现象。试验结果还表明，回正力矩随垂直载荷的增大而增加。

轮胎的形式及结构参数对回正力矩-侧偏角特性有重要影响。在同样侧偏角下，尺寸大的轮胎一般回正力矩较大。子午线轮胎的回正力矩比斜交轮胎大。

轮胎的气压低，接地印迹长，轮胎拖距大，回正力矩也就大。

地面切向反作用力对回正力矩的影响如图 1-24 所示。从图中看出，随着驱动力的增加，回正力矩达最大值后再下降。在制动力作用下，回正力矩不断减小，到一定制动力时下降为零。其后便变为负值。

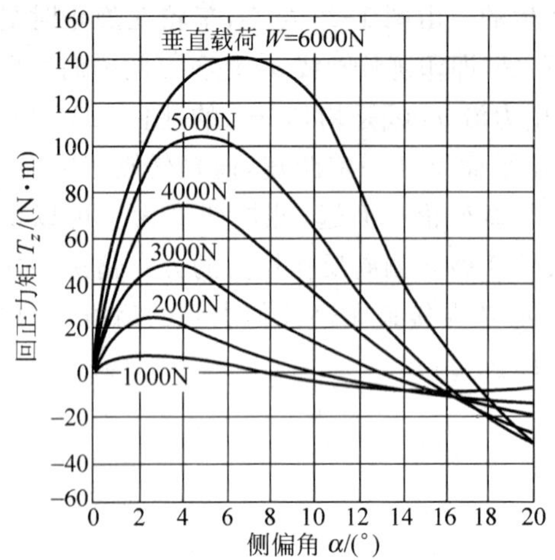

图 1-23　轮胎的回正力矩-侧偏特性

轮胎 8.00-14；速度 $u=8.4\text{m/s}$；胎压：140kPa

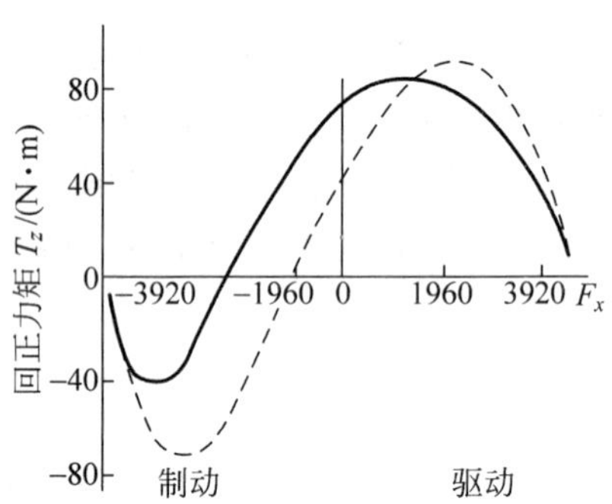

图 1-24　地面切向反作用力对回正力矩的影响

轮胎 7.60-15；胎压：190kPa

—— 侧偏角为 4″；- - - - 侧偏角为 8″

1.3.3　有外倾角时轮胎的滚动

汽车两前轮有外倾角 γ,具有绕各自旋转轴线与地面的交点 O'滚动的趋势,如图 1-25 所示,若不受约束,犹如发生侧偏一样,将偏离正前方而各自向左、右侧滚动。实际上,由于前轴的约束,两个车轮只能一起向前行驶。因此,车轮中心必作用有一侧向力 F_y,把车轮“拉”回至同一方向向前滚动。与此同时,轮胎接地面中产生一与 F_y 方向相反的侧向反作用力,这就是外倾侧向力 $F_{y\gamma}$。

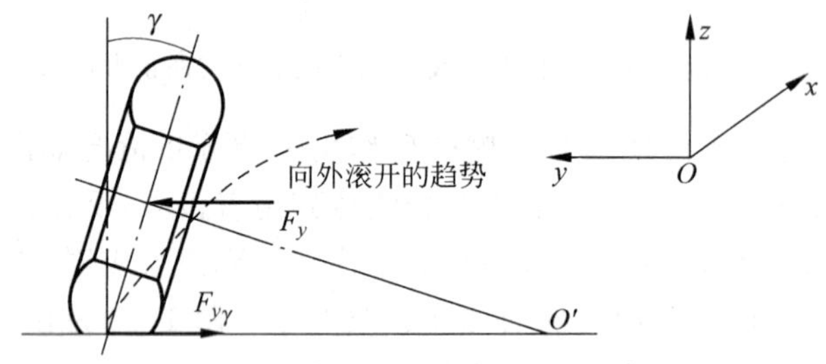

图 1-25　车轮外倾角与外倾侧向力

图 1-25 是试验得到的外倾侧向力与外倾角的关系曲线。外倾侧向力与外倾角呈线性关系,其关系式为

$$F_{y\gamma}=k_\gamma\gamma \tag{1-12}$$

按轮胎坐标系规定,k_γ 为负值,称做外倾刚度,单位为 N/rad 或 N/(°)。

1.4　轮胎模型

轮胎模型描述了轮胎六分力与车轮运动参数之间的数学关系,即轮胎在特定工作条件下的输入和输出之间的关系,如图 1-26 所示。

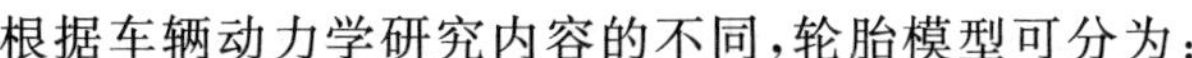

根据车辆动力学研究内容的不同，轮胎模型可分为：

(1) 轮胎纵滑模型　主要用于预测车辆在驱动和制动工况时的纵向力。

(2) 轮胎侧偏模型和侧倾模型　主要用于预测轮胎的侧向力和回正力矩，评价转向工况下低频转角输入响应。

(3) 轮胎垂向振动模型　主要用于高频垂向振动的评价，并考虑轮胎的包容特性(包含刚性滤波和弹性滤波特性)。

以上模型主要适用于纯工况下对轮胎力学特性的研究，在联合工况下，如同时考虑纵滑和侧偏时的轮胎力学特性模型，也称为轮胎纵滑侧偏特性模型，如图 1-27 所示。

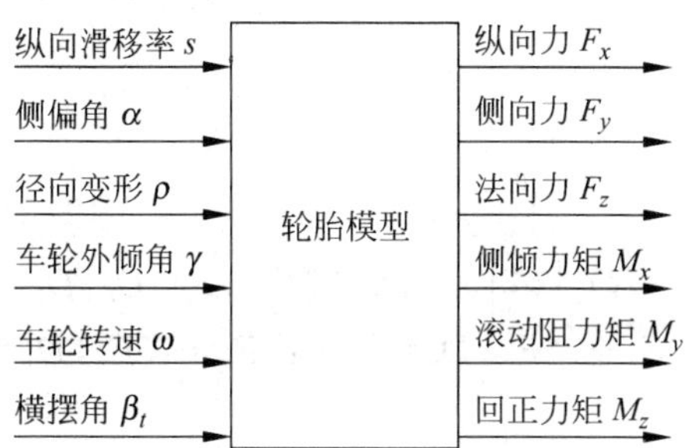

图 1-26　轮胎输入和输出之间的关系

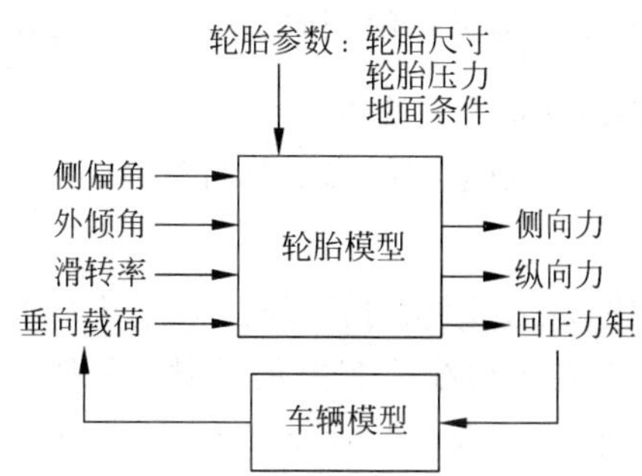

图 1-27　轮胎纵滑侧偏特性模型

此外，轮胎模型还可以分为经验模型和物理模型。前者根据轮胎试验数据，通过插值或函数拟合方法给出预测轮胎特性的公式；而后者则是根据轮胎与路面之间的相互作用机理和力学关系建立模型，旨在模拟力或力矩产生的机理和过程。

在物理模型中，轮胎通常被简化成一系列理想化、具有给定的物理特性的径向排列的弹性单元体。必要的话，还要给出这些弹性单元体在道路表面的滑动能力，以及由于相邻单元体联结或包络的胎面而引起的约束。典型的轮胎物理模型主要有：①弦模型(taut string model)；②梁模型(beam on an elastic foundation)；③刷子模型(brush model)；④辐条模型(radial spoke model)。

不论是经验模型还是物理模型，其实都有其特定的应用场合，其精度和复杂程度也不尽相同。此外，由于轮胎模型在车辆仿真的每次积分中可能被反复调用，因而在选用模型时要同时考虑计算效率和计算精度。这里仅对几种常用的轮胎模型予以介绍。

1. 幂指数统一轮胎模型

该模型属于一种半经验模型，由郭孔辉院士提出，用于预测轮胎的稳态特性。在理论分析和试验研究基础上提出的半经验"指数公式"轮胎模型，可用于轮胎的稳态侧偏、纵滑及纵滑侧偏联合工况。通过获得有效的滑移率，该模型也可进行非稳态工况下的轮胎纵向力、侧向力及回正力矩的计算。

在稳态纯纵滑、纯侧偏工况下，轮胎的纵向力、侧向力及回正力矩分别表示如下。

(1) 稳态纯纵滑工况纵向力：

$$F_x = -\frac{\phi_x}{|\phi_x|}\mu_x F_z \overline{F_x} \quad (\text{若 } \phi_x = 0, \text{则 } F_x = 0) \tag{1-13}$$

式中，ϕ_x 为相对纵向滑移率，$\phi_x=K_x s_x/(\mu_x F_z)$；$\mu_x$ 为纵向摩擦系数，$\mu_x=b_1+b_2F_z+b_3F_z^2$；$\overline{F_x}$为无量纲纵向力，$\overline{F_x}=1-\exp\left[-|\phi_x|-E_1|\phi_x^2|-\left(E_1^2+\frac{1}{12}\right)|\phi_x^3|\right]$。其中，$K_x$ 为纵滑刚度；s_x 为车轮纵向滑移率；E_1 为曲率系数，且 $E_1=0.5/\{1+\exp[-(F_z-a_1)/a_2]\}$。

（2）稳态纯侧偏工况侧向力：

$$F_y=-\frac{\phi_y}{|\phi_y|}\mu_y F_z\overline{F_y}\quad(\text{若 }\phi_y=0,\text{则 }F_y=0)\tag{1-14}$$

式中，ϕ_y 为相对侧向滑移率，$\phi_y=K_y\tan\alpha/(\mu_y F_z)$；$\mu_y$ 为侧向摩擦系数，$\mu_y=a_1+a_2F_z+a_3F_z^2$；$\overline{F_y}$为无量纲侧向力，$\overline{F_y}=1-\exp\left[-|\phi_y|-E_1|\phi_y^2|-\left(E_1^2+\frac{1}{12}\right)|\phi_y^3|\right]$。其中，$K_y$ 为侧偏刚度；α 为侧偏角。

（3）稳态纯侧偏工况回正力矩：

$$M_z=-F_yD_x\tag{1-15}$$

式中，D_x 为回正力臂，$D_x=(D_{x0}+D_e)\exp(-D_1|\phi_y|-D_2|\phi_y^2|)-D_e$，其中，$D_{x0}$、$D_e$、$D_1$ 和 D_2 是与垂向载荷有关的参数，分别为：$D_{x0}=c_1+c_2F_z+c_3F_z^2$，$D_e=c_4+c_5F_z+c_6F_z^2$，$D_1=c_7\exp(-F_z/c_8)$，$D_2=c_9\exp(F_z/c_{10})$。

轮胎在稳态纵滑侧偏联合工况时，轮胎的纵向力 F_x、侧向力 F_y 与回正力矩 M_z 的表达式如下：

$$\begin{cases}F_x=-\mu_xF_z\bar{F}\phi_x/\phi\\M_z=-F_yD_x-F_xD_y\\F_y=-\mu_yF_z\bar{F}\phi_y/\phi\end{cases}\tag{1-16}$$

式中，$\bar{F}$ 为无量纲总切向力，$\bar{F}=1-\exp\left[-\phi-E_1\phi^2-\left(\frac{1}{12}+E_1^2\right)\phi^3\right]$；$\phi$ 为相对总滑移率，$\phi=\sqrt{\phi_x^2+\phi_y^2}$；$D_y$ 为轮胎的侧向偏距，$D_y=F_y/K_{cy}$，其中，K_{cy}为侧向刚度，$K_{cy}=d_1F_z+d_2F$。

以上公式中出现的参数 $a_1,a_2,\cdots,b_1,b_2,\cdots,c_1,c_2,\cdots,d_1,d_2$，均由轮胎试验数据拟合求得。

幂指数统一轮胎模型的特点是：

（1）采用了无量纲表达式，其优点在于由纯工况下的一次台架试验得到的试验数据可应用于各种不同的路面。当路面条件改变时，只要改变路面的附着特性参数，代入无量纲表达式即可得该路面下的轮胎特性。

（2）无论是纯工况还是联合工况，其表达式是统一的。

（3）可表达各种垂向载荷下的轮胎特性。

（4）保证了可用较少的模型参数实现全域范围内的计算精度，参数拟合方便，计算量小。在联合工况下，其优势更加明显。

（5）能拟合原点刚度。

2．"魔术公式"轮胎模型

"魔术公式"轮胎模型（magic formula tire model）由 Pacejka 教授提出的，它以三角函数组合的形式来拟合轮胎试验数据，得出了一套形式相同并可同时表达纵向力、侧向力和回正力矩的轮胎模型，故称为“魔术公式”。其形式如下：

$$y = D\sin\{C\arctan[Bx - E(Bx - \arctan Bx)]\} \tag{1-17}$$

式中，y 可以是纵向力、侧向力或回正力矩，而自变量 x 可以在不同的情况下分别表示轮胎侧偏角或纵向滑移率。

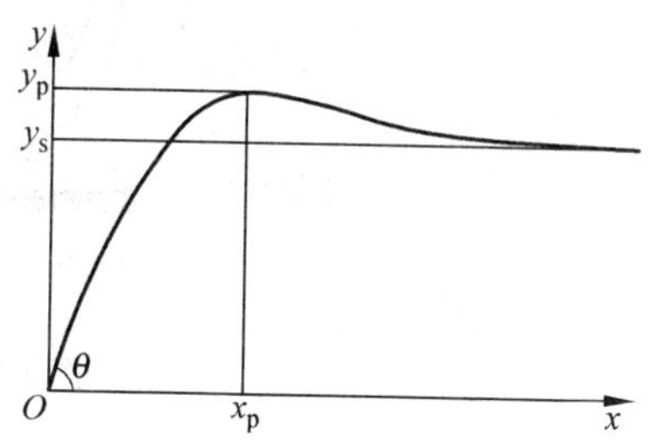

图 1-28 说明“魔术公式”中各参数的轮胎特性曲线

“魔术公式”中的系数由图 1-28 说明，图中所示的曲线可以是纵向力、侧向力或回正力矩关系曲线。其中，$D=y_p$，为曲线峰值（$C\geqslant 1$ 时）；C 为曲线形状系数，由于它控制了“魔术公式”中正弦函数的范围，因此决定了所得曲线的形状，其值可由曲线峰值 y_p 以及稳态值 y_s 决定，即 $C=1\pm[1-2\arcsin(y_s/D)/\pi]$；系数 B、C、D 的乘积对应于原点（$x=y=0$）处的斜率，即 $BCD=\tan\theta$；当 C 和 D 决定后，即可由与 $\tan\theta$ 的关系式求出 B，即 $B=\tan\theta/CD$，因此 B 也被称为刚度系数；系数 E 用来控制曲线峰值处的曲率，可以表示为：$E=\{Bx_p-\tan[\pi/(2C)]\}/[Bx_p-\arctan(Bx_p)]$。

“魔术公式”轮胎模型的特点是：

（1）用一套公式可以表达出轮胎的各向力学特性，统一性强，编程方便，需拟合参数较少，且各个参数都有明确的物理意义，容易确定其初值。

（2）无论对侧向力、纵向力还是回正力矩，拟合精度都比较高。

（3）由于“魔术公式”为非线性函数，参数的拟合较困难，有些参数与垂直载荷的关系也是非线性的，因此计算量较大。

（4）C 值的变化对拟合的误差影响较大。

（5）不能很好地拟合极小侧偏情况下轮胎的侧偏特性。

现在，越来越多的轮胎制造商以“魔术公式”系数的形式为整车厂提供轮胎数据，而不再以表格或图形提供数据。因此，在某些数据丢失或不可靠时，以同类相近轮胎测得的系数替代，也可取到很好的效果。根据实测的轮胎数据，通过曲线拟合算法可以优化“魔术公式”中的那些系数，一旦求得这些系数，利用“魔术公式”就可准确地进行轮胎性能预测，甚至对于极限值以外的一定范围也有较好的置信度。

3. SWIFT 轮胎模型

SWIFT(short wavelength intermediate frequency tire)轮胎模型是荷兰 Delft 工业大学提出的，它采用刚性圈理论，并结合“魔术公式”综合而成，其基本结构如图 1-29 所示。该模型适合于小波长、大滑移幅度下的高频（最高频率不超过 60Hz）输入情况。由于它采用了胎体建模与接地区域分离的建模方法，从而可精确地描述小波长、大滑移时的轮胎特性，因而可计算从瞬态到稳态连续变化的轮胎动力学行为，并且模型也考虑到了在不同路面条件下行驶的情况。通过对模型的进一步细化，还可用来描述车轮外倾以及转弯滑移等工况的轮胎特性。SWIFT 轮胎模型在考虑侧向力和回正力矩时，采用了“魔术公式”；在考虑纵向力和垂直力时，采用了刚性圈理论。

SWIFT 轮胎模型结构有以下几方面的特点：

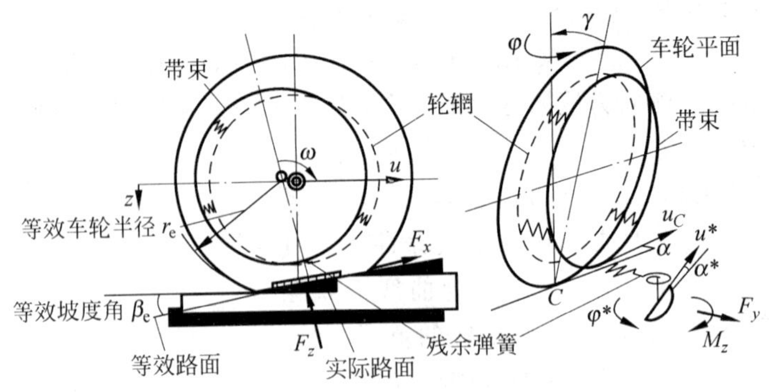

图 1-29　SWIFT 模型的基本结构

(1) 为了合理描述轮胎动力学特性，考虑了带束层惯量，并假设在高频范围内带束层为一个刚性圈。

(2) 在接地区域和刚性圈之间引入了残余刚度，在垂向、纵向、侧向以及侧偏方向的刚度值分别等于各个方向轮胎的静态刚度。而轮胎模型的柔性考虑了胎体柔性、残余柔性(实际上为胎体柔性的一部分)以及胎面柔性。

(3) 接地印迹有效长度和宽度的影响均被考虑。

(4) 通过有效的路面不平度、路面坡度和具有包容特性的轮胎有效滚动半径来描述路面特性，可实现轮胎在任意三维不平路面(包括非水平路面)的仿真，并能保证轮胎动态滑移和振动工况下的仿真精度。

思考题与练习题

1-1　轮胎的具体功能主要有哪些?

1-2　简述轮胎坐标系。

1-3　作用在轮胎上的力和力矩有哪些? 并解释具体的含义。

1-4　试说明轮胎滚动阻力的定义、产生机理和作用形式。

1-5　滚动阻力系数与哪些因素有关?

1-6　试解释轮胎的侧偏现象。

1-7　影响轮胎侧偏特性的主要因素有哪些?

1-8　简述回正力矩的意义。

汽车的动力性

汽车的动力性是汽车性能中最重要、最基本的性能之一，作为一种运输工具，汽车的运输效率在很大程度上取决于其动力性。

汽车的动力性是指汽车在良好路面上直线行驶时由汽车受到的纵向外力决定的、所能达到的平均行驶速度。它表征汽车以最大可能的平均速度运送货物或乘客的能力。

本章首先讨论汽车动力性的评价指标，然后从分析汽车行驶时的受力出发，建立汽车行驶方程，并以不同图表的形式确定汽车动力性的主要指标，在此基础上分析各种因素对汽车动力性的影响。

2.1 汽车的动力性指标

从获得尽可能高的平均行驶速度的观点出发，汽车的动力性主要由 3 个方面的指标来评定，即最高车速、加速能力和爬坡能力。

1. 汽车的最高车速 u_{amax}

最高车速是指在水平良好的路面（混凝土或沥青）上汽车能达到的最高行驶车速。此时变速器处于最高挡，发动机供油量达到最高，即油门踏板踩到底时所能达到的最高行驶速度。

在进行动力性评价指标试验的时候，各国规定的载荷质量是不一样的，如我国为满载，德国为半载。美国环境保护局（EPA）规定，相关汽车试验中轿车的载质量为 2 名体重 68kg 的乘员。

2. 汽车的加速时间 t

汽车的加速能力是指汽车在水平路面上所能达到的最大加速度。它对平均行驶车速有着很大的影响，特别是轿车，对加速时间更为重视。由于加速过程中的加速度是不断变化的，而且不易表述，所以常用加速时间来表示。加速时间又分为原地起步加速时间和超车加速时间。

原地起步加速时间是指汽车由Ⅰ挡或Ⅱ挡起步，并以最大的加速度（包括选择恰当的换挡时机）逐步换至最高挡后到某一预定的距离或车速所需的时间。超车加速时间指用最高挡或次高挡由某一较低车速全力加速至某一高速所需的时间。因为超车时汽车与被超车辆并行,容易发生安全事故,所以超车加速能力强,并行时间短,行车就安全。

各个国家对原地起步加速时间的单位也不相同,我国常用0～100km/h,或0～400m所需时间来表明原地起步加速能力,美国常用0～60mile/h(0～96.6km/h),或0～1/4mile(0～402.5m)所需的时间来表明原地起步加速能力。表2-1所示为常见轿车的原地起步加速时间和最高车速。

表2-1　常见轿车原地起步加速时间和最高车速

车　辆	发动机排量/L	整备质量/kg	变速器类型	官方百公里加速时间/s	最高车速/(km/h)
比亚迪F0	1.0	870	5挡手动	14	151
大众Polo	1.4	1060	5挡手动	12.2	182
斯柯达明锐	1.6	1210	5挡手动	11.2	190
奥迪Q3	2.0T	1520	6挡双离合	9.3	201
别克君威	2.4	1625	6挡手自一体	9.5	210
宝马X5	3.0T	2240	8挡手自一体	6.9	230
保时捷911	3.4T	1560	7挡双离合	5	280
布加迪威航	8.0T	1888	7挡手自一体	2.5	407

对超车的加速能力还没有一致的规定,采用较多的是用最高挡或次高挡由30km/h或40km/h全力加速行驶至某一高速所需的时间；还有用加速过程曲线即车速-时间关系曲线全面反映加速能力的。

3. 汽车的最大爬坡度 i_{max}

汽车的爬坡能力是汽车满载时在良好的坡道路面上等速行驶所能爬上的最大坡度(简称最大爬坡度),用i_{max}表示。针对汽车变速器的不同挡位,有相应的爬坡能力,但通常是指汽车变速器最低挡的最大爬坡能力。

轿车最高车速高,加速时间短,经常在较好路面上行驶,一般不强调它的爬坡能力；然而,它的Ⅰ挡加速能力大,故爬坡能力也很强。货车在各种地区的各种道路上行驶,所以必须具有足够的爬坡能力,一般i_{max}在30%即16.7°左右。越野车要在坏路或无路条件下行驶,因而爬坡能力是一个很重要的指标,它的最大爬坡度可达60%即31°左右,如图2-1所示。

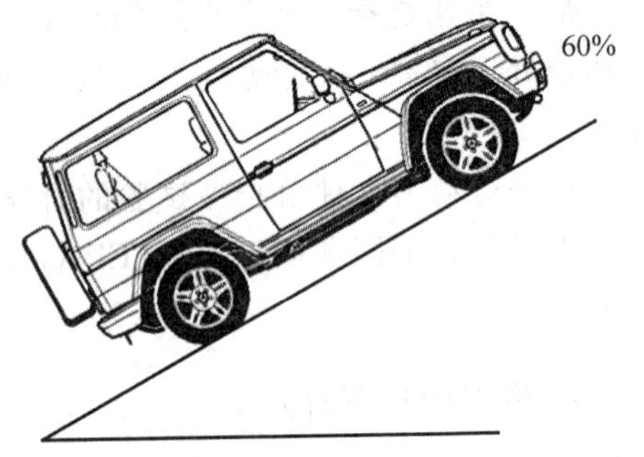

图2-1　越野车的爬坡能力

需进一步说明的是：i_{max}代表了汽车的极限爬坡能力,它应比实际行驶中遇到的道路的最大坡度超出很多,这是因为考虑到在实际坡道行驶时,在坡道上停车后顺利起步加速、克服松软坡道路面的大阻力、克服坡道上崎岖不平路面的局部大阻力等要求的缘故。

除此之外,有时也以汽车在一定坡道上必须达到的车速来表明汽车的爬坡能力。比如在Timothy C. Moore所写的文章中规定,美国新一代轿车的爬坡能力为：在美国环境保护局(EPA)试验规定的质量下，应能以 104km/h 的车速通过 6%的坡道，而在满载时，车速则不能低于 80km/h。也可以一定坡道上汽车的加速时间来表明汽车加速性能，如在 6%的坡度上 0～96.6km/h 的加速时间应不大于 20s。他认为，汽车具有这样的加速性能，便可以安全地从有坡度的匝道进入高速公路而驶入高速行驶的车流。

军用车辆的适应条件和环境较之公路车辆更为复杂，通常对其动力性的要求不一定包含车辆的最高速度，但常规定在一定的坡道上车辆应能达到的速度。

应该注意的是，上述三方面的指标可通过试验室内的台架试验或路测测得，在路测中应在无风或微风条件下测得。国家也对相应的试验条件进行了规定，在后面的章节中会详细介绍。

2.2　汽车的驱动力与行驶阻力

确定汽车的动力性，就是确定汽车沿行驶方向的运动状况。为此需要掌握沿汽车行驶方向作用于汽车的各种外力，即驱动力与行驶阻力。根据这些力的平衡关系建立汽车行驶方程式，就可以估算汽车的最高车速、加速度和最大爬坡度。

汽车的行驶方程为

$$F_t = \sum F$$

式中，F_t 为驱动力；$\sum F$ 为行驶阻力之和。

驱动力是由发动机的转矩经过传动系传至驱动轮上得到的。行驶阻力有滚动阻力、空气阻力、加速阻力和坡度阻力。现在分别研究驱动力和这些行驶阻力，并最后把 $F_t = \sum F$ 这一行驶方程式加以具体化，以便研究汽车的动力性。

2.2.1　汽车的驱动力

汽车发动机产生的转矩，经过传动系传至驱动轮上。此时作用于驱动轮上的转矩 T_t 产生一对地面的圆周力 F_0，地面对驱动轮的反作用力 F_t(方向与 F_0 相反)即是驱动汽车的外力，此外力称为汽车的驱动力(如图 2-2 所示)。其数值为

$$F_t = \frac{T_t}{r} \tag{2-1}$$

式中，T_t 为作用于驱动轮上的转矩；r 为车轮半径。

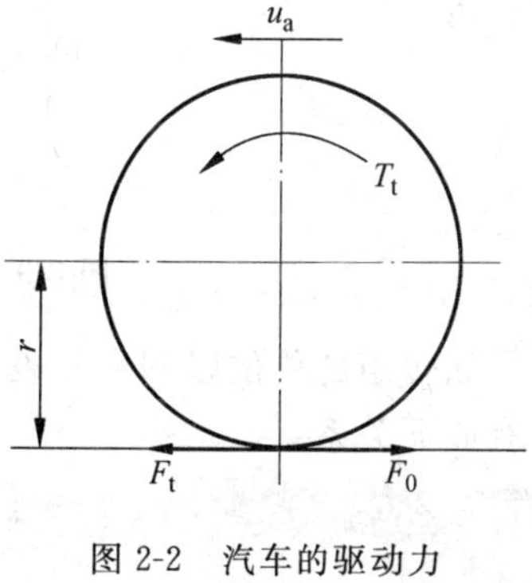

作用于驱动轮上的转矩 T_t 是由发动机产生的转矩经传动系传至车轮上的。若令 T_{tq} 表示发动机转矩，i_g 表示变速器的传动比，i_0 表示主减速器的传动比，η_t 表示传动系的机械效率，则有

图 2-2　汽车的驱动力

$$T_t = T_{tq} i_g i_0 \eta_t \tag{2-2}$$

对于装有分动器、轮边减速器、液力传动装置的汽车，上式应计入相应的传动比和机械效率。

因此驱动力为

$$F_t = \frac{T_{tq} i_g i_0 \eta_t}{r} \tag{2-3}$$

下面将对式(2-2)中的发动机扭矩、传动系效率以及车轮半径作一些讨论，最后给出汽车的驱动力图。

1. 发动机的转速特性

当发动机运转的时候，其功率 P_e、扭矩 T_{tq} 和耗油率 b 这三个基本性能指标都会随着负荷的变化而变化。这些变化遵循一定的规律，将这些有规律的变化描绘成曲线，就有了反映发动机特性的曲线图。

发动机节气门全开即当汽油机节气门完全开启（或者柴油机喷油泵在最大供油量时）的速度特性，称为发动机的外特性，它表示发动机所能得到的最大动力性能。从外特性曲线上可以看到发动机所能输出的最大功率、最大扭矩以及它们相应的转速和燃料消耗量。

如果节气门部分开启（或部分供油），则成为发动机部分负荷特性曲线。

图 2-3 为一台汽油发动机外特性中的功率与转矩曲线。n_{min} 为发动机的最小稳定工作转速，随着发动机转速增加，发动机发出的功率和转矩都在增加，最大转矩 T_{tqmax} 时的发动机转速为 n_{tq}；再增加发动机转速时，T_{tq} 有所下降，但功率继续增加，一直到最大功率 P_{emax}，此时发动机转速为 n_p；继续增加转速时，功率下降，允许的发动机最高转速为 n_{max}。

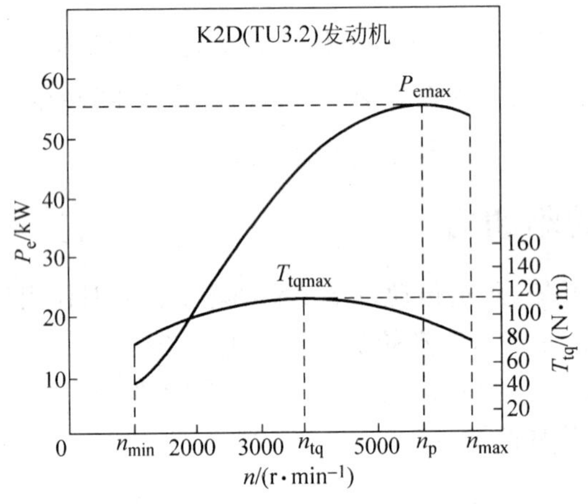

图 2-3 汽油发动机外特性中的功率与转矩曲线

如转矩的单位以 N·m 表示，功率的单位以 kW 表示，转速以 r/min 表示，则功率与转矩有如下关系：

$$P_e = \frac{T_{tq} n}{9550} \tag{2-4}$$

图 2-4 是汽油发动机外特性及部分负荷特性的功率与转矩曲线。曲线上的数字为节气门开度百分比，相应的曲线便是各个节气门开度下的发动机转矩与功率。

发动机制造厂提供的发动机特性曲线，有时是在试验台上未带水泵、发电机等条件下测得的。带上全部附件设备时，发动机特性曲线称为使用外特性曲线。使用外特性曲线的功率小于外特性曲线的功率。图 2-5 是 BJ212 汽车发动机外特性和使用外特性中的功率与转矩曲线。一般汽油发动机使用外特性的最大功率比外特性的最大功率约小15%；货车柴油机的使用外特性最大功率约小5%；轿车与轻型汽车柴油机约小10%。

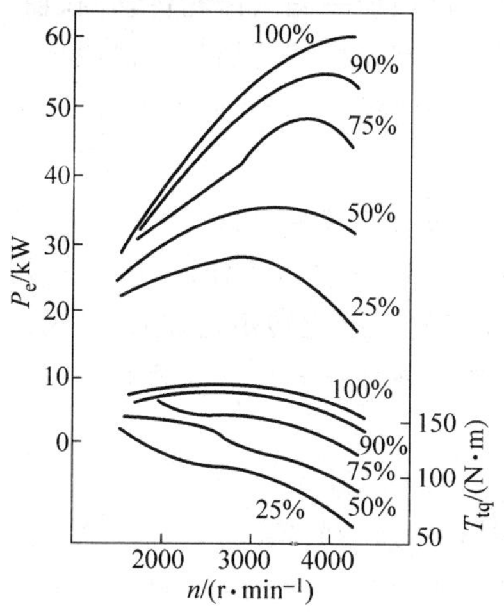

图 2-4 汽油发动机外特性及部分负荷特性的功率与转矩曲线

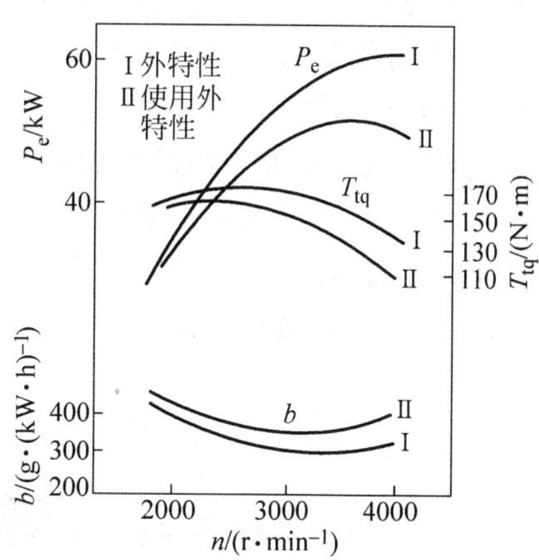

图 2-5 BJ212 汽车发动机外特性和使用外特性中的功率与转矩曲线

日本JIS规定，1985年以后生产的汽车均应给出净(net)功率，即使用外特性功率。外特性台架试验是在发动机工况相对稳定，即保持水、机油温度于规定的数值，且在各个转速不变时来测量转矩与油耗数值的；而在实际使用中，发动机的工况常是不稳定的。例如在汽车加速时，发动机是在节气门开度迅速加大，曲轴转速连续由低升高的变化过程中工作的。发动机的热状况、可燃混合气的浓度等，与外特性台架试验时的稳定工况有差异。在加速过程的不稳定工况下，发动机所能提供的功率比稳定工况时要稍有下降，电喷汽油机比化油器汽油机要下降的更少些。在进行动力性估算时，一般仍沿用稳态工况时发动机台架试验所得到的使用外特性中的功率与转矩曲线。

为了便于计算，常采用多项式来描述由试验台测得的、接近于抛物线的发动机转矩曲线，即

$$T_{tq} = a_0 + a_1 n + a_2 n^2 + \cdots + a_k n^k \tag{2-5}$$

式中，系数 $a_0, a_1, a_2, \cdots, a_k$ 可由最小二乘法来确定；拟合阶数 k 随特性曲线而异，一般在2、3、4、5中选取；T_{tq}为发动机转矩，N·m；n为发动机转速，r/min。

2. 传动系的机械效率

输入传动系的功率 P_{in}经传动系传至驱动轮的过程中，为了克服传动系各部件中的摩擦，消耗了一部分功率。如以 P_T 代表传动系中损耗的功率，则传动系的机械效率为

$$\eta_t = \frac{P_{in} - P_T}{P_{in}} \tag{2-6}$$

在等速行驶情况下，$P_{in} = P_e$，故

$$\eta_t = \frac{P_e - P_T}{P_e} = 1 - \frac{P_T}{P_e} \tag{2-7}$$

传动系的功率损失由传动系中的部件——变速器、传动轴万向节、主减速器等的功率损失所组成。其中变速器和主减速器的功率损失占比重最大，其余部件的功率损失较小。

传动功率损失可分为机械损失和液力损失两大类。机械损失是指齿轮传动副、轴承、油封等处的摩擦损失，与啮合齿轮的对数、传递的转矩等因素有关。液力损失指消耗于润滑油的搅动、润滑油与旋转零件之间的表面摩擦等功率损失，与润滑油的品种、温度、箱体内的油面高度以及齿轮等旋转零件的转速有关。

传动系的效率是在专门的实验台上测得的。图 2-6 为解放牌 4t 载货汽车 CA10B 变速器在Ⅳ挡、Ⅴ挡工作时的传动效率。试验结果表明，在Ⅳ挡（直接挡）工作时，啮合的齿轮并没有传递转矩，因此比Ⅴ挡（超速挡）时的传动效率要高。同一挡位转矩增加时，润滑油损失所占比例减小，传动效率较高。转速低时搅油损失小，传动效率比转速高时要高。

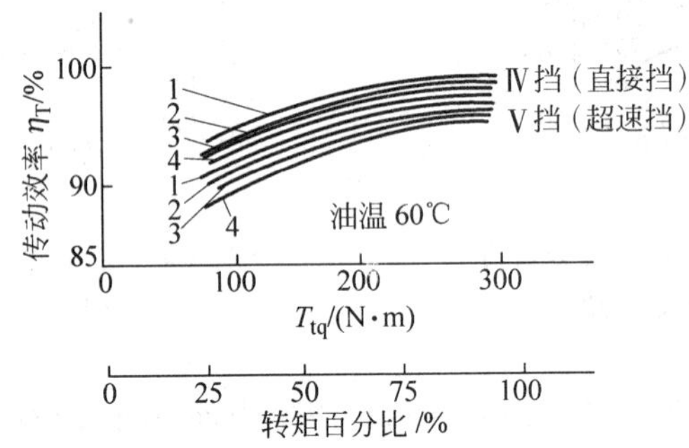

图 2-6 解放牌 4t 载货汽车 CA10B 变速器在Ⅳ挡、Ⅴ挡工作时的传动效率

1—1200r/min；2—1600r/min；3—1900r/min；4—2200r/min

传动效率因受多种因素的影响而有所变化，但对汽车进行初步的动力性分析时，可把它看作一个常数。表 2-2 所示为传动系各部件的传动效率。

表 2-2 传动系各部件的传动效率 %

部件名称	传动效率	部件名称	传动效率
4～6 挡变速器	95	单级减速主减速器	96
辅助变速器（副变速器或分动器）	95	双级减速主减速器	92
8 挡以上变速器	90	传动轴的万向节	98

采用有级机械变速器传动系的轿车，其传动效率可取为 0.9～0.92；货车、客车可取 0.82～0.85。表 2-2 推荐的数值亦可用来估算整部汽车的传动效率。

3. 车轮的半径

车轮处于无载时的半径称为自由半径。

汽车静止时，车轮中心至轮胎与道路接触面之间的距离称为静力半径 r_s，由于径向载荷的作用，轮胎发生显著变形，所以静力半径小于自由半径。

如以车轮转动圈数与实际车轮滚动距离之间的关系来换算，则可求得滚动半径为

$$r_r = \frac{S}{2\pi n_w} \tag{2-8}$$

式中，n_w 为车轮转动的圈数；S 为在转动 n_w 圈时车轮滚动的距离。

滚动半径由试验测得，也可以作近似估算。

欧洲轮胎与轮辋技术协会(ETRTO)曾推荐用下式来计算滚动圆周：

$$C_R = Fd \tag{2-9}$$

式中，d 为 ETRTO 会员生产轮胎的自由直径；F 为计算常数，子午线轮胎 $F=3.05$，斜交轮胎 $F=2.99$。

以上系指在最大载荷、规定气压与车速在 60km/h 时的滚动圆周，故滚动半径为

$$r_r = \frac{Fd}{2\pi} \tag{2-10}$$

显然，对汽车作动力学分析时，应该用静力半径 r_s；而作运动学分析时，应该用滚动半径 r_r。但一般常不计它们的差别，统称为车轮半径 r，即认为

$$r_s \approx r_r \approx r \tag{2-11}$$

4. 汽车的驱动力图

一般用根据发动机外特性确定的驱动力与车速之间的函数关系曲线 F_t-u_a 来全面表示汽车的驱动力，称为汽车的驱动力图。设计中的汽车有了发动机的外特性曲线、传动系的传动比、传动效率、车轮半径等参数后，即可用式(2-3)求出各个挡位的 F_t 值，再根据发动机转速与汽车行驶速度之间的转换关系求出 u_a，即可求得各个挡位的 F_t-u_a 曲线。发动机转速与汽车行驶速度之间的关系式为

$$u_a = 0.377\,\frac{rn}{i_g i_0} \tag{2-12}$$

式中，u_a 为汽车的行驶速度，km/h；n 为发动机转速，r/min；r 为车轮半径，m；i_g 为变速器传动比；i_0 为主减速器传动比。图 2-7 是具有 5 挡变速器的一货车驱动力图。

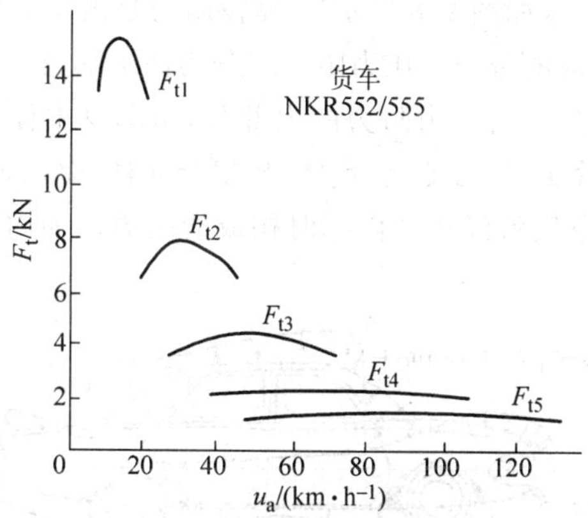

图 2-7 货车 NKR552/555 的驱动力图

由于驱动力图中的驱动力是根据发动机外特性求得的，因此它是使用各挡位时在一定车速下汽车能发出的驱动力的极值。实际行驶中，发动机常在节气门部分开启下工作，相应的驱动力要比它小。

2.2.2 汽车的行驶阻力

汽车在水平道路上等速行驶时，必须克服来自地面的滚动阻力和来自空气的空气阻力。滚动阻力以符号 F_f 表示，空气阻力以符号 F_w 表示。当汽车在坡道上上坡行驶时，还必须克服重力沿坡道的分力，称为坡度阻力，以符号 F_i 表示。汽车加速行驶时还需要克服加速阻力，以符号 F_j 表示。因此，汽车行驶的总阻力为

$$\sum F = F_f + F_w + F_i + F_j \tag{2-13}$$

上述诸阻力中，滚动阻力和空气阻力是在任何行驶条件下均存在的，坡度阻力和加速阻力仅在一定行驶条件下存在。在水平道路上等速行驶时就没有坡度阻力和加速阻力。

1. 滚动阻力

轮胎滚动时，与支承地面的接触区产生法向和切向相互作用力，并使接触区的轮胎和地面发生相应的变形。滚动阻力 F_f 是当车轮在地面上滚动时，由于两者之间的相互作用力和相应变形所引起的能量损失的总称。由第 1 章可知，汽车在水平路面上直线行驶的滚动阻力可以用下式计算：

$$F_f = Gf \tag{2-14}$$

式中，G 为汽车重力，N；f 为滚动阻力系数。

2. 空气阻力

汽车直线行驶时受到的空气作用力在行驶方向上的分力称为空气阻力。汽车受到的空气阻力主要由车身表面的压力变化引起，而车身表面的压力变化与理想气体的动压有关。空气阻力分为压力阻力与摩擦阻力两部分。作用在汽车外形表面上的法向压力的合力在行驶方向的分力称为压差阻力（如图 2-8 所示）；摩擦阻力是由于空气的粘性在车身表面产生的切向力的合力在行驶方向的分力。压力阻力又分为四个部分：形状阻力、干扰阻力、内循环阻力和诱导阻力。形状阻力占压力阻力的大部分，与车身主体形状有很大关系；干扰阻力是车身表面突起物（如后视镜、门把、引水槽、悬架导向杆、驱动轴等）引起的阻力；发动机冷却系、车身通风等所需空气流经车体内部时构成的阻力即为内循环阻力；诱导阻力是空气升力在水平方向的投影。

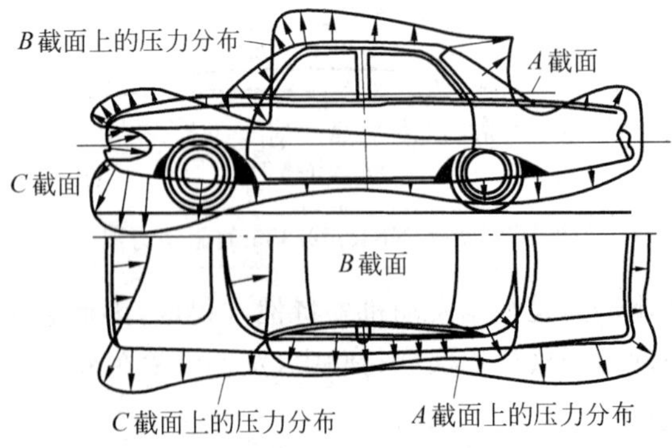

图 2-8 车身表面上的空气法向压力分布

一般轿车中，这部分阻力的大致比例为：形状阻力占58%，干扰阻力占14%，内循环阻力占12%，诱导阻力占7%，摩擦阻力占9%。

在汽车行驶范围内，空气阻力的数值通常都是总结成与气流相对速度的动压力$\frac{1}{2}\rho u_r^2$成正比例的形式，即

$$F_w = \frac{1}{2}C_D A\rho u_r^2 \tag{2-15}$$

式中，C_D为空气阻力系数，一般讲应是雷诺数Re的函数，在车速较高、动压力较高而相应气体的粘性摩擦较小时，C_D将不随Re而变化；ρ为空气密度，一般$\rho=1.2258\text{N}\cdot\text{s}^2/\text{m}^4$；$A$为迎风面积，即汽车行驶方向的投影面积，$\text{m}^2$；$u_r$为相对速度，在无风时即汽车的行驶速度，m/s。

本章只讨论无风条件下汽车的运动，u_r即为汽车行驶速度u_a。如u_a以km/h、A以m^2计，则空气阻力(N)为

$$F_w = \frac{C_D A u_a^2}{21.15} \tag{2-16}$$

式(2-16)表明，空气阻力是与C_D及A值成正比的。A值受到乘坐使用空间的限制不易进一步减少，所以降低C_D值是降低空气阻力的主要手段。20世纪50—70年代初，轿车C_D值维持在0.4～0.6之间。但自70年代能源危机后，为了进一步降低油耗，各国都致力于设法降低C_D值，至90年代，不少轿车的C_D值已降到0.3甚至更低一点。如Passat轿车的C_D值为0.28，梅赛德斯-奔驰CLA运动轿车的C_D值已低到0.23。表2-3所示为常见轿车的C_D值。

表2-3　常见轿车的空气阻力系数

车辆类型	空气阻力系数C_D	车辆类型	空气阻力系数C_D
宝马3系	0.26	丰田凯美瑞	0.29
奔驰C级	0.27	马自达6	0.29
奥迪A4L	0.27	福特蒙迪欧-致胜	0.297
马自达睿翼	0.27	别克新君越	0.3
别克新君威	0.27	本田雅阁	0.31
马自达3	0.28	斯柯达明锐	0.32

3. 坡度阻力

当汽车上坡行驶时(参看图2-9)，汽车重力沿坡道的分力表现为汽车坡度阻力，即

$$F_i = G\sin\alpha \tag{2-17}$$

式中，G为作用于汽车上的重力，$G=mg$，m为汽车质量，g为重力加速度。

道路坡度是以坡高与底长之比来表示的，即

$$i = \frac{h}{s} = \tan\alpha$$

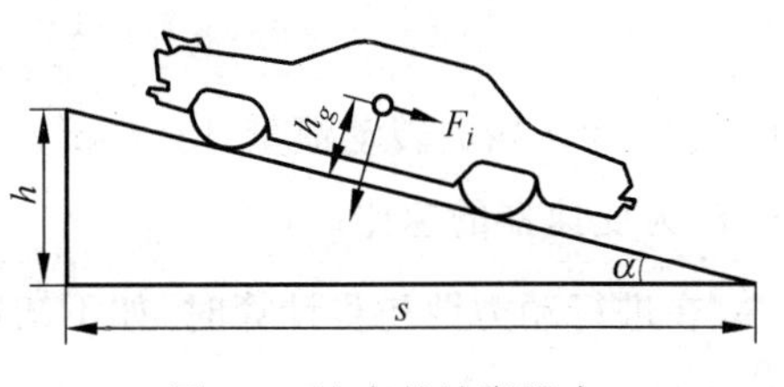

图2-9　汽车的坡度阻力

根据我国的公路路线设计规范，高速公路平原微丘区最大纵坡为3%，山岭重丘区为5%；一级汽车专用公路平原微丘区最大坡度为4%，山岭重丘区为6%；一般四级公路平原微丘区为5%，山岭重丘区为9%。所以一般道路的坡度均较小，此时

$$\sin\alpha \approx \tan\alpha = i$$

故

$$F_i = G\sin\alpha \approx G\tan\alpha = Gi \tag{2-18}$$

在坡度大时，近似等式有一定误差，坡度阻力应按式(2-17)计算。

上坡时垂直于坡道路面的汽车重力分力为 $G\cos\alpha$，故汽车在坡道上行驶时的滚动阻力为 $F_t = Gf\cos\alpha$。

由于坡度阻力和滚动阻力均属于与道路有关的阻力，而且均与汽车重力成正比，故可把这两种阻力合在一起称为道路阻力，以 F_ψ 表示，即

$$F_\psi = F_f + F_i = Gf\cos\alpha + G\sin\alpha$$

当 α 不大时，$\cos\alpha \approx 1$，$\sin\alpha \approx i$，则

$$F_\psi = Gf + Gi = G(f + i)$$

令 $f + i = \psi$，ψ 称为道路阻力系数，则

$$F_\psi = G\psi \tag{2-19}$$

4. 加速阻力

汽车加速行驶时，需要克服其质量加速运动时的惯性力，就是加速阻力 F_j。汽车的质量分为平移质量和旋转质量两部分。加速时，不仅平移质量产生惯性力，旋转质量也要产生惯性力偶矩。为了便于计算，一般把旋转质量的惯性力偶矩转化为平移质量的惯性力，对于固定传动比的汽车，常以 δ 系数作为计入旋转质量惯性力偶矩后的汽车旋转质量换算系数，因而汽车加速时的阻力(N)可写作

$$F_j = \delta m \frac{\mathrm{d}u}{\mathrm{d}t} \tag{2-20}$$

式中，δ 为汽车旋转质量换算系数，$\delta > 1$；m 为汽车的质量，kg；$\frac{\mathrm{d}u}{\mathrm{d}t}$为行驶加速度，$\mathrm{m/s^2}$。

δ 主要与飞轮的转动惯量、车轮的转动惯量以及传动系的传动比有关。根据公式推导可知(可由动力学中的功率方程，即汽车整体动能对时间的变化率等于所有作用力的功率推导得到，本书略)

$$\delta = 1 + \frac{1}{m}\frac{\sum I_w}{r^2} + \frac{1}{m}\frac{I_f i_g^2 i_0^2 \eta_T}{r^2} \tag{2-21}$$

式中，I_w 为车轮的转动惯量，$\mathrm{kg \cdot m^2}$；I_f 为飞轮的转动惯量，$\mathrm{kg \cdot m^2}$；i_0 为主减速器传动比，i_g 为变速器的速比。

在进行动力性初步计算时，如不知道准确的 I_f、$\sum I_w$ 值，也可利用图2-10，根据挡位与总传动比大致确定 δ 的值。

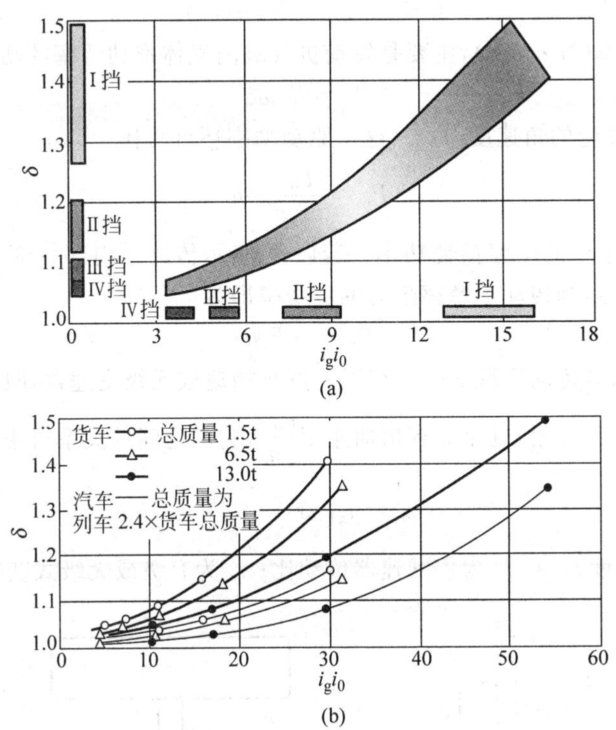

图 2-10 汽车旋转质量换算系数

(a) 轿车旋转质量换算系数与传动系总传动比 $i_g i_0$ 的关系；

(b) 货车旋转质量换算系数与传动系总传动比 $i_g i_0$ 的关系

2.2.3 汽车行驶方程

根据上面逐项分析的汽车行驶阻力，可以得到汽车行驶方程式为

$$F_t = F_f + F_w + F_i + F_j$$

或

$$\frac{T_{tq} i_g i_0 \eta_T}{r} = G\cos\alpha + \frac{C_D A u_a^2}{21.15} + G\sin\alpha + \delta m \frac{du}{dt}$$

考虑到实际上正常道路坡度角不大，$\cos\alpha \approx 1$，$\sin\alpha \approx i$，故常将上式写为

$$\frac{T_{tq} i_g i_0 \eta_T}{r} = Gf + \frac{C_D A u_a^2}{21.15} + Gi + \delta m \frac{du}{dt} \tag{2-22}$$

这个等式表示了无风天气、正常道路上行驶汽车的驱动力与行驶阻力的数量关系，在进行动力性分析时十分有用。但应指出，这个方程并未经过周密的推导。为此下面依据动力学中的功率方程，即汽车整体动能对时间的变化率等于所有作用力的功率，导出汽车旋转质量换算系数 δ，并建立汽车行驶方程式。

当车速为 u(m/s)时，汽车的动能为

$$E = \frac{1}{2} m u^2 + \frac{1}{2} \sum I_w \left(\frac{u}{r}\right)^2 + \frac{1}{2} I_f \left(\frac{i_g i_0 u}{r}\right)^2$$

汽车受到的外力的功率(N·m/s)为

$$P=-(F_f+F_w+F_i)u$$

汽车内力的功率(N·m/s),主要是发动机气缸内气体推动活塞的功率,可写作

$$P_e=T_{tq}\omega_e$$

其中,ω_e 为发动机飞轮的角速度,1/s。这一驱动功率还可写作

$$P_e=\frac{T_{tq}i_g i_0}{r}u$$

再则就是传动系中的摩擦损耗功率。若以 F_r 表示传动系内部各部分摩擦阻力转换到车轮周缘的(总)阻力,则传动系摩擦阻力的负功率即为

$$P_r=-F_r u$$

图 2-11 为加速时传动系统的受力情况。汽车加速或无级变速器速比变化时,发动机的旋转惯性质量(主要为飞轮)也相应有角加速度 $\frac{d\omega_e}{dt}$,它们之间的关系可由下式求得:

$$\omega_e=i_g i_0\omega=\frac{i_g i_0 u}{r}$$

式中,ω 为车轮角速度,1/s;i_0 为主减速器传动比;i_g 为有级或无级式变速器的传动比。

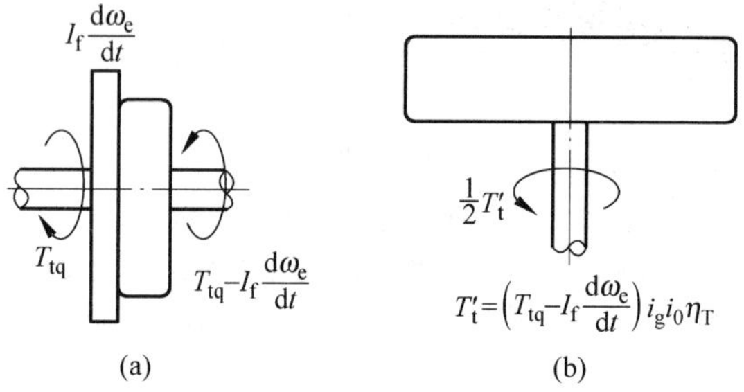

图 2-11 加速时传动系统的受力情况

(a) 发动机飞轮受力图;(b) 驱动轮受力图

无级式变速器传动比是随时间变化的,故

$$\frac{d\omega_e}{dt}=\frac{i_0}{r}\left(i_g\frac{du}{dt}+u\frac{di_g}{dt}\right)$$

忽略有级变速器齿轮或无级变速器旋转元件、传动轴与主减速器齿轮的转动惯量,加速时半轴施加于驱动轮的转矩 T_t' 为

$$T_t'=\left(T_{tq}-I_f\frac{d\omega_e}{dt}\right)i_g i_0\eta_T$$

若设传动系无任何摩擦阻力,则施加于驱动轮的转矩为

$$T_t''=\left(T_{tq}-I_f\frac{d\omega_e}{dt}\right)i_g i_0$$

故传动系中各处摩擦转换到驱动轮处的摩擦阻力转矩为

$$T_r=T_t''-T_t'=\left(T_{tq}-I_f\frac{d\omega_e}{dt}\right)i_g i_0(1-\eta_T)$$

显然,传动系中各处摩擦转换到车轮周缘的(总)摩擦阻力为

$$F_r=\frac{T_r}{r}=\frac{T_{tq}i_g i_0(1-\eta_T)}{r}-\frac{I_f i_g^2 i_0^2(1-\eta_T)}{r^2}\frac{du}{dt}-\frac{I_f i_0^2 i_g u(1-\eta_T)}{r^2}\frac{di_g}{dt}$$

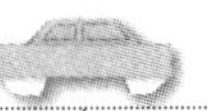

所以传动系统中的摩擦损耗功率为

$$P_r = -\left[\frac{T_{tq}i_g i_0(1-\eta_T)}{r} - \frac{I_f i_g^2 i_0^2(1-\eta_T)}{r^2}\frac{du}{dt} - \frac{I_f i_0^2 i_g u(1-\eta_T)}{r^2}\frac{di_g}{dt}\right]u$$

依据动力学中的功率方程可列出下式：

$$\frac{d}{dt}\left[\frac{1}{2}mu^2 + \frac{1}{2}\frac{\sum I_w}{r^2}u^2 + \frac{1}{2}\frac{I_f i_g^2 i_0^2}{r^2}u^2\right]$$

$$= \left[-F_f - F_w - F_i + \frac{T_{tq}i_g i_0}{r} - \frac{T_{tq}i_g i_0(1-\eta_T)}{r} + \frac{I_f i_g^2 i_0^2(1-\eta_T)}{r^2}\frac{du}{dt} + \frac{I_f i_0^2 i_g u(1-\eta_T)}{r^2}\frac{di_g}{dt}\right]u$$

从而

$$\left[m + \frac{\sum I_w}{r^2} + \frac{I_f i_g^2 i_0^2}{r^2}\right]u\frac{du}{dt} + \frac{I_f i_0^2 i_g u^2}{r^2}\frac{di_g}{dt}$$

$$= \left[F_t - F_f - F_w - F_i + \frac{I_f i_g^2 i_0^2(1-\eta_T)}{r^2}\frac{du}{dt} + \frac{I_f i_0^2 i_g u(1-\eta_T)}{r^2}\frac{di_g}{dt}\right]u$$

因此得出汽车行驶方程式如下：

$$F_t = F_f + F_w + F_i + \left(m + \frac{\sum I_w}{r^2} + \frac{I_f i_g^2 i_0^2 \eta_T}{r^2}\right)\frac{du}{dt} + \frac{I_f i_0^2 i_g \eta_T u}{r^2}\frac{di_g}{dt} \tag{2-23}$$

由此可知汽车的加速阻力为

$$F_j = \left(m + \frac{\sum I_w}{r^2} + \frac{I_f i_g^2 i_0^2 \eta_T}{r^2}\right)\frac{du}{dt} + \frac{I_f i_0^2 i_g \eta_T u}{r^2}\frac{di_g}{dt} = \delta m\frac{du}{dt} + \frac{I_f i_0^2 i_g \eta_T u}{r^2}\frac{di_g}{dt} \tag{2-24}$$

式中，$\delta = 1 + \frac{\sum I_w}{mr^2} + \frac{I_f i_g^2 i_0^2 \eta_T}{mr^2}$。

对于装有有级式固定传动比变速器的汽车，$\frac{di_g}{dt}=0$，加速阻力只有上式中前面一项$\delta m\frac{du}{dt}$，所以δ为装有固定传动比变速器汽车的旋转质量换算系数。若为装有传动比连续变化的无级变速器汽车，加速阻力还应包括上式中的第二项。第二项加速阻力是由于传动比变化率$\frac{di_g}{dt}$使发动机飞轮加速而产生的。

2.3 汽车的驱动力-行驶阻力平衡图与动力特性图

2.3.1 驱动力-行驶阻力平衡图

前面曾得到装有级式固定传动比变速器汽车的行驶方程为

$$F_t = F_f + F_w + F_i + F_j$$

或

$$\frac{T_{tq}i_g i_0 \eta_T}{r} = Gf + \frac{C_D A u_a^2}{21.15} + Gi + \delta m\frac{du}{dt} \tag{2-25}$$

此公式表明了汽车行驶时驱动力和外界阻力之间相互关系的普遍情况。当发动机的转速特性、变速器的传动比、主减速比、传动效率、车轮半径、空气阻力系数、汽车迎风面积以及汽车质量等初步确定后，便可利用此式分析汽车在附着性能良好的典型路面（混凝土、沥青路面）上的行驶能力，即确定汽车在节气门全开时可能达到的最高车速、加速能力和爬坡能力。

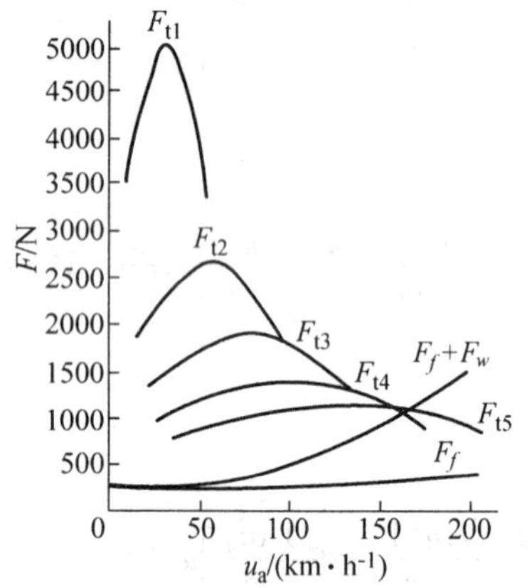

图 2-12　汽车驱动力-行驶阻力平衡图

为了清晰而形象地表明汽车行驶时的受力情况及其平衡关系，一般是将汽车行驶方程式用图解法来进行分析的。就是说在图 2-12 所示汽车驱动力图上把汽车行驶中经常遇到的滚动阻力和空气阻力也算出画在图上，作出汽车驱动力-行驶阻力平衡图，并以它来确定汽车的动力性。

图 2-12 为一具有 5 挡变速器紧凑型轿车的驱动力-行驶阻力平衡图。图中既有各挡的驱动力，又有滚动阻力以及滚动阻力和空气阻力叠加后得到的行驶阻力曲线。

从图 2-12 上可以清楚地看出不同车速时驱动力和行驶阻力之间的关系。汽车以最高挡行驶时的最高车速，可以直接在图上找到。显然 F_{t5} 曲线与 F_f+F_w 曲线的交点便是 u_{amax}。因为此时驱动力和行驶阻力相等，汽车处于稳定的平衡状态。图 2-12 中的最高车速为 175km/h。

从图 2-12 中还可看出，当车速低于最高车速时，驱动力大于行驶阻力。这样，汽车就可以利用剩余的驱动力加速或爬坡。当需要在 119km/h 等速度行驶时，驾驶员可以减小节气门开度，此时发动机只用部分负荷特性工作。

汽车的加速能力可用它在水平良好路面上行驶时能产生的加速度来评价，但 2.1 节中已经指出，由于加速度的数值不易测量，实际中常用加速时间来表明汽车的加速能力。譬如用直接挡行驶时，由最低稳定速度加速到一定距离或 80% u_{amax} 所需的时间表明汽车的加速能力。现在根据图 2-12 求出汽车的加速时间。

由汽车行驶方程得

$$\frac{\mathrm{d}u}{\mathrm{d}t}=\frac{1}{\delta m}[F_t-(F_f+F_w)]\quad（设\ F_i=0）\tag{2-26}$$

显然，利用图 2-12 可计算得出各挡节气门全开时的加速度曲线，见图 2-13。由图中可以看出，高挡位时的加速度要小些，Ⅰ挡的加速度最大。但是有的越野汽车Ⅰ挡 δ 值甚大，Ⅱ挡的加速度可能比Ⅰ挡还大。

根据加速度图可以进一步求得某一车速 u_1 加速至另一较高车速 u_2 所需的时间。

由运动学可知

$$\mathrm{d}t=\frac{1}{a}\mathrm{d}u$$

$$t=\int_0^t\mathrm{d}t=\int_{u_1}^{u_2}\frac{1}{a}\mathrm{d}u=A\tag{2-27}$$

即加速时间可用计算机进行积分计算或用图解积分法求出。用图解积分法，将 a-u_a 曲线（图 2-13）转画成 $\frac{1}{a}$-u_a 曲线（图 2-14(a)）。曲线下两个速度区间的面积就是通过

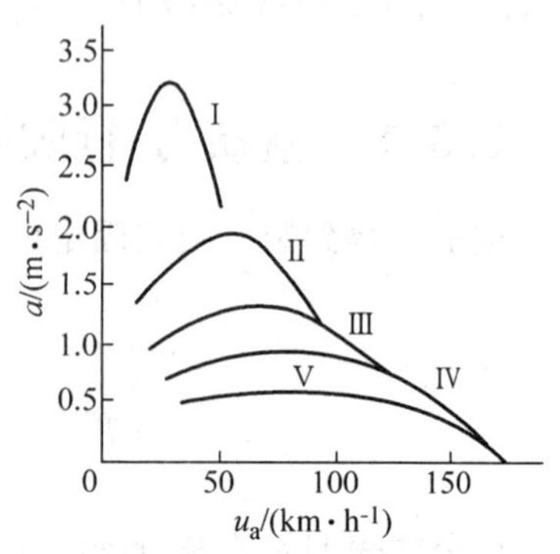

图 2-13　汽车的行驶加速度曲线

此速度区间的加速时间。常将速度区间分为若干间隔，通过确定面积来计算(总)加速时间(图 2-14(b))。

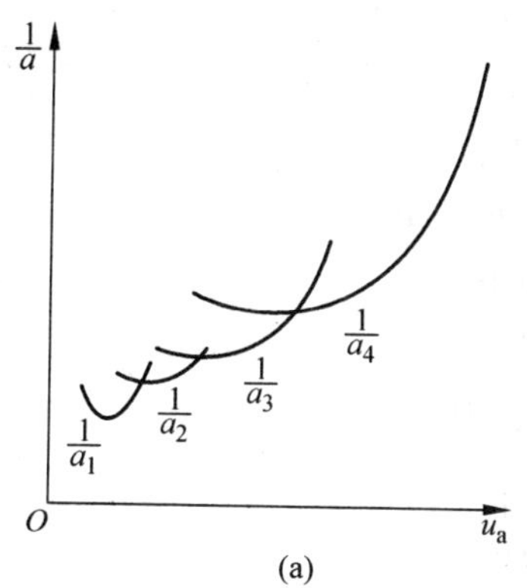

(a)

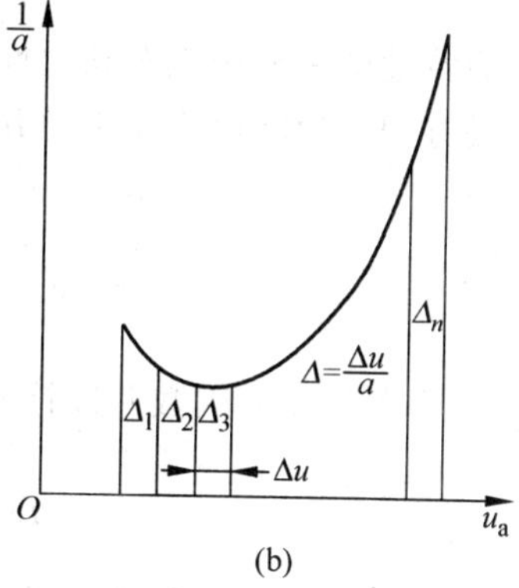

(b)

图 2-14 汽车的加速度倒数曲线

在进行一般动力性分析而计算原地起步加速时间时，可以忽略原地起步时的离合器打滑过程，即假设在最初时刻，汽车已具有起步挡位的最低车速来计算。加速过程中的换挡时刻可根据各自的 a-u_a 曲线来确定，参看图 2-14。若Ⅰ挡与Ⅱ挡的加速度曲线有交点，显然为了获得最短加速时间，应在交点对应车速由Ⅰ挡换Ⅱ挡。若Ⅰ挡与Ⅱ挡的加速度曲线没有交点，则应在Ⅰ挡位加速行驶至发动机转速达到最高转速时换入Ⅱ挡。其他各挡间的换挡时刻亦按此原则来确定。至于换挡过程所经历的时间，则常忽略不计。

根据汽车行驶方程式与驱动力-行驶阻力平衡图，可确定汽车的爬坡能力。

一般所谓汽车爬坡能力，是指汽车在良好路面上克服 F_f+F_w 后的余力全部用来(即等速)克服坡度阻力时能爬上的坡度，所以$\frac{\mathrm{d}u}{\mathrm{d}t}=0$。因此

$$F_i = F_t - (F_f + F_w) \tag{2-28}$$

一般汽车最大爬坡度达 30%左右，因此利用汽车行驶方程式确定Ⅰ挡及低挡爬坡能力时，应采用 $G\sin\alpha$ 作为坡度阻力，即上式应为

$$G\sin\alpha = \frac{T_{tq} i_g i_0 \eta_T}{r} - \left(Gf\cos\alpha + \frac{C_D A}{21.15} u_a^2\right)$$

即

$$\alpha = \arcsin \frac{F_t - (F_f + F_w)}{G} \tag{2-29}$$

利用图 2-15 即求出汽车能爬上之坡道角，相应地根据 $\tan\alpha = i$ 可求出坡度值。其中，汽车最大爬坡度 i_{max} 为Ⅰ挡时的最大爬坡度。最高挡最大爬坡度也应引起注意，特别是货车、牵引车，因为货车经常是以最高挡行驶的，如果最高挡的最大爬坡度过小，迫使货车在遇到较小的坡度时经常换挡，这样就影响了行驶的平均车速。

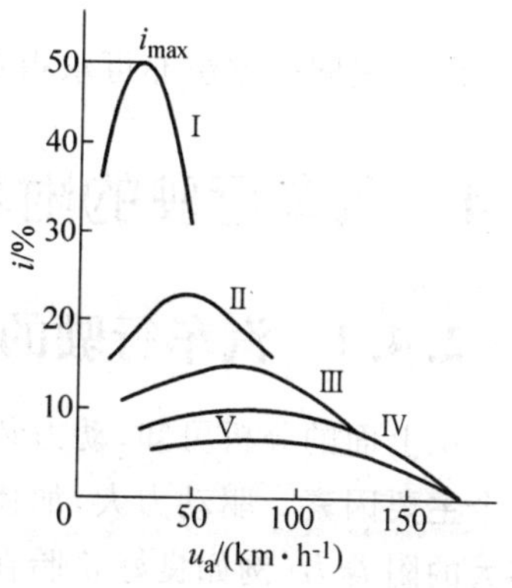

图 2-15 计算得到的轿车爬坡度图

图 2-15 为一紧凑型轿车的爬坡度图。显然，轿车的低挡驱动力是用以获得好的加速性能的，所以计算中求得的

爬坡度很大,完全超出实际要求的爬坡能力。

2.3.2 动力特性图

也有用动力特性图来分析汽车动力性的。

将汽车行驶方程两边除以汽车重力并整理如下:

$$F_t = F_f + F_w + F_i + F_j$$

$$\frac{F_t - F_w}{G} = \psi + \frac{\delta \mathrm{d}u}{g\,\mathrm{d}t}$$

令$\frac{F_t - F_w}{G}$为汽车的动力因数并以符号 D 表示,则

$$D = \psi + \frac{\delta \mathrm{d}u}{g\,\mathrm{d}t} \tag{2-30}$$

汽车在各挡下的动力因数与车速的关系曲线称为动力特性图(图 2-16)。在动力特性图上作滚动阻力系数曲线 f-u_a,显然 f 线与直接挡 D-u_a 曲线的交点即为汽车的最高车速。

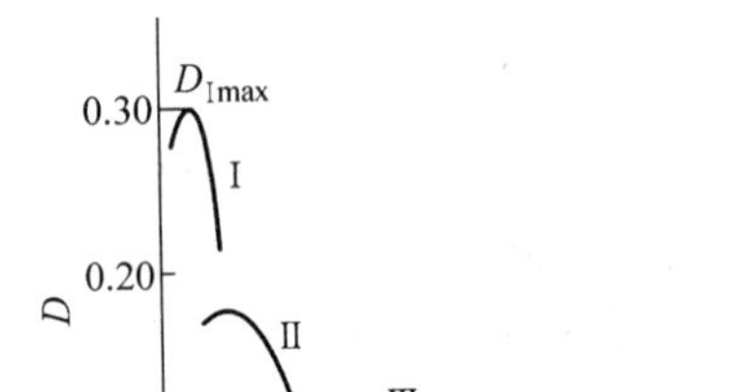

图 2-16 汽车动力特性图和利用动力特性来确定汽车的动力性

在求最大爬坡度时,$\frac{\mathrm{d}u}{\mathrm{d}t}=0$,故式(2-30)写成

$$D = \psi = f + i \tag{2-31}$$

因此 D 曲线与 f 曲线间的距离就表示汽车的上坡能力。Ⅰ挡时,坡度较大,此时 $i_{max}=D_{\mathrm{I}\,max}-f$ 之间误差较大。应用下式计算:

$$D_{\mathrm{I}\,max} = f\cos\alpha_{max} + \sin\alpha_{max} \tag{2-32}$$

将 $\cos\alpha_{max}=\sqrt{1-\sin^2\alpha_{max}}$ 代入上式,整理后可得

$$\alpha_{max} = \arcsin\frac{D_{\mathrm{I}\,max} - f\sqrt{1 - D_{\mathrm{I}\,max}^2 + f^2}}{1 + f^2} \tag{2-33}$$

然后再根据 $\tan\alpha_{max}=i_{max}$ 换算成最大爬坡度。

加速时,$i=0$,故

$$\frac{\mathrm{d}u}{\mathrm{d}t} = \frac{g}{\delta}(D - f) \tag{2-34}$$

用上述同样方法亦可求得加速度的值,然后再计算出加速时间。

2.4 汽车行驶的附着条件与汽车的附着率

2.4.1 汽车行驶的附着条件

从上面的分析可知,动力装置(指发动机与传动系统)所确定的驱动力是决定动力性的一个主要因素。驱动力大,加速能力好,爬坡能力也强。不过这个结论只在轮胎与路面有足够大的附着力(例如良好轮胎在干燥的水泥路面上)时才能成立。在潮湿的沥青路面上附着性能差时,大的驱动力可能引起车轮在路面上急剧加速滑转,地面切向反作用力并不很大,

动力性也未进一步提高。由此可见，汽车的动力性能不只受驱动力的制约，它还受到轮胎与地面附着条件的限制。

地面对轮胎切向反作用力的极限值称为附着力 F_{φ}，在硬路面上它与驱动轮法向反作用力 F_z 成正比，常写成

$$F_{x\max} = F_{\varphi} = F_z\varphi \tag{2-35}$$

式中 φ 称为附着系数，它是由路面与轮胎决定的。由作用在驱动轮上的转矩引起的地面切向反作用不能大于附着力，否则将发生驱动轮滑转现象，即对于后轮驱动的汽车

$$\frac{T_t - T_{f2}}{r} = F_{x2} \leqslant F_{z2}\varphi \tag{2-36}$$

这就是汽车行驶的附着条件。上式可写成

$$\frac{F_{x2}}{F_{z2}} \leqslant \varphi \tag{2-37}$$

式中 $\frac{F_{x2}}{F_{z2}}$ 称为后轮驱动汽车驱动轮的附着率 $C_{\varphi2}$，即

$$C_{\varphi2} \leqslant \varphi \tag{2-38}$$

对于前轮驱动汽车，其前驱动轮的附着率亦不能大于地面附着系数。

可以由发动机、传动系的参数及汽车的行驶工况确定汽车驱动轮的附着率。显然，驱动轮的附着率是表明汽车附着性能的一个重要指标，是汽车驱动轮在不滑转工况下充分发挥驱动力作用所要求的最低地面附着系数。

2.4.2　汽车的附着力与地面法向反作用力

汽车的附着力决定于附着系数以及地面作用于驱动轮的法向反作用力。

附着系数主要取决于路面的种类和状况，行驶车速对附着系数也有影响。附着系数还受到车轮运动状况的影响，这些问题将在第 5 章“汽车制动性”中作详尽的介绍。在一般动力性分析中，只取附着系数的平均值。在良好的混凝土或沥青路面上，路面干燥时 φ 值为 0.7～0.8，路面潮湿时为 0.5～0.6；干燥的碎石路 φ 值为 0.6～0.7；干燥的土路 φ 值为 0.5～0.6，湿土路面时为 0.2～0.4。

驱动轮地面法向反作用力与汽车的总体布置、车身形状、行驶状况及道路的坡度有关。图 2-17 画出了汽车加速上坡时的受力图。图中，G 为汽车重力；α 为道路坡度角；h_g 为汽车质心高；F_w 为空气阻力；T_{f1}、T_{f2} 为作用在前、后轮上的滚动阻力偶矩；T_{je} 为作用在横置发动机飞轮上的惯性阻力偶矩；T_{jw1}、T_{jw2} 为作用在前、后车轮上的惯性阻力偶矩；F_{zw1}、F_{zw2}

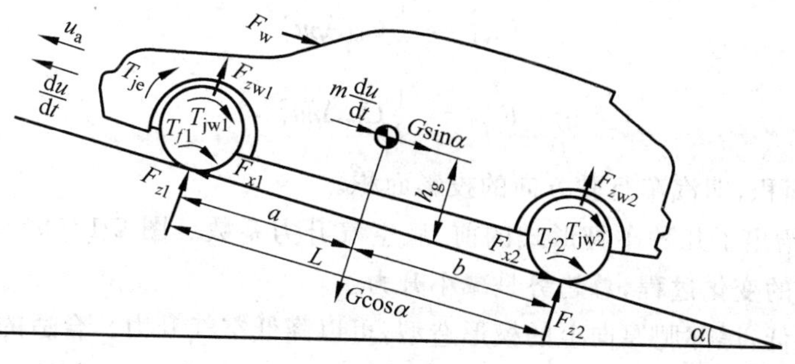

图 2-17　汽车加速上坡受力图

为作用在车身上并位于前、后轮接地点上方的空气升力；F_{z1}、F_{z2}为作用在前、后轮上的地面法向反作用力；F_{x1}、F_{x2}为作用在前、后轮上的地面切向反作用力；L 为汽车轴距；a、b 为汽车质心至前、后轴之距离。

若将作用在汽车上的诸力对前、后轮与道路接触面中心取矩，则得

$$\begin{cases} F_{z1} = G\left(\dfrac{b}{L}\cos\alpha - \dfrac{h_g}{L}\sin\alpha\right) - \left(\dfrac{G}{g}\dfrac{h_g}{L} + \dfrac{\sum I_w}{Lr} \pm \dfrac{I_f i_g i_0}{Lr}\right)\dfrac{du}{dt} - F_{zw1} - G\dfrac{rf}{L}\cos\alpha \\ F_{z2} = G\left(\dfrac{a}{L}\cos\alpha + \dfrac{h_g}{L}\sin\alpha\right) + \left(\dfrac{G}{g}\dfrac{h_g}{L} + \dfrac{\sum I_w}{Lr} \pm \dfrac{I_f i_g i_0}{Lr}\right)\dfrac{du}{dt} - F_{zw2} + G\dfrac{rf}{L}\cos\alpha \end{cases} \tag{2-39}$$

由于 F_w 与 F_{zw1}、F_{zw2} 均是在风洞试验中实测获得的，所以在式(2-39)中不能再计入 F_w 对前、后轮与道路接触面中心的矩。

从式(2-39)可以看出，前、后轮地面法向反作用力是由 4 个部分构成的。

(1) 静态轴荷的法向反作用力　即汽车重力分配到前、后轴的分量产生的地面法向反作用力。它们分别为

$$F_{zs1} = G\left(\frac{b}{L}\cos\alpha - \frac{h_g}{L}\sin\alpha\right),\quad F_{zs2} = G\left(\frac{a}{L}\cos\alpha + \frac{h_g}{L}\sin\alpha\right)$$

(2) 动态分量　即加速过程中产生的惯性力、惯性阻力偶矩造成的地面法向反作用力部分。它们分别为

$$F_{zd1} = -\frac{G}{g}\left(\frac{h_g}{L} + \frac{g}{G}\frac{\sum I_w}{Lr} \pm \frac{g}{G}\frac{I_f i_g i_0}{Lr}\right)\frac{du}{dt}$$

$$F_{zd2} = \frac{G}{g}\left(\frac{h_g}{L} + \frac{g}{G}\frac{\sum I_w}{Lr} \pm \frac{g}{G}\frac{I_f i_g i_0}{Lr}\right)\frac{du}{dt}$$

平移质量的惯性力为$\dfrac{G}{g}\dfrac{du}{dt}$；旋转轴线垂直于汽车纵向垂直平面的旋转质量惯性阻力偶矩，即车轮的惯性阻力偶矩$\dfrac{\sum I_w}{Lr}\dfrac{du}{dt}$与横置发动机飞轮的惯性阻力偶矩$\dfrac{I_f i_g i_0}{Lr}\dfrac{du}{dt}$(曲轴旋转方向与车轮旋转方向一致时取"+"号)。

由于旋转质量惯性阻力偶矩的数值较小，一般性分析中可忽略不计。

(3) 空气升力　由于流经汽车顶部与底部的空气流速不一样，产生了作用于汽车的空气升力。常将空气升力分解为作用于前路接地点与后轮接地点的前、后空气升力。可用试验确定的前、后空气升力系数 C_{Lf}、C_{Lr} 来计算前、后升力：

$$F_{zw1} = \frac{1}{2}C_{Lf}A\rho u_r^2$$

$$F_{zw2} = \frac{1}{2}C_{Lr}A\rho u_r^2$$

式中，A 为迎风面积，即汽车行驶方向的投影面积。

图 2-18(a)给出了几种车身形式的前、后空气升力系数。图 2-18(b)和(c)给出了后轴和前轴升力系数的变化过程，总趋势是减小升力。

车身前部压低，尾部肥厚向上的楔形造型，可以降低空气升力。合适的前保险杠下面的阻风板与后行李箱盖上的后扰流板能进一步减小前、后空气升力，如图 2-19 所示。

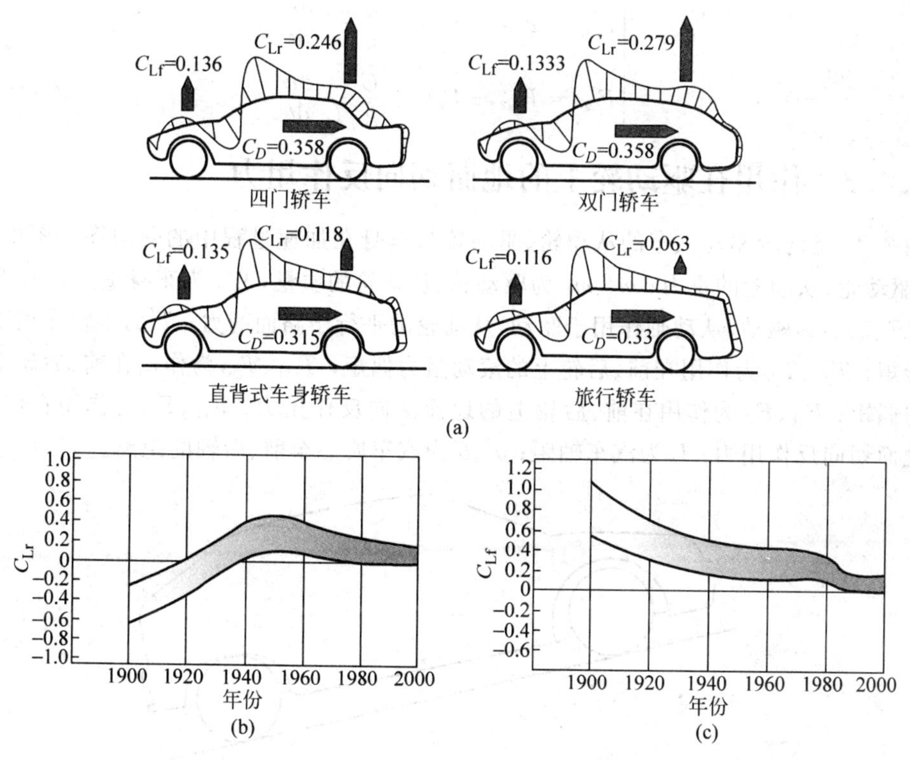

图 2-18　汽车的前、后空气升力系数

(a) 一些轿车车身形式的前、后空气升力系数；(b) 后轴升力系数发展过程；(c) 前轴升力系数发展过程

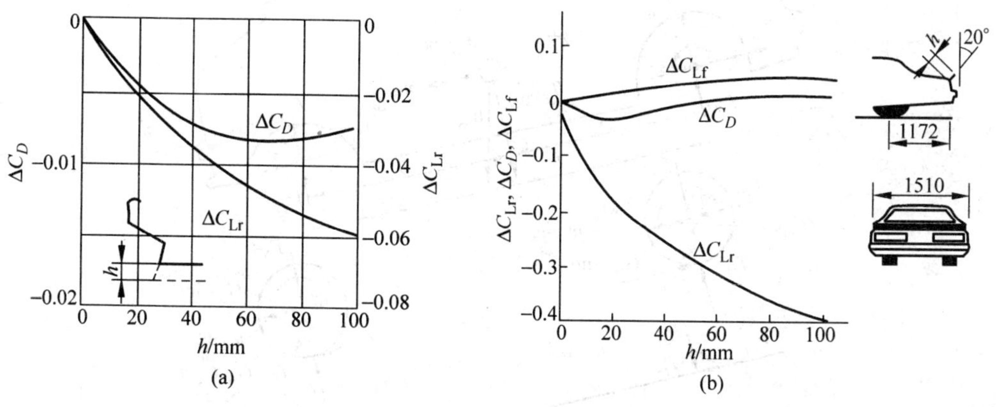

图 2-19　前阻风板、后扰流板对空气升力系数与空气阻力系数的影响

(a) 前阻风板高度对 C_D、C_{Lf}的影响；(b) 后扰流板高度对 C_D、C_{Lf}、C_{Lr}的影响

(4) 滚动阻力偶矩产生的部分　即式(2-39)中最后一项 $G\dfrac{rf}{L}\cos\alpha$。由于此项甚小，可以忽略不计。

汽车前后轮地面法向反作用力，忽略掉旋转质量惯性阻力偶矩与滚动阻力偶矩之后，便简化为

$$\begin{cases} F_{z1} = F_{zs1} - F_{zw1} - \dfrac{G}{g}\dfrac{h_g}{L}\dfrac{du}{dt} \\ F_{z2} = F_{zs2} - F_{zw2} + \dfrac{G}{g}\dfrac{h_g}{L}\dfrac{du}{dt} \end{cases} \tag{2-40}$$

2.4.3 作用在驱动轮上的地面切向反作用力

图 2-20 是前轮驱动汽车的从动轮、驱动轮与车身在加速过程中的受力图。图中，G_{w1}、G_{w2} 为驱动轮、从动轮的重力；m_1、m_2 为驱动轮、从动轮的质量；W_B 为车身重力；m_B 为车身质量；F_{p1}、F_{p2} 为驱动、从动轴作用于驱动、从动轮的平行于路面的力；T_t' 为半轴作用于驱动轮的转矩；T_{f1}、T_{f2} 为作用在前、后轮上的滚动阻力偶矩；T_{jw1}、T_{jw2} 为作用在前、后轮上的惯性阻力偶矩；F_{z1}、F_{z2} 为作用在前、后轮上的地面法向反作用力；F_{x1}、F_{x2} 为作用在前、后轮上的地面切向反作用力；L 为汽车轴距；a'、b' 为汽车质心至前、后轴的距离。

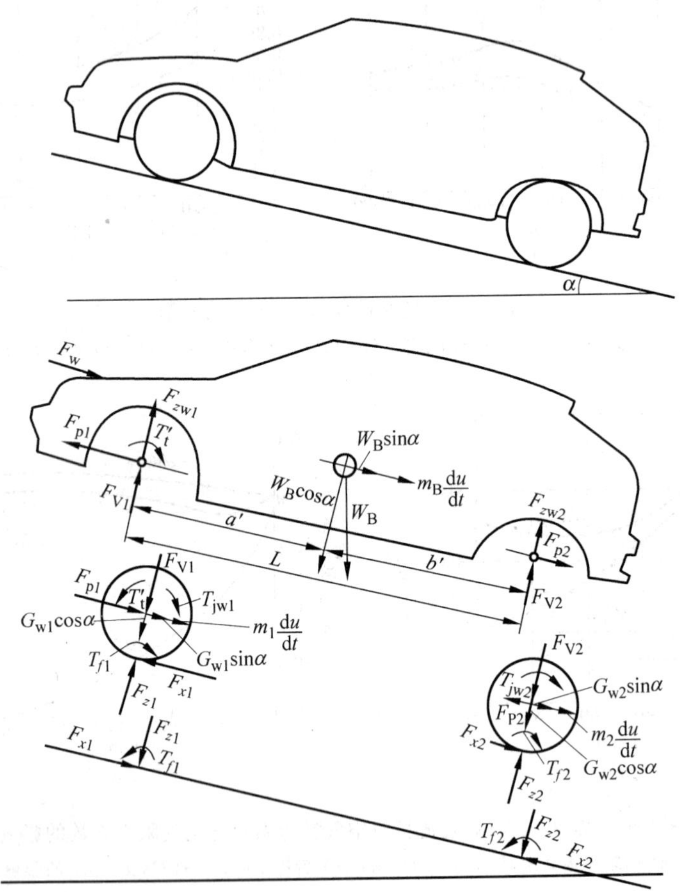

图 2-20 前轮驱动汽车在坡道上加速行驶时，从动轮、驱动轮与车身的受力

由从动轮受力图有

$$F_{p2} = m_2\frac{du}{dt} + G_{w2}\sin\alpha + F_{x2}$$

与

$$F_{x2}r = T_{f2} + T_{jw2}$$

即

$$F_{x2} = \frac{T_{f2}}{r} + \frac{T_{jw2}}{r}$$

T_{jw2}的数值很小，可忽略不计，故

$$F_{x2} = F_{f2}$$

所以

$$F_{p2} = F_{f2} + G_{w2}\sin\alpha + m_2\frac{du}{dt}$$

由车身受力图有

$$F_{p1} = F_{p2} + F_w + W_B\sin\alpha + m_B\frac{du}{dt} = F_{f2} + F_w + (W_B + G_{w2})\sin\alpha + (m_B + m_2)\frac{du}{dt}$$

考虑驱动轮的受力平衡可得

$$F_{x1} = F_{p1} + G_{w1}\sin\alpha + m_1\frac{du}{dt}$$

代入 F_{p1}得

$$F_{x1} = F_{f2} + F_w + G\sin\alpha + m\frac{du}{dt} = F_{f2} + F_w + F_i + F_j' \tag{2-41}$$

同理，对于后轮驱动汽车，地面作用于驱动轮的切向反作用力为

$$F_{x2} = F_{f1} + F_w + F_i + F_j' \tag{2-42}$$

注意此处的 F_j'为 $m\dfrac{du}{dt}$。

2.4.4 附着率

附着率是指汽车直线行驶状况下，充分发挥驱动力作用时要求的最低附着系数。不同的直线行驶工况，要求的最低附着系数是不一样的。在较低行驶车速下，用低速挡加速或上坡行驶，驱动轮发出的驱动力大，要求的(最低)附着系数大。此外，在水平路段上以极高车速行驶时，要求的附着系数也大。下面就分析这两种行驶工况下的附着率。

1. 加速、上坡行驶时的附着率

根据上面求得的前、后轴地面法向反作用力与驱动轮地面切向反作用力，可以确定前驱动轮或后驱动轮的附着率。

对于后轮驱动汽车，其后驱动轮的附着率为

$$C_{\varphi 2} = \frac{F_{x2}}{F_{z2}} = \frac{F_{f1} + F_w + F_i + F_j'}{F_{zs2} - F_{zw2} + \dfrac{G}{g}\dfrac{h_g}{L}\dfrac{du}{dt}} \tag{2-43}$$

在加速、上坡时，主要的行驶阻力为加速阻力与坡度阻力，空气阻力与滚动阻力可忽略不计，故后驱动轮的附着率简化为

$$C_{\varphi 2} = \frac{F_i + F_j'}{F_{zs2} + \dfrac{G}{g}\dfrac{h_g}{L}\dfrac{du}{dt}} = \frac{i + \dfrac{1}{\cos\alpha}\dfrac{1}{g}\dfrac{du}{dt}}{\dfrac{a}{L} + \dfrac{h_g}{L}\left(i + \dfrac{1}{\cos\alpha}\dfrac{1}{g}\dfrac{du}{dt}\right)}$$

式中，$i+\frac{1}{\cos\alpha}\frac{1}{g}\frac{\mathrm{d}u}{\mathrm{d}t}$可以理解为包含加速阻力在内的等效坡度，以 q 表示，则

$$C_{\varphi 2}=\frac{q}{\frac{a}{L}+\frac{h_g}{L}q} \tag{2-44}$$

由于 $C_{\varphi 2}$ 为加速、上坡行驶时要求的地面附着系数，故在一定附着系数 φ 的路面上行驶时，汽车能通过的(最大)等效坡度为

$$q=\frac{\frac{a}{L}}{\frac{1}{\varphi}-\frac{h_g}{L}} \tag{2-45}$$

同理可以求得前轮驱动汽车的前驱动轮附着率为

$$C_{\varphi 1}=\frac{q}{\frac{b}{L}-\frac{h_g}{L}q} \tag{2-46}$$

一定 φ 值路面上，能通过的等效坡度为

$$q=\frac{\frac{b}{L}}{\frac{1}{\varphi}+\frac{h_g}{L}} \tag{2-47}$$

对于四轮驱动汽车，前、后驱动力的分配是根据中央差速器的结构确定的。如令后轴的转矩分配系数为

$$\Psi=\frac{T_{t2}}{T_{t1}+T_{t2}} \tag{2-48}$$

式中，T_{t1} 为前驱动轴的驱动转矩；T_{t2} 为后驱动轴的驱动转矩。

如是前轮驱动的汽车，则 $\Psi=0$；如是后轴驱动的汽车，则 $\Psi=1$。四轮驱动汽车中，Audi 的 $\Psi=0.5$，BMW325i 的 $\Psi=0.63$，M. B. 4Matic 的 $\Psi=0.65$。

根据 Ψ 值，在忽略滚动阻力、空气阻力与旋转质量的影响后，可以确定前、后轮的切向反作用力为

$$F_{x1}=(1-\Psi)G\left(\sin\alpha+\frac{1}{g}\frac{\mathrm{d}u}{\mathrm{d}t}\right) \tag{2-49}$$

$$F_{x2}=\Psi G\left(\sin\alpha+\frac{1}{g}\frac{\mathrm{d}u}{\mathrm{d}t}\right) \tag{2-50}$$

故前、后驱动轮的附着率分别为

$$C_{\varphi 1}=\frac{(1-\Psi)q}{\frac{b}{L}-\frac{h_g}{L}q} \tag{2-51}$$

$$C_{\varphi 2}=\frac{\Psi q}{\frac{a}{L}+\frac{h_g}{L}q} \tag{2-52}$$

前、后驱动轮的附着率常不相等。如前驱动轮附着率较大，即一定等效坡度条件下，前驱动轮要求更大的地面附着系数，则在一定 φ 值路面上行驶时，前驱动轮的驱动力将先达到地面附着力而滑转。前驱动轮滑转后，前驱动力不再增加，故后驱动轮动力也保持在前轮刚

开始滑转时它的数值而不再增加。即若 $C_{\varphi1} > C_{\varphi2}$，在一定附着系数 φ 的路面上，该四轮驱动汽车能达到的等效坡度为

$$q = \frac{\dfrac{b}{L}}{\dfrac{1-\Psi}{\varphi} + \dfrac{h_g}{L}} \tag{2-53}$$

反之，若 $C_{\varphi1} < C_{\varphi2}$，则在一定附着系数 φ 的路面上能达到的等效坡度为

$$q = \frac{\dfrac{a}{L}}{\dfrac{\Psi}{\varphi} - \dfrac{h_g}{L}} \tag{2-54}$$

如果前、后驱动力的分配可以根据运动状况自动调节，而使前、后驱动力同时达到附着力的限值，则全部附着力均可转化为驱动力，有

$$\varphi G\cos\alpha = G\sin\alpha + \frac{G}{g}\frac{\mathrm{d}u}{\mathrm{d}t}$$

即

$$\varphi = q \tag{2-55}$$

此时等效坡度等于地面附着系数。

图 2-21 给出了前轮驱动、后轮驱动和四轮驱动汽车的等效坡度与地面附着系数的关系曲线。正如所预期的一样，四轮驱动汽车的等效坡度，即加速度与上坡能力大大超过单轴驱动汽车。

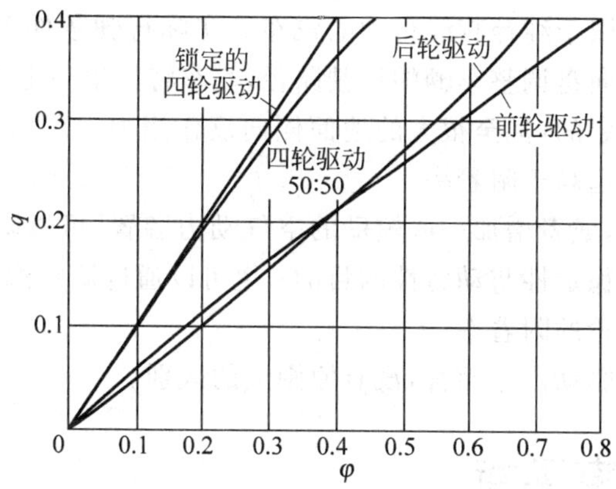

图 2-21　不同驱动形式汽车的等效坡度

前轮驱动 $a/L=0.43$；后轮驱动 $a/L=0.49$；四轮驱动 $a/L=0.48$

2. 高速行驶时的附着率

汽车在良好道路上高速行驶时，道路的坡度与汽车加速度均小。令 $i=0$，$\frac{\mathrm{d}u}{\mathrm{d}t}=0$，则由式(2-43)便可求得高速行驶时，后轮驱动汽车的后驱动轮附着率为

$$C_{\varphi2} = \frac{F_{f1} + F_w}{F_{zs2} - F_{zw2}}$$

图 2-22 给出了一紧凑型后轮驱动轿车后驱动轮地面切向反作用力、法向反作用力、附着率与车速的关系曲线。图中的法向反作用力与附着率是按三种空气升力系数求得的，即空气升力系数为 0.28、0.15 与 0。由图可以看出，随着车速的增加，后轮的法向反作用力下降，而切向反作用力则按车速的平方关系增大。因此，附着率 $C_{\varphi 2}$ 随着车速的提高而急剧增大。

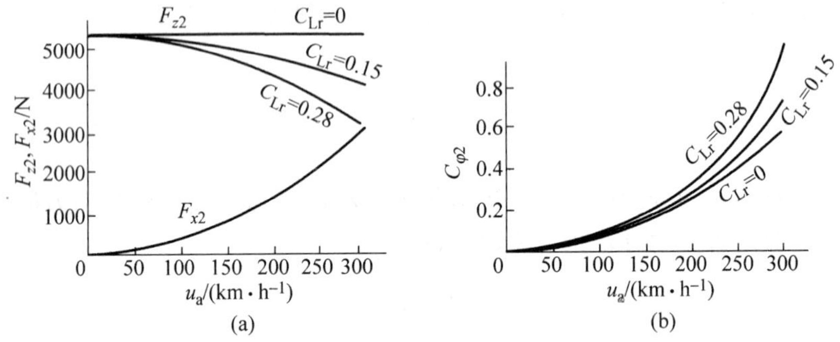

图 2-22 高速行驶时后驱动轮的附着率

(a) 后轮法向反作用力 F_{z2} 与切向反作用力 F_{x2} 随车速的变化曲线；(b) 后驱动轮附着率 $C_{\varphi 2}$ 随车速的变化曲线

图 2-22 中的例子表明，在一般车速下 $C_{\varphi 2}$ 值甚小，汽车完全可以正常行驶。当车速达到 250km/h 时，$C_{Lr}=0.28$，$C_{\varphi 2}=0.57$，附着率接近于沥青路面的附着系数。当车速为 300km/h，$C_{Lr}=0.28$，$C_{\varphi 2}=0.99$；$C_{Lr}=0.15$，$C_{\varphi 2}=0.74$。这说明在极高车速下，即使是良好路面也不能满足附着性能的要求。

不过上面的讨论只限于纯粹直线行驶的汽车。实际行驶条件下，驾驶员必须根据道路与交通情况经常转动转向盘调整车辆的行驶路径，汽车将产生一定的或很大的侧向加速度，轮胎接地处常要承受一定的，甚至很大的地面侧向反作用力。所以，为了保证安全行驶，所要求的地面附着系数应远高于附着率。

通过改善车身形状，或者增加一些辅助的空气动力装置，可以降低空气升力系数，达到减小附着率以改善操纵稳定性与动力性的目的；也可以通过调整汽车的总体布置，变动前、后轴的轴荷来减小驱动轮的附着率。

上述讨论对于前轮驱动汽车而言，没有原则上的区别。

2.5 汽车的功率平衡

汽车行驶时，不仅驱动力和行驶阻力互相平衡，发动机功率和汽车行驶的阻力功率也总是平衡的。就是说，在汽车行驶的每一瞬间，发动机发出的功率始终等于机械传动损失功率与全部运动阻力所消耗的功率。

汽车运动阻力所消耗的功率有滚动阻力功率 P_f、空气阻力功率 P_w、坡度阻力功率 P_i 及加速阻力功率 P_j。

将汽车行驶方程式两边乘以行驶车速 u_a，并经单位换算整理出汽车功率平衡方程式(式中功率的单位为 kW)如下：

$$P_e=\frac{1}{\eta_T}\left(\frac{Gfu_a}{3600}+\frac{C_DAu_a^3}{76140}+\frac{Giu_a}{3600}+\frac{\delta mu_a}{3600}\frac{du}{dt}\right) \tag{2-56}$$

与力的平衡处理方式相同，功率平衡方程式可用图解法表示。若以纵坐标表示功率，横坐标表示车速，将发动机功率 P_e、汽车经常遇到的阻功率$\frac{1}{\eta_T}(P_f+P_w)$对车速的关系曲线绘在坐标图上，即得汽车功率平衡图。图 2-23 是一紧凑型国产轿车的功率平衡图。

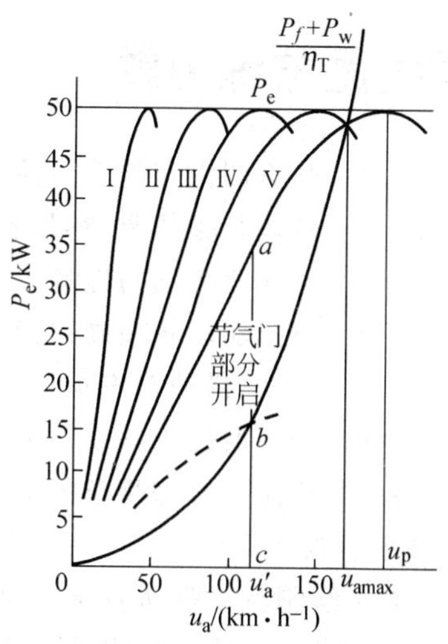

图 2-23　汽车功率平衡图

发动机功率与行驶车速的关系曲线 P_e-u_a，可根据发动机外特性及公式 $u_a=0.377\frac{nr}{i_g i_0}$将发动机转速换成车速绘得。可见在不同挡位时，功率的大小不变，只是各挡发动机功率曲线所对应的车速位置不同，且低挡时车速低，所占速度变化区域窄；高挡时车速高，所占速度变化区域宽。

P_f 在低速范围内为斜一直线，在高速时由于滚动阻力系数 f 随车速 u_a 而增大，所以 P_f 随 u_a 以更快的速率加大；P_w 则是车速 u_a 的三次函数。而其叠加后，阻力功率曲线$\frac{1}{\eta_T}(P_f+P_w)$-$u_a$ 是一条斜率越来越大的曲线。高速行驶时，汽车主要克服空气阻力功率。图中发动机功率曲线(Ⅴ挡)与阻力功率曲线相交点处对应的车速便是在良好水平路面上汽车的最高车速 u_{amax}。该轿车的Ⅴ挡是经济挡位，其发动机最大功率相对应的车速 u_p 大于 u_{amax}，所以用该挡行驶时发动机负荷率高，燃油消耗量低(详见第 4 章)。

当汽车在良好水平路面上以 u_a'的速度等速行驶时，汽车的阻力功率(图 2-23)为

$$\frac{1}{\eta_T}(P_f+P_w)=\overline{bc}$$

此时，驾驶员给出某一节气门的开度，发动机功率曲线如图中虚线所示，以维持汽车等速行驶。

但是发动机在汽车行驶速度为 u_a'时，能发出的功率为 $P_e=\overline{ac}$(图 2-23)，于是

$$P_e-\frac{1}{\eta_T}(P_f+P_w)=\overline{ac}-\overline{bc}=\overline{ab} \tag{2-57}$$

我们称 $P_e-\frac{1}{\eta_T}(P_f+P_w)$为汽车的后备功率，可用来加速或爬坡。就是说，在一般情况下维持汽车行驶所需的发动机功率并不大，发动机节气门开度较小。当需要爬坡或加速时，驾驶员加大节气门开度，使汽车的全部或部分后备功率发挥作用。因此，汽车的后备功率越大，汽车的动力性越好。图 2-24 所示为紧凑型国产轿车各个挡位的后备功率。利用后备功率也可具体地确定汽车的爬坡度或加速度。

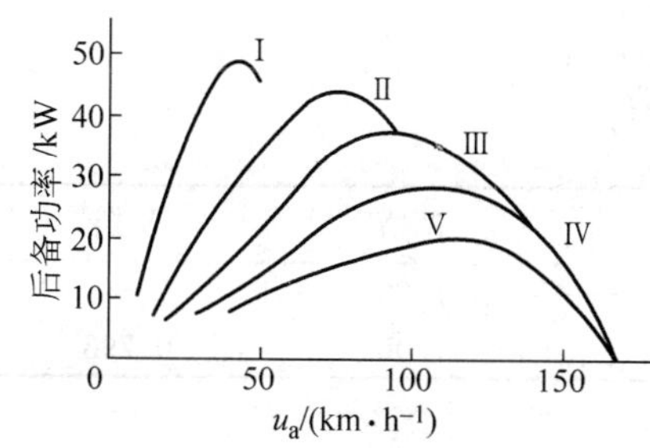

图 2-24　汽车的后备功率

利用功率平衡定性地分析设计、使用有关动力性问题较为方便。功率平衡的另一个优点是能看出行驶时发动机的负荷率，所以燃油经济性分析中也常用到它。

思考题与练习题

2-1　什么叫汽车的动力性？有哪些评价指标？

2-2　汽车行驶的驱动-附着条件是什么？什么叫附着率？

2-3　影响汽车动力性的主要因素有哪些？

2-4　画出驱动轮在硬路面上等速滚动时的受力简图，并说明各符号的含义。

2-5　空车、满载时汽车动力性有无变化？为什么？

2-6　超车时该不该换入低一挡的排挡？

2-7　确定一轻型货车的动力性能（货车可装用Ⅳ挡或Ⅴ挡变速器，任选其中的一种进行整车性能计算）：

（1）绘制汽车驱动力与行驶阻力平衡图。

（2）求汽车最高车速、最大爬坡度及克服该坡度时相应的附着率。

（3）绘制汽车行驶加速度倒数曲线，用图解积分法求汽车用Ⅱ挡起步加速行驶至70km/h的车速-时间曲线，或者用计算机求汽车用Ⅱ挡起步加速行驶至70km/h的加速时间。汽油发动机使用外特性的 T_q-n 曲线的拟合公式为

$$T_q = -19.313 + 295.27 \times \frac{n}{1000} - 165.44\left(\frac{n}{1000}\right)^2 + 40.874\left(\frac{n}{1000}\right)^3 - 3.8445\left(\frac{n}{1000}\right)^4$$

式中，T_q 为发动机转矩，N·m；n 为发动机转速，r/min。

发动机的最低转速 $n_{min}=600$r/min，最高转速 $n_{max}=4000$r/min。

整车相关参数为：

装载质量　　2000kg

整车整备质量　　1800kg

总质量　　3880kg

车轮半径　　0.367m

传动系机械效率　　$\eta_t=0.85$

滚动阻力系数　　$f=0.013$

空气阻力系数×迎风面积　　$C_DA=2.77\text{m}^2$

主减速器传动比　　$i_0=5.83$

飞轮转动惯量　　$I_f=0.218\text{kg}\cdot\text{m}^2$

二前轮转动惯量　　$I_{w1}=1.798\text{kg}\cdot\text{m}^2$

四后轮转动惯量　　$I_{w2}=3.598\text{kg}\cdot\text{m}^2$

变速器传动比　　i_g（数据如下表）

类　型	Ⅰ挡	Ⅱ挡	Ⅲ挡	Ⅳ挡	Ⅴ挡
四挡变速器	6.09	3.09	1.71	1.00	—
五挡变速器	5.56	2.769	1.644	1.00	0.793

轴距　　$L=3.2$m

质心至前轴距离（满载）　　$a=1.974$m

质心高(满载) $h_g = 0.9\text{m}$

2-8 一辆前轴驱动汽车,总质量为 1600kg,质心至前轴的距离 $a=1450\text{mm}$,质心至后轴的距离 $b=1250\text{mm}$,质心高度 $h_g=630\text{mm}$;发动机最大转矩 $T_{emax}=140\text{N}\cdot\text{m}$,变速器一挡传动比 $i_{g1}=3.85$,主减速器传动比 $i_0=4.08$,传动效率 $\eta_T=0.9$,车轮半径 $r=300\text{mm}$,Ⅰ挡的旋转质量换算系数 $\delta=1.4168$。问:当地面附着系数 $\varphi=0.6$ 时,在加速过程中发动机转矩能否充分发挥而产生应有的最大加速度?应如何调整质心在前、后方向的位置(即 b 值),才可以保证获得应有的最大加速度?(忽略滚动阻力与空气阻力)

2-9 一货车为后轴驱动,其总质量为 2800kg,前轴负荷为 65%,后轴负荷为 35%,4 挡变速器的传动比分别为:6.09,3.09,1.71,1.00,旋转质量换算系数均计为 1.13,主传动比为 6.01,传动效率为 0.85,滚动阻力系数为 0.02,质心高度为 0.68m,C_DA 为 2.3m^2,轴距为 2.8m,车轮半径为 0.38m,发动机最大扭矩为 80N·m。不计空气升力,试计算:

(1) 当在平直的路面上以匀速 180km/h 行驶时所需要的路面附着系数。

(2) 在 $\varphi=0.35$ 的路面上能否达到最大的爬坡度,如不能该怎样改变汽车的结构参数使其达到最佳的爬坡能力。

2-10 某轿车的前轴负荷为 61.5%,该轿车的质量为 1600kg,空气阻力系数为 0.35,迎风面积为 2m^2,滚动阻力系数为 0.02,旋转质量换算系数为 1,轴距为 2.6m,质心高为 0.57m。试确定此轿车在附着系数为 0.2 和 0.6 的路面上的附着力,并求由此附着力决定的最高车速、最大爬坡度及最大加速度。

第3章 汽车的燃油经济性

汽车的燃油经济性是指在保证汽车动力性的条件下,汽车以尽量少的燃油消耗量经济行驶的能力。

燃油经济性的好坏与汽车使用成本的高低、污染物排放的数量、石油资源的消耗都有着密切的关系。

汽车的燃油经济性除了与发动机的燃油消耗率有关,也和汽车行驶的状态、汽车结构等因素有关。按照国家标准新开发车型的燃油经济性,以及与燃油经济性密切相关的污染物排放数量必须满足一定的限值才能上路行驶。因此汽车燃油经济性受到各国政府、汽车制造业与汽车消费者进一步的重视。

对汽车燃油经济性的评价,一般是通过汽车燃油消耗量试验来确定的,它是用以评价在用汽车技术状况与维修质量的综合性参数,也是诊断和分析汽车故障的重要参考。检测汽车燃油消耗量常通过燃油消耗检测仪测定燃油消耗量的容积或质量来表示。在汽车检测站通过汽车道路试验,更多是在底盘测功试验台上模拟路试来检测其燃油消耗量。

3.1 汽车燃油经济性的评价指标

3.1.1 燃油经济性评价指标

汽车燃油经济性常用一定运行工况下汽车行驶百公里的燃油消耗量或一定燃油量能使汽车行驶的里程来衡量。

在我国及欧洲,燃油经济性指标的单位为 L/100km,即行驶 100km 所消耗的燃油升数。这个数值越大,汽车燃油经济性越差。美国为 MPG 或 mile/USgal,指的是每加仑燃油能行驶的英里数。这个数值越大燃油经济性越好。

汽车行驶的速度、工况不同,燃油消耗率也不一样。等速行驶百公里燃油消耗量是一种常用的评价指标,指汽车在一定载荷下(我国标准规定轿车为半载,货车为满载),以最高挡在水平良好路面上等速行驶 100km 的燃油消耗量。

通常测出每隔 10km/h 或 20km/h 速度间隔的等速百公里燃油消耗量,然后在图上连成曲线称为等速百公里燃油消耗量曲线,用它来评价汽车的燃油经济性,如图 3-1 所示。

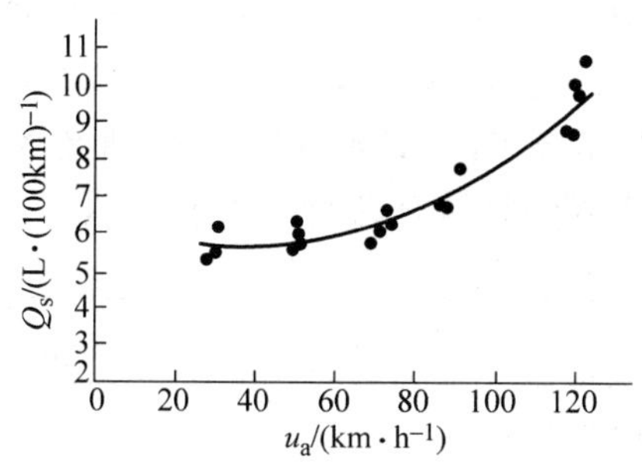

图 3-1 汽车等速百公里燃油消耗曲线

但是,等速行驶工况并没有全面反映汽车的实际运行情况,特别是在市区行驶中频繁出现的加速、减速、怠速停车等行驶工况。因此,在对实际行驶车辆进行跟踪测试统计的基础上,各国都制定了一些典型的循环行驶试验工况来模拟实际汽车运行状况,并以其百公里燃油消耗量(或 MPG)来评定相应行驶工况的燃油经济性。

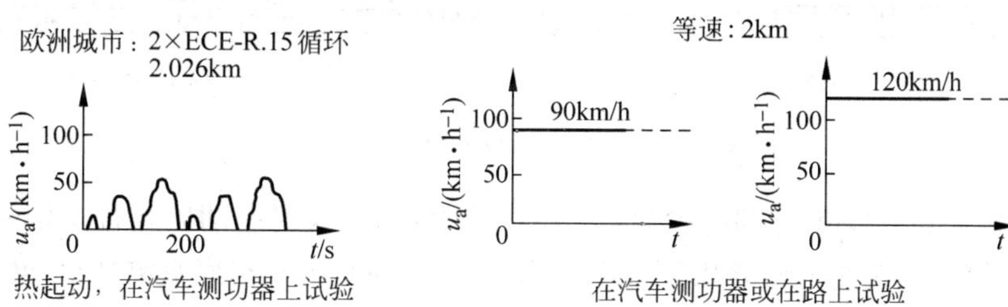

以 L/100km 计的"1/3 混合油耗"为：$\frac{1}{3}$混合$=\frac{1}{3}$ECE$+\frac{1}{3}\times$90km/h$+\frac{1}{3}\times$120km/h

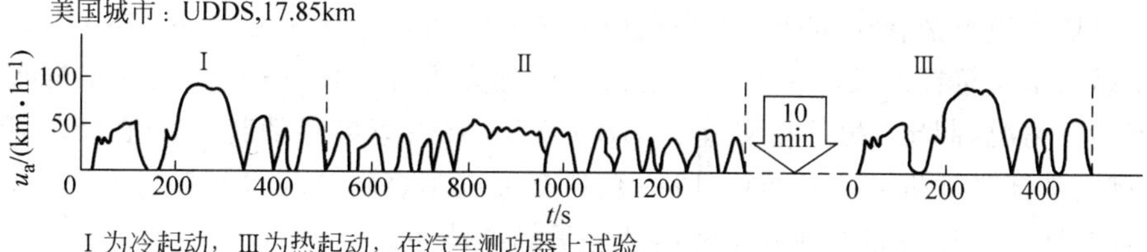

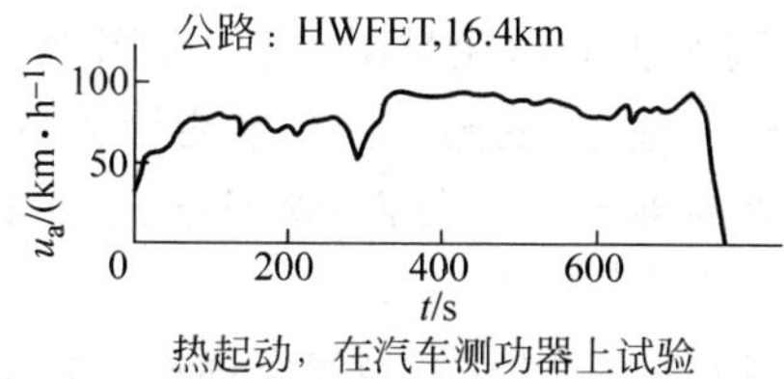

以 mile/gal 计的综合燃油经济性

$$\text{综合燃油经济性}=\frac{1}{\dfrac{0.55}{\text{城市循环工况燃油经济性}}+\dfrac{0.45}{\text{公路循环工况燃油经济性}}}$$

图 3-2 给出了联合国欧洲经济委员会、美国及我国法定的商用车与城市客车测定燃油经济性的循环行驶工况图。欧洲经济委员会(ECE)规定,要测量车速为 90km/h 和 120km/h

的等速百公里燃油消耗量和按 ECE-R.15 循环工况的百公里燃油消耗量，并各取 1/3 相加作为混合百公里燃油消耗量来评定汽车燃油经济性。美国环境保护局(EPA)规定，要测量城市循环工况(UDDS)及公路循环工况(HWFET)的燃油经济性(单位为每加仑燃油汽车行驶英里数，mile/gal)，并按下式计算综合燃油经济性：

$$综合燃油经济性=\frac{1}{\dfrac{0.55}{城市循环工况燃油经济性}+\dfrac{0.45}{公路循环工况燃油经济性}}$$

以它作为燃油经济性的综合评价指标。

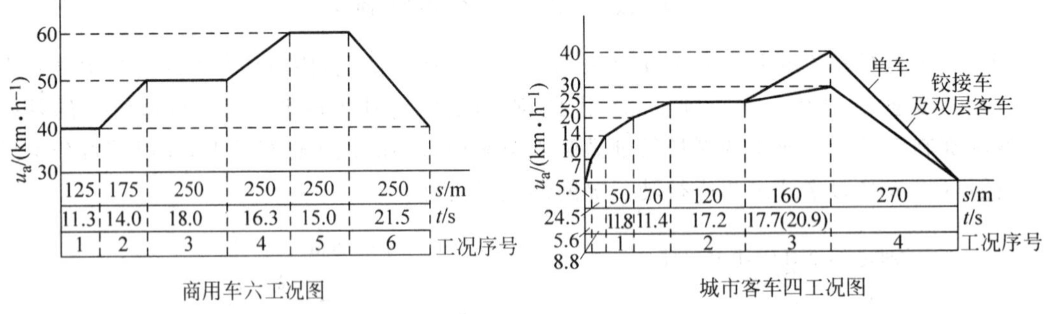

图 3-2 测量汽车燃油经济性的行驶工况

循环工况规定了车速-时间行驶规范，例如，何时换挡、何时制动以及行车的速度和加速度等数值。因此，它在路上试验比较困难，一般多规定在室内汽车底盘测功机(转鼓试验台)上进行测试；而规定在路上进行试验的循环工况均很简单。

3.1.2 汽车燃油经济性测试标准

为应对汽车燃料消耗快速增长及由此引起的能源和环境问题，我国从 2001 年开始正式启动汽车燃料消耗量标准及政策研究。在借鉴国际先进经验的基础上，主要根据我国汽车产业发展实际情况，制定、发布并实施了 GB 19578《乘用车燃料消耗量限值》和 GB 27999《乘用车燃料消耗量评价方法及指标》等一系列有关汽车燃料消耗量试验方法、限值和标识的重要标准，建立了较为完善的汽车燃料消耗量标准体系。

目前，我国使用的是 GB 19578—2004《乘用车燃料消耗量限值》标准，从 2005 年 7 月 1 日实施。GB 19578—2004《乘用车燃料消耗量限值》是我国汽车节能领域第一项强制性国家标准。从该标准开始，我国逐步建立、实施了汽车节能管理制度，陆续将乘用车、轻型商用车及重型商用车纳入《车辆生产企业及产品公告》管理，规定在我国生产并销售的车辆必须满足相应的燃料消耗量限值。

具体测量方法按照 GB/T 19233—2003《轻型汽车燃料消耗量试验方法》进行。标准规定汽车在模拟城市和市郊运转循环下，通过测定排放的二氧化碳(CO_2)、一氧化碳(CO)和碳氢化合物(HC)的排放量，用碳平衡法计算燃料消耗量。测量方法中的运转循环为 GB 1832.2—2001(GB 18352.3—2005)附录 C 附件 CA 中所述的模拟市区和市郊行驶工况试验循环。

这个试验循环由一部(市区运转循环)和二部(市郊运转循环)组成，如图 3-3 所示。一部由 4 个市区运转循环单元构成，市区运转循环单元平均车速为 19km/h，总计时间为 780s，其当量行驶距离为 4.052km；市郊运转循环平均车速为 62.6km/h，最大车速为

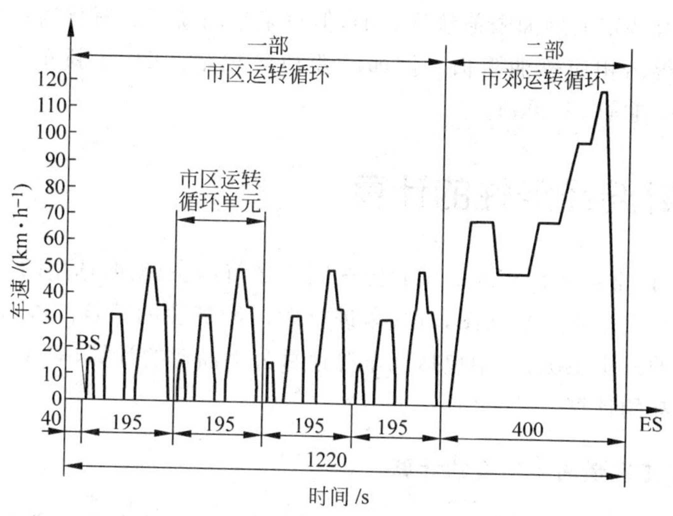

图 3-3 试验用的运转循环

BS—开始采样；ES—终止采样

120km/h，时间为 400s，当量行驶距离为 6.955km。试验在专用的底盘测功机上进行，用专用仪器测出排气中以克每千米(g/km)计的 CO_2、CO 及 HC 的排放量。用碳平衡法可求得燃油消耗量。碳平衡法依据的基本原理是质量守恒定律——汽(柴)油经过发动机燃烧后，排气中碳质量的总和与燃烧前的燃油中碳质量的总和应该相等。用碳平衡法计算汽车燃油消耗量的具体公式如下：

汽油车：

$$FC = 0.1554(0.866HC + 0.429CO + 0.273CO_2)/D \tag{3-1}$$

柴油车：

$$FC = 0.1555(0.866HC + 0.429CO + 0.273CO_2)/D \tag{3-2}$$

式中，FC 为燃油消耗量，L/100km；HC 为碳氢排放量，g/km；CO 为一氧化碳排放量，g/km；CO_2 为二氧化碳排放量，g/km；D 为 288K(15℃)下的燃油密度，kg/L。

与直接测量汽车燃油消耗量方法相比，这种间接的碳平衡法具有大体上一样的精度和相当高的试验稳定性。

2013 年 3 月，国家颁布了《国务院关于印发节能与新能源汽车产业发展规划(2012—2020 年)的通知》，要求车企燃油限值 2015 年要降低至 6.9L/100km；而到 2020 年要降至 5.0L/100km。GB 19578—2014《乘用车燃料消耗量限值》和 GB 27999—2014《乘用车燃料消耗量评价方法及指标》已于 2014 年 12 月 22 日正式发布，将于 2016 年 1 月 1 日起实施。

美国政府在 2011 年 4 月初公布汽车燃油经济性(CAFE)新标准，规定在美国销售的 2016 款轻型车(包括轿车、SUV、皮卡及小型厢式车)平均燃油经济性由 2011 年款车型的 27.3mile/gal(约合 8.6L/100km)，提升为 35.5mile/gal(约合 6.6L/100km)，燃油经济性增幅约为 30%。到 2025 年，美国车企的产品平均燃油经济性更是达到 56mile/gal，百公里油耗约为 4.2L/100km。

日本 2015 年乘用车燃油经济性法规则根据不同重量级别车型有着不同标准。一般乘用车质量为 600～1650kg，经计算日本乘用车 2015 年平均油耗限制约为 5.37L/100km。

欧洲地区没有特定的燃油限值法规标准，但对未来的新车二氧化碳排放有相关规定，并可根据系数直接得出相应燃油限值。例如欧盟地区规定 2020 年新车平均排放应不高于 95g/km，换算为油耗 4L/100km。

3.2 汽车燃油经济性的计算

在汽车设计时，常需要在实际的试验样车制成之前，先根据所选用的发动机台架试验得到的万有特性图与汽车功率平衡图，对汽车进行燃油经济性的估算。本节将介绍燃油经济性循环型式试验的各个工况，其中包括汽车等速百公里油耗的计算，等速、加速、减速和怠速等行驶工况的油耗的计算。

1. 等速行驶工况燃油消耗量的计算

图 3-4 为汽油发动机的万有特性曲线，在万有特性图上有等燃油消耗率曲线。根据这些曲线，可以确定发动机在一定转速 n、发出一定功率 P_e时的燃油消耗率 b。为了便于进行计算，按照转速 n 和车速 u_a的转换关系在横坐标上画出汽车(最高挡)的行驶车速比例尺。此外，计算时还需要汽车在水平路面上等速行驶时，为克服滚动阻力与空气阻力，发动机应提供的功率$\frac{1}{\eta_T}(P_f+P_w)$。

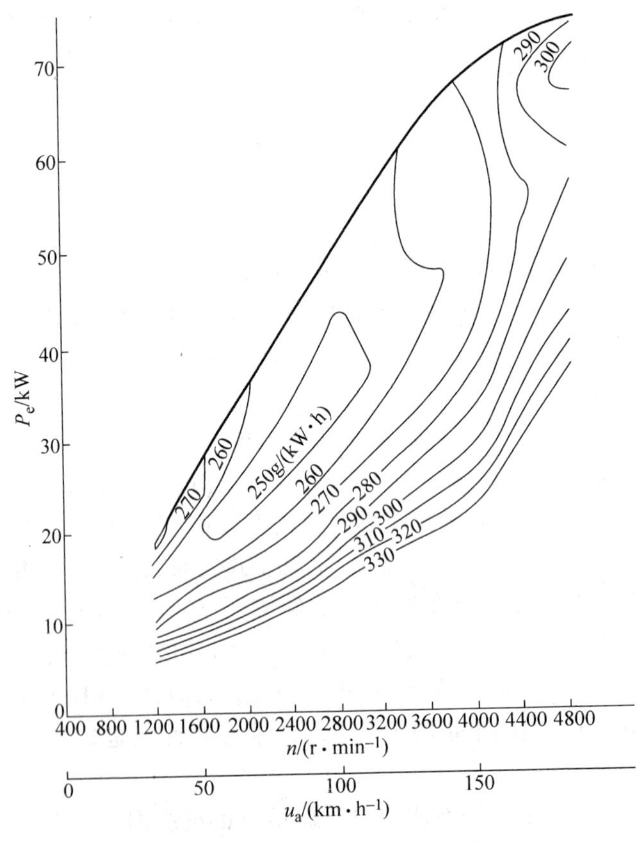

图 3-4　汽油发动机万有特性图

根据等速行驶车速 u_a 及阻力功率，在万有特性图上(利用插值法)可确定相应的燃油消耗率 b，从而计算除以该车速等速行驶时单位时间内的燃油消耗量(mL/s)为

$$Q_t = \frac{P_e b}{367.1\rho g} \tag{3-3}$$

式中，b 为燃油消耗率，g/(kW·h)；ρ 为燃油的密度，kg/L；g 为重力加速度，m/s^2，汽油 $\rho_g=6.96\sim7.15$N/L，柴油 $\rho_g=7.94\sim8.13$N/L。

整个等速过程行驶 s(m)行程的燃油消耗量(mL)为

$$Q = Q_t t = Q_t\frac{3.6s}{u_a} = \frac{P_e bs}{102u_a\rho g} \tag{3-4}$$

折算成等速百公里燃油消耗量(L/100km)为

$$Q_s = \frac{P_e b}{1.02u_a\rho g} \tag{3-5}$$

2. 等加速行驶工况燃油消耗量的计算

在汽车加速行驶时，发动机还要提供为克服加速阻力所消耗的功率。如加速度为$\frac{\mathrm{d}u}{\mathrm{d}t}$(m/s^2)，则发动机提供的功率 P_e(kW)应为

$$P_e = \frac{1}{\eta_T}\left(\frac{Gfu_a}{3600}+\frac{C_D A u_a^3}{76140}+\frac{\delta m u_a}{3600}\frac{\mathrm{d}u}{\mathrm{d}t}\right)$$

下面计算由 u_{a1} 以等加速度加速行驶至 u_{a2} 的燃油消耗量，参见图 3-5。把加速过程分割为若干区间，例如按速度每增加 1km/h 为一个小区间，每个区间的燃油消耗量可根据其平均的单位时间燃油消耗量与行驶时间之积来求得。各区间起始或终了车速对应时刻的单位时间燃油消耗量 Q_t(mL/s)，可根据相应的发动机发出的功率与燃油消耗率求得：

$$Q_t = \frac{P_e b}{367.1\rho g}$$

而汽车行驶速度每增加 1km/h 所需时间(s)为

$$\Delta t = \frac{1}{3.6\frac{\mathrm{d}u}{\mathrm{d}t}}$$

从行驶初速 u_{a1} 时，加速至 $u_{a1}+1$km/h 所需燃油量(mL)为

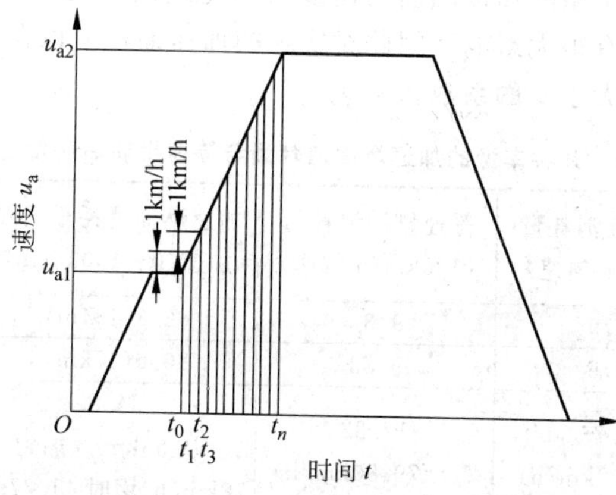

图 3-5　等加速过程的燃油消耗量计算

$$Q_1 = \frac{1}{2}(Q_{t0} + Q_{t1})\Delta t$$

式中，Q_{t0}为行驶车速为 u_{a1}时，即 t_0时刻的单位时间燃油消耗量，mL/s；Q_{t1}为车速为$(u_{a1}+1)$km/h 时，即 t_1时刻的单位时间燃油消耗量，mL/s。

由车速$(u_{a1}+1)$km/h 再增加 1km/h 所需的燃油量(mL)为

$$Q_2 = \frac{1}{2}(Q_{t1} + Q_{t2})\Delta t$$

式中 Q_{t2}为车速为$(u_{a1}+2)$km/h 时，即 t_2时刻的单位时间燃油消耗量，mL/s。

依此，整个区间的燃油消耗量为

$$Q_3 = \frac{1}{2}(Q_{t2} + Q_{t3})\Delta t$$

$$\vdots$$

$$Q_n = \frac{1}{2}(Q_{t(n-1)} + Q_{tn})\Delta t$$

式中，$Q_{t2}, Q_{t3}, \cdots, Q_{tn}$为车速为 $t_2, t_3, \cdots, t_n$各时刻的单位时间燃油消耗量，mL/s。

整个加速过程的燃油消耗量(mL)为

$$Q_a = \sum_{i=1}^{n} Q_i = Q_1 + Q_2 + \cdots + Q_n$$

或

$$Q_a = \frac{1}{2}(Q_{t0} + Q_{tn})\Delta t + \sum_{i=1}^{n-1} Q_{ti}\Delta t \tag{3-6}$$

加速区段内汽车行驶的距离(m)为

$$s_a = \frac{u_{a2}^2 - u_{a1}^2}{25.92\dfrac{du}{dt}} \tag{3-7}$$

加速时，由于发动机处于瞬态工况，与匀速时的稳态工况是不一样的。在急开节气门使发动机急加速时，为使发动机能顺畅地工作，并保证排放达标的前提下发挥大功率，需要多喷些油，避免混合器过稀。这就不可避免地会牺牲一些燃油经济性。也就是说，在开始加速时要设定一个加速因子来调节喷油量，例如有的为 1.5～2.0 倍，不同发动机标定参数都不同。表 3-1 给出了几种车型的加速燃油消耗量与等速燃油消耗量。从表中可以看出，加速度的大小对燃油消耗量有很大影响。因此对实际的加速油耗应该在上述计算结果上根据加速度的大小再乘以一个大于 1 的系数。

表 3-1　几种车型的加速燃油消耗量与等速燃油消耗量的对比　　L/100km

车型	等速燃油消耗量(90km/h 匀速)	等速燃油消耗量(120km/h 匀速)	加速燃油消耗量极限加速(0～100km/h)	加速燃油消耗量平稳加速(0～100km/h)
Audi A4-1.8T	6.79	9.32	62.8(184m)	18(587m)
Audi A4-3.0	7.76	9.83	80.0(172m)	21.6(540m)
EQ1061T2	10.75 (v=70.2km/h)	12.82 (v=79.80km/h)	24.8 (从 55km/h 加到 70km/h，用时 11.37s)	20.1 (从 35km/h 加到 70km/h，用时 37.08s)

注：括号中的长度为从 0km/h 加速到 100km/h 的行驶距离。

3．等减速行驶工况燃油消耗量的计算

减速行驶时，节气门松开(关至最小位置)并进行轻微制动，发动机处于强制怠速状态，其油耗量即为正常怠速油耗。所以，减速工况燃油消耗量等于减速行驶的时间与怠速油耗的乘积。减速时间(s)为

$$t=\frac{u_{a2}-u_{a3}}{3.6\dfrac{du}{dt_d}} \tag{3-8}$$

式中，u_{a2}、u_{a3}为起始及减速终了的车速，km/h；$\dfrac{du}{dt_d}$为减速度，m/s²。

减速过程燃油消耗量(mL)为

$$Q_d=\frac{u_{a2}-u_{a3}}{3.6\dfrac{du}{dt_d}}Q_i \tag{3-9}$$

式中，Q_i 为怠速燃油消耗率，mL/s。

减速区段内汽车行驶的距离(m)为

$$s_a=\frac{u_{a2}^2-u_{a1}^2}{25.92\dfrac{du}{dt}} \tag{3-10}$$

4．怠速停车时的燃油消耗量

若怠速停车时间为 t_s(s)，则燃油消耗量(mL)为

$$Q_{id}=Q_i t_s \tag{3-11}$$

5．整个循环工况的百公里燃油消耗量

对于由等速、等加速、等减速、怠速停车等行驶工况组成的循环，如 ECE-R.15 和我国货车六工况法，其整个实验循环的百公里燃油消耗量(L/100km)为

$$Q_s=\frac{\sum Q}{s}\times 100 \tag{3-12}$$

式中，$\sum Q$ 为所有过程油耗之和，mL；s 为整个循环的行驶距离，m。

3.3　影响汽车燃油经济性的因素

由上节可知，汽车等速百公里燃油消耗量为

$$Q_s=\frac{P_e b}{1.02u_a\rho g}$$

或

$$Q_s=\frac{Cb\sum F}{\eta_T} \tag{3-13}$$

式中，C 为常数；F 为行驶阻力，$F=F_t+F_w$。

由式(3-13)可知，等速百公里燃油消耗量正比于行驶时的行驶阻力与燃油消耗率，反

比于传动效率。

发动机的燃油消耗率，一方面取决于发动机的种类、设计制造水平；另一方面又与汽车行驶时发动机的负荷率有关。从万有特性图上可知，发动机负荷率低时，b 值显著增大。

当然，总的汽车燃油消耗还与加速、减速、制动、怠速停车等工况以及汽车附件(如空调)的使用有关。图 3-6 是美国中型轿车在 EPA 城市和 EPA 公路循环工况中的燃油化学能与汽车各处消耗能量的平衡图。由图可以看出：汽车燃油消耗除与行驶阻力(滚动阻力与空气阻力)、发动机燃油消耗率以及传动系效率有关之外，还与停车怠速油耗、汽车附件(空调等)消耗及制动能量损耗有关。在城市循环工况中，后三个因素的影响相当大，它们消耗的能量总计达燃油化学能的 25.2%。但传统结构的汽车在这些方面尚未找到突破性的提高燃油经济性的措施。

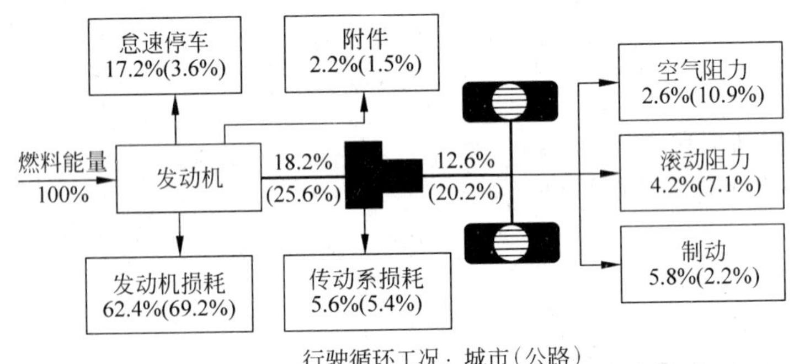

图 3-6 美国中型轿车在 EPA 城市、公路循环行驶工况中的能量平衡

下面分别从汽车使用和结构两个方面，讨论影响燃油经济性的因素，从而可以看出提高燃油经济性的一些途径。

3.3.1 使用方面

1. 行驶车速

汽车满载在良好路面上行驶时，存在一个使得等速燃料消耗最小的车速，即技术经济车速。车速高于或低于经济车速，汽车等速油耗均上升。不同车型的经济车速可通过试验得到。

由图 3-1 可以看出，汽车在接近于低速的中等车速时燃油消耗 Q_s 最低，高速时随车速增加 Q_s 迅速加大。这是因为在高速行驶时，虽然发动机的负荷率较高，但汽车的行驶阻力增加很多而导致百公里油耗增加的缘故。

2. 挡位选择

在一定道路上，汽车用不同排挡行驶，燃油消耗量是不一样的。显然，在同一道路条件与车速下，虽然发动机发出的功率相同，但挡位越低，后备功率越大，发动机的负荷率越低，燃油消耗率越高，百公里燃油消耗量就越大，而使用高挡时的情况则相反。汽车在良好路面上行驶，在一定的行驶状态下，既可使用次高挡，也可用最高挡，但用最高挡时较节约燃料。为了节约燃料，在节气门开度不超过 90%的条件下，应尽可能使用最高挡。汽车上坡行驶时，应及时减挡。减挡过早，不能充分利用汽车惯性爬坡；减挡过晚，车速降低过多，常需要多换一次挡，增加油耗。

3. 挂车的应用

运输企业中普遍拖带挂车。这是提高运输生产率和降低成本,包括降低燃油消耗量的一项有效措施。如"解放"牌CA10B汽车经常拖挂4.5～5t挂车,行驶于坡度小于8%、最大坡度小于11%的道路上,生产率可提高30%～50%,油耗可降低20%～30%(以100t·km计)。拖带挂车后,虽然汽车总的燃油消耗量增加了,但以100t·km计的油耗却下降了,即分摊到每吨货物上的油耗下降了。拖带挂车,节省燃油的原因有两个,一是带挂车后阻力增加,发动机的负荷率增加,使燃油消耗率b下降;另一个原因是汽车挂车的质量利用系数(即装载质量与整车整备质量之比)较大。

4. 正确地保养与调整

汽车的调整与保养影响发动机的性能与汽车行驶阻力,所以对百公里油耗有相当影响。一般驾驶员常用滑行距离来检查底盘的技术状况。当汽车的前轮定位正确,制动器摩擦片与制动鼓有正常的间隙,轮胎气压正常,各相对运动零部件滑磨表面光洁、间隙恰当并有充分的润滑油时,底盘的行驶阻力减小,滑行距离便大大增加。阻力较小的装载质量为2.5t的汽车,在良好水平道路上以30km/h的车速开始摘挡滑行,滑行距离应达200～250m。当滑行距离由200m增至250m时,油耗可降低7%。

3.3.2 汽车结构方面

设计与制造出性能良好、燃油消耗低的汽车是很重要的。通过对汽车各个主要部件的改进,可以大大节约用油。下面介绍发动机、传动系、汽车外形等方面与燃料经济性的关系。

1. 缩减轿车总尺寸和减轻质量

大型轿车费油的原因是大幅度地增加了滚动阻力、空气阻力、坡度阻力和加速阻力,因此影响燃油经济性。减小汽车质量是降低油耗最有效的措施之一。减轻汽车的整备质量,实现汽车轻量化,对改善汽车的燃油经济性有重要的意义。有资料表明,整备质量减轻10%,油耗可减少8.5%。又大又重的豪华型轿车(有的达2.7t以上)比小而轻的轻型或微型汽车(质量只有500kg上下)的油耗几乎要高3～5倍。为了保证高动力性而装备的大排量发动机,行驶中负荷率低也是原因之一。

为了减轻质量,轿车选用材料中的铝与复合材料的比例日益增加。减小汽车质量方面采取的措施主要有:采用高强度轻材料,如高强度低合金钢、铝合金、塑料、树脂和各种纤维强化等材料制造汽车零件;改进汽车结构,如采用前轮驱动、承载式车身等,以及各种零件的薄壁化和小型化。汽车的轻量化、小型化也是汽车工业的发展方向之一。

20世纪90年代初,大量使用复合材料的所谓"复合材料汽车",在西欧的销量为25万辆左右。预计这种轿车在西欧的产量,今后将以每年25%的比例增长。此类汽车在美国市场上的份额,目前已经达到30%以上。

2. 发动机

由图3-6可知,发动机的热损失与机械损耗占燃油化学能的65%左右。显然,发动机是对汽车燃油经济性最有影响的部件。目前看来提高发动机经济性的主要途径为

(1) 提高现有汽油发动机的热效率与机械效率。

(2) 扩大柴油发动机的应用范围(至 2013 年底欧洲柴油车市场份额已经过半,西班牙、法国等国家其份额已接近 70%)。

(3) 增压化(目前常提供增压汽油机以备选,采用增压的柴油机已很普遍)。

(4) 广泛采用电子计算机控制技术(目前各国电喷式汽油机的产量已达世界汽油机总产量的 90%左右)。

3. 传动系

传动系的挡位增多后,增加了选用合适挡位使发动机处于经济工作状况的机会,有利于提高燃油经济性。因此,近年来轿车手动变速器已基本上采用 5 挡,也有采用 6 挡的;轿车自动变速器广泛采用 4 挡或 5 挡,采用 6 挡的也日渐增多,甚至有采用 7 挡的;大型货车有采用更多挡位的趋势,如装载质量为 4t 的五十铃货车装用了 7 挡变速器,由专职驾驶员驾驶的重型汽车和牵引车,为了改善动力性和燃油经济性,变速器的挡位可多至 10~16 个。但不能为了提高性能而过多地增加有级式变速器的挡数,因为这将使传动系过于复杂,而且也不便于操作选用。

挡数无限的无级变速器,在任何条件下都提供了使发动机在最经济工况下工作的可能性。若无级变速器始终能维持较高的机械效率,则汽车的燃油经济性将显著提高。下面介绍发动机的最经济工况——“最小燃油消耗特性”和保证发动机能最经济工作的“无级变速器调节特性”。

图 3-7(a)是发动机的负荷特性,这些曲线的包络线是发动机提供一定功率时的最低燃油消耗率曲线。利用此图可以找出发动机提供一定功率时的最经济工况(转速与负荷)。把各功率下最经济工况运转的转速与负荷率标明在外特性曲线图上,便得到“最小燃油消耗特性”,见图 3-7(b)中的 $A_1A_2A_3$ 曲线。例如,在某道路阻力系数 ψ 的道路上以速度 u_a' 速度行驶,需要发动机提供功率 P_e'。发动机可在不同转速及相应的多重负荷率下工作,但只有在 P_e' 水平线与 A_2A_3 的交点处工作,即转速为 n_e' 和大致为 90% 负荷率工作时,燃油消耗率 b 最小。

有了发动机的“最小燃油消耗特性”,可进一步确定无级变速器的调节特性。无级变速器的传动比 i' 与发动机转速 n 及汽车行驶速度之间有如下关系:

$$i' = 0.377\frac{nr}{i_0 u_a} = A\frac{n}{u_a}$$

式中,A 对某一汽车而言为常数,$A=0.377\frac{r}{i_0}$。

如上所述,当汽车以速度 u_a' 在一定道路上行驶时,根据应提供的功率 $P_e'=\frac{P_\psi+P_w}{\eta_T}$,由“最小燃油消耗特性”曲线可求出发动机经济的工作转速为 n_e'(当然,节气门也要作相应的控制,才能在 n_e' 时发出功率 P_e')。将 u_a' 与 n_e' 代入上式,即得无级变速器应有的传动比 i'。在同一 ψ 值的道路上,不同车速时无级变速器应有的 i' 连成曲线便得到无级变速器的调节特性,见图 3-8。AB 为变速器最大传动比,DE 为最小传动比。BC 表示发动机转速为最大功率转速时 i' 与车速的关系曲线。AE 与 BCD 曲线间所包含的曲线,表示在不同道路阻力下无级变速器的调速特性。

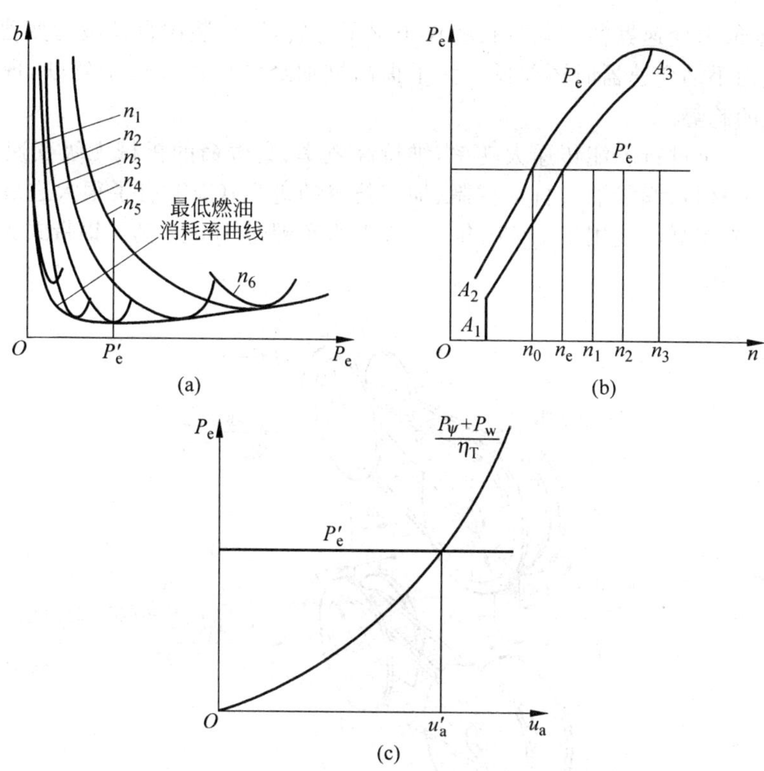

图 3-7　发动机最小燃油消耗特性的确定

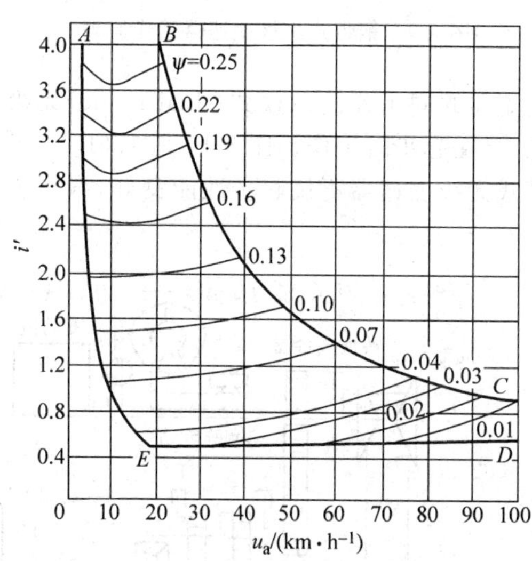

图 3-8　无级变速器的调速特性

目前，在轿车上得到广泛应用的无级变速器是自动液力变速器。不过汽车装用自动液力变速器后，由于液力变矩器的传动效率低，其燃油经济性有所下降。近年来，为了节油和进一步提高动力性，自动液力变速器的挡位数有所增加，一般为 4 个挡；在有的挡位（如Ⅲ挡）进行功率分流，即较大部分功率不经过液力变矩器而直接经输出轴输出；高挡装有锁止离合器，离合器锁止时完全消除了滑转，提高了传动效率，从而提高了燃油经济性。有数据表明，由于自动液力变速器使发动机在较佳工况下运转，所以装用自动液力变速器的汽车的油耗有时比装用手动变速器时还要低。为了提高燃油经济性而又便于驾驶，现在有将手动变速器自动化的趋势。

长期以来，一直进行着能传递大功率，维持高效率、高寿命的机械无级变速器(CVT)的研究工作。由于材料、润滑油及自动控制、加工技术的进步，CVT 有了很大进展。目前世界有超过 90 多个汽车品牌装用了 CVT，年产 CVT 汽车超过 100 万辆。钢带式无级变速器的工作原理见图 3-9。

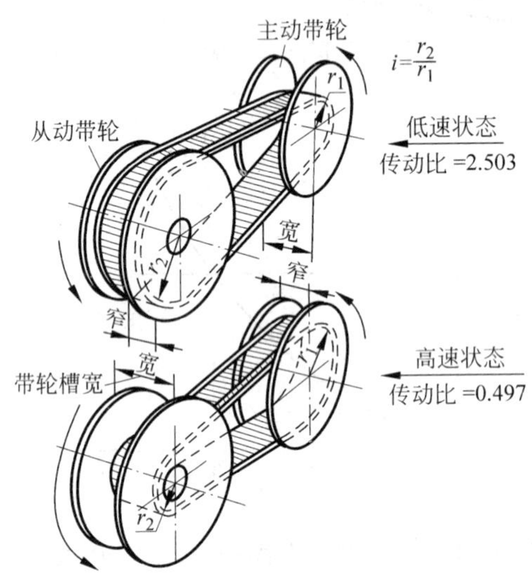

图 3-9　钢带式无级变速器工作原理

近年来出现了液力变矩器共同工作的双模式(dual mode)无级变速器。液力变矩器在一般行驶中处于脱离状态，只在起步时工作。图 3-10 是 1.6L Ford Escort 轿车上采用的这种变速器的示意图。双模式无级变速器不仅起步性能良好，汽车燃油经济性也得到了进一步的改善。

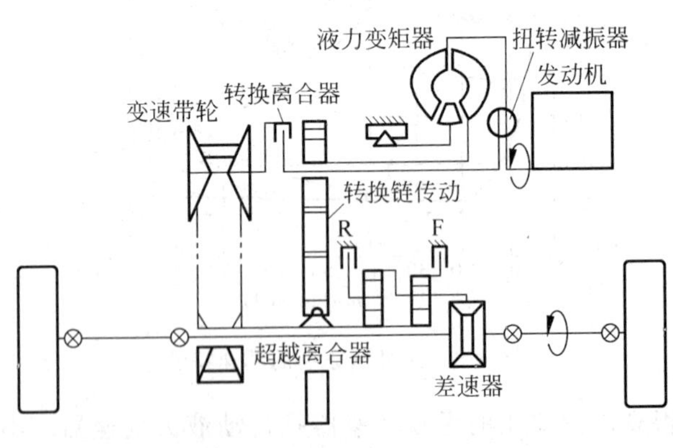

图 3-10　双模式无级变速器

4. 汽车外形与轮胎

降低 C_D 值是节约燃油的有效途径。图 3-11 是 Audi 100 轿车通过变动车身形状而具

有不同 C_D 的试验结果。当 C_D 值由 0.42 降低到 0.3 时，其混合百公里燃油消耗可降低到 9%，而以 150km/h 等速行驶的油耗则可降低 25%左右。

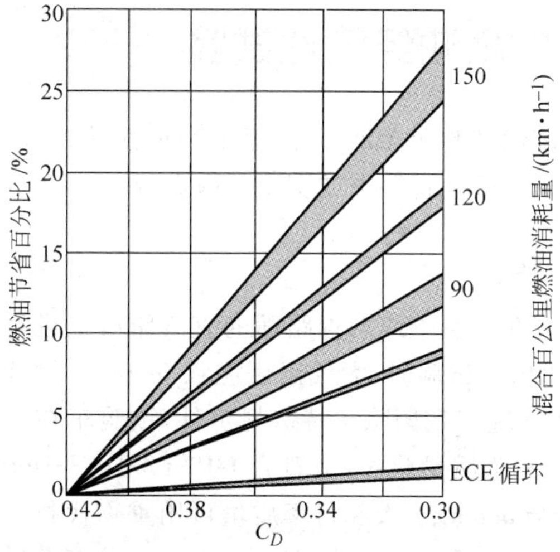

图 3-11 C_D 值降低导致的燃油节省程度

20 世纪 60 年代轿车的 C_D 值在 0.45 左右，现代不少轿车的 C_D 值已降低到 0.3 左右。今后 C_D 值有可能继续下降到 0.2，通用公司电动车 EV-Ⅰ的 C_D 值为 0.19。

改善汽车外形，使车身形状近于流线型，以减小空气阻力系数，可以减少行驶过程中特别是高速行驶中的空气阻力，有显著的节油效果。某轿车空气阻力系数由 0.5 下降到 0.3，可使油耗降低 22%，预计在不久的将来，实际使用的轿车空气阻力系数可达 0.2。

美国通用公司试验场资料表明，装有典型美国汽油发动机的小轿车，滚动阻力对油耗的影响如图 3-12(a)所示。由图可知，其数值为滚动阻力每减少 1N，燃油消耗量减少 0.01L/100km，或估算为 f 减少 10%，省油 0.6%～1.2%。

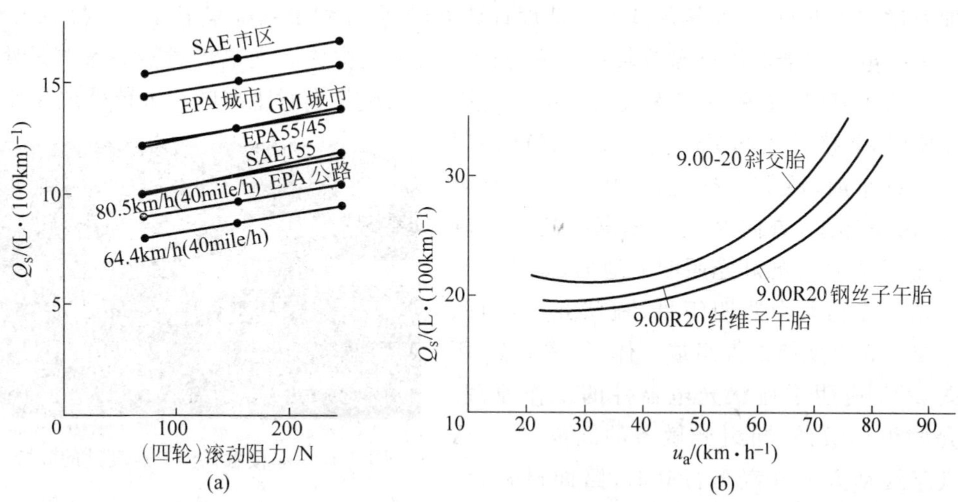

图 3-12 滚动阻力及不同轮胎与燃油消耗量的关系

(a) 滚动阻力与燃油消耗量的关系；(b) 东风 5t 载货汽车装用不同轮胎时的等速百公里燃油消耗量曲线

汽车对轮胎提出各种要求，如强度、耐磨性、耐久性及要求它保证动力、经济等各种使用性能。现在公认子午线轮胎综合性能好，尤其滚动阻力小，与一般斜交胎相比可节油6%～8%。

3.4 汽车动力性、燃油经济性试验

汽车动力性、燃油经济性试验包含动力性、燃油经济性的评价指标及单项的行驶阻力、传动效率、附着力的测量。试验在道路上或实验室内进行。

3.4.1 路上试验

一般而言，路上试验应在混凝土或沥青路面的直线路段上进行。路面要求平整、干燥、清洁，纵向坡度在0.1%以内。试验时，大气温度应在0～40℃之间，风速不大于3m/s。测试汽车应处于良好的技术状况。我国除了特殊规定外，试验车在试验时都应处在该车的厂定最大装载质量状态或最大总质量状态，应符合GB/T 5910—1998轿车质量分布的规定：人均质量68kg，人均行李质量7kg。人和行李质量可用重物代替。轮胎规格型号应符合技术条件规定，轮胎花纹应为原始花纹深度的90%～50%。冷态轮胎气压达到其规定值。轮胎气压明显影响试验数据的准确性，这一点往往被忽视。在试验进行之前，应使轮胎充气压力在冷态时符合该车技术条件规定，误差不超过±10kPa。

汽车最高车速是通过测定汽车以最高车速行经一定距离路段所需的时间(我国规定为200m，而国际汽车联合会规定在其认可的环道上行驶一周)来求得。通过的时间可用高精度测时计(如光电或激光测时计)测量。

起步连续换挡加速性能系指以常用起步挡起步，轿车为Ⅰ挡，货车常为Ⅱ挡，按最佳换挡时刻逐次换至高挡，节气门处于最大开度，全力加速至$0.8u_{amax}$的加速过程；也常用原地起步加速至某一车速(如100km/h)或某一距离(400m)所需时间来表征汽车加速性能。测试前，试验人员应充分熟悉被测试车辆才能获得良好的试验结果。

加速过程用五轮仪、非接触式汽车速度计或GPS惯性测量系统来记录。非接触式汽车速度计由光电传感器和以微型计算机为主体的二次仪表构成。光电传感器用来测量距离，经过一定的距离(4cm)就向二次仪表发出一个脉冲，二次仪表对距离脉冲进行处理和计算。

使用时，非接触式汽车速度计常将光电传感器安装在汽车前、后保险杠上，或用真空吸盘吸附于前、后车体上，方向对正汽车车身的纵轴轴线，光学镜头垂直对准灯光照明的地面，如图3-13所示。光电传感器由照明组件、梳状光电器件、放大器及外壳支架等部件组成一体，如图3-14所示。图3-15说明了梳状光电器件的工作原理，A、B是两组光敏条，同组光敏条的间隔是T，X表示汽车运动方向。汽车行驶时，路面材料(测定视野直径为20～30mm)的随机性表面微结构经过透镜投射到梳状光电器件上。一般来讲，由于地面明暗的变化，传感器移动时，光敏条A/B上的感应电流I_A、I_B也发生了变化。当移动$0.5T$时，除了最前面的一条光敏条接收到新图形外，其余的明暗图像都没有变；但

图3-13 非接触式汽车速度计的安装

是接收器从 A 变到了 B，相当于电信号反相。如果再前进 $0.5T$，B 又变成 A，电信号再次反相。经过空间滤波后，传感器仅输出一随机窄带正弦波信号，信号的频率与汽车行驶速度成正比。传感器输出的信号经 TRF 型带通跟踪滤波器滤波和整形后，转换为 TTL 脉冲输出，每一脉冲就严格对应汽车相对地面走过的一段距离。光电传感器离地高度为 50cm 左右，汽车上下颠簸不会影响仪器的测量精度。

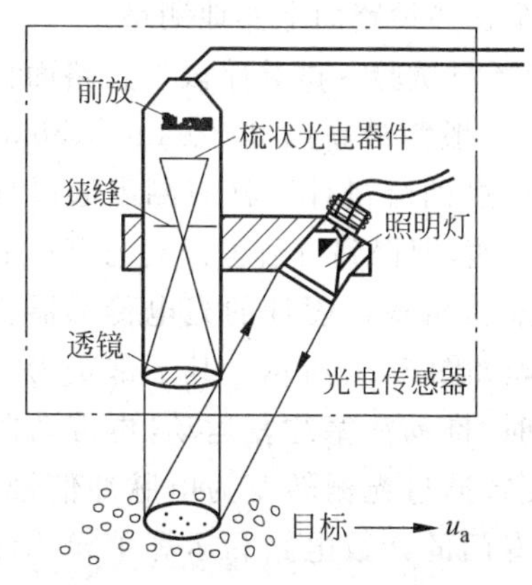

图 3-14　非接触式汽车速度计的光路原理

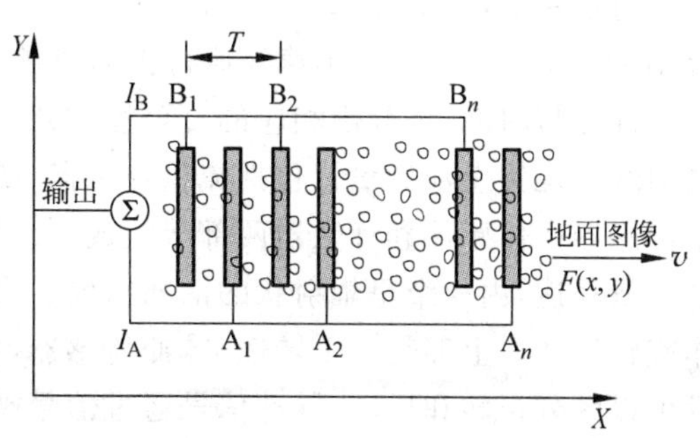

图 3-15　梳状光电器件的工作原理

为测得汽车的爬坡度，应有一系列不同坡度的坡道，长度不小于 25cm；小于 30%的坡道路面可用沥青铺装，等于或大于 30%的坡道应为水泥路面。试验时，汽车停于坡道前的平地上，结合传动系的最低挡，节气门全开进行爬坡，直至试验终了。所能通过的最陡坡道坡度，便是汽车的最大爬坡度。如果坡度不合适(过大或过小)，可采用增减载荷变换挡位的办法，算出最大爬坡度，即

$$\alpha_0 = \arcsin\left(\frac{G_a i_{g1}}{G i_{ga}} \sin\alpha_a\right)$$

式中，α_0为换算得到的最大爬坡度，(°)；α_a为试验时的实际坡度，(°)；G 为汽车最大总质量的重力，N；G_a为试验时的汽车重力，N；i_{g1}为变速器Ⅰ挡传动比；i_{ga}为试验时变速器所用挡位的传动比。

为防止爬陡坡中出现事故，大于 40%的坡度应有安全装置。

用室内转鼓试验台进行汽车排放、燃油经济性试验时，需要知道被测汽车在行驶中遇到的空气阻力与滚动阻力，它们是通过路上滑行试验求得的。所谓滑行(coastdown)是指汽车在水平路面且无风的条件下加速至某预定速度后，摘挡脱开发动机，利用汽车的动能继续行驶的减速运动。试验中用五轮仪等测速仪器记录滑行过程的 u-t 曲线。显然滑行时汽车的滚动阻力与空气阻力之和为

$$F_f + F_w = \delta_c m \frac{du}{dt} - \frac{T_r}{r}$$

式中，δ_c为滑行时汽车的旋转质量换算系数；T_r为滑行时传动系加于驱动轮的摩擦阻力矩与从动轮摩擦阻力矩之和，一般常忽略不计。

滑行时汽车的运动只决定于 $F_f + F_w$ 与汽车质量参数，因此可以根据滑行中的减速度、滑行时间、滑行距离等来求得汽车行驶阻力。利用减速度方法精度得不到保证，现在采用的

方法主要有时间法、行程法以及曲线拟合法，曲线拟合法可以取得较准确的结果。试验条件应遵守一般性试验条件的规定，并应特别注意底盘处于正常的技术状态，轮胎花纹应为原始花纹深度的90%～50%。冷态轮胎气压达到其规定值。而且试验应在试验场高速环道的直线段上进行，试验时应关闭所有门窗。

轮胎的滚动阻力也常用装有测力传感器的单轮或双轮试验拖车来测量。地面与轮胎间的附着系数，必须用装有制动器或能驱动轮胎的试验拖车在各种路面上实地测量。

路上燃油经济性试验主要是等速行驶百公里燃油消耗量试验。试验路段设在路面良好的平直道路上，长度为500m(或1000m)。汽车挂常用挡(一般为最高挡)以20km/h、30km/h等10km/h的整数倍数车速等速行驶通过测量路段，利用燃油流量计与秒表测出通过该路段的油耗与时间，计算出相应的百公里油耗与实际平均车速，即得到百公里油耗与车速的关系曲线。现代燃油流量计包括流量传感器、二次仪表和非接触式速度计的光电传感器。流量传感器由传感器和计数器两部分组成，其基本结构原理如图3-16所示。其下部是为一微型计量马达，由4个呈辐射状的活塞组成。当液体流入时，推动活塞往复运动，再带动曲轴作旋转运动。上部是一个转速/脉冲传感器，将马达的旋转通过光栅转变为电脉冲信号，并且可以区分正转和反转，脉冲信号通过信号端子被送到专门的计数电路和运算单元。计量马达的工作原理如图3-17所示。在图3-17(a)中，1缸活塞在内腔压力油的推动下向外运动，是主动活塞，其外腔的油经过P2和E流向发动机(E是出油口)；这时的3缸活塞内外腔相通，内外压力相等，是一个被动活塞；而2、4缸活塞正分别运动到内外止点，它们的外腔通道都被1、3缸活塞的裙部封住，当曲轴再旋转一个角度时，P3和E接通(图3-17(b))，2缸活塞便成为主动活塞，而4缸活塞变成被动活塞。再旋转一个角度，3缸活塞便成为主动活塞(见图3-17(c))，1缸活塞便成为被动活塞。外腔的油经过P4、E到发动机。总之，曲轴在

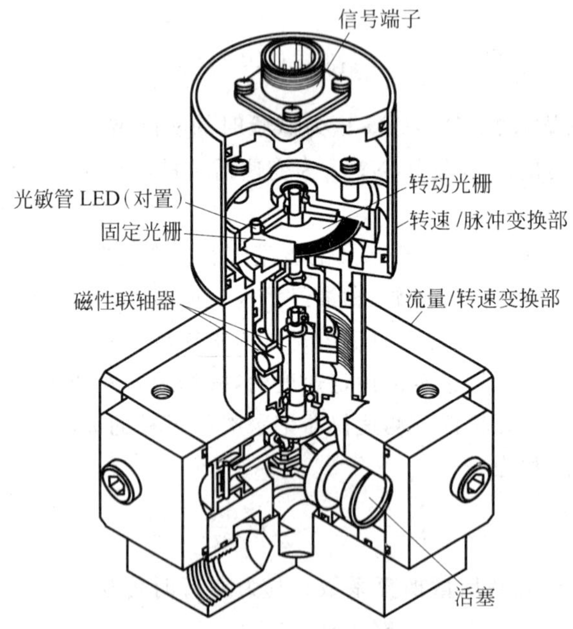

图3-16 燃油流量传感器的结构图

0、0.5π、0.75π、π的瞬间，只有一个活塞是主动的，其余三个是被动的；而在其他时间都是两个主动，两个被动。由于每个活塞的容积是相等的，根据曲轴旋转的转数就可以计算出总流量和瞬时流量。对于早期的化油器式燃油系统，可以将流量传感器串联在汽油泵到化油器的油路中。但是对于电控燃油发动机，为了保证燃油的恒定压力，有部分燃油在压力调节器的作用下返回油箱。因此，在测量电控发动机的燃油消耗量时，必须对返回的燃油进行处理，图3-18就是一个实际的连接图。发动机返回的燃油被导入热交换器中，按油箱的温度进行冷却，然后再泵出形成循环。另一个问题是在测量时要注意按照操作规程排出油路中的气泡。

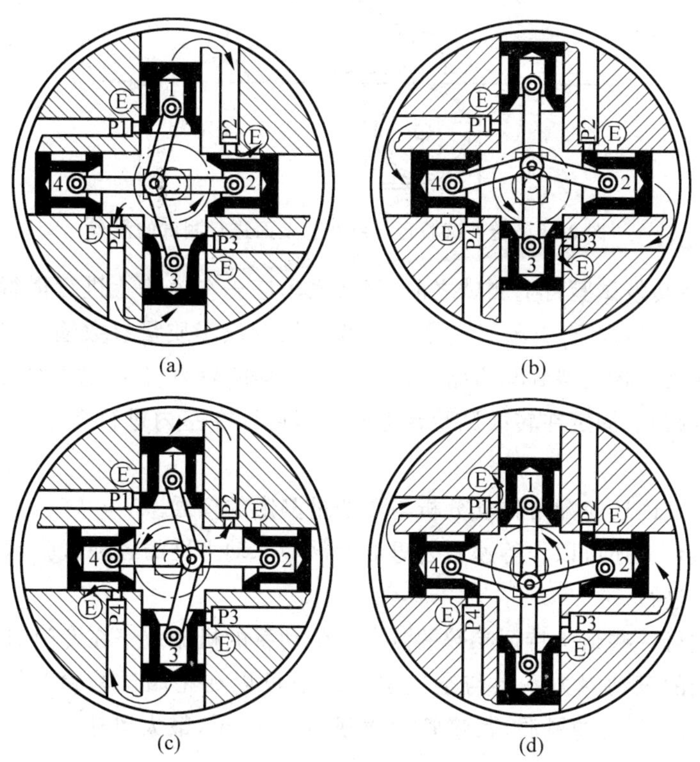

图 3-17　四活塞燃油流量计量马达的工作原理

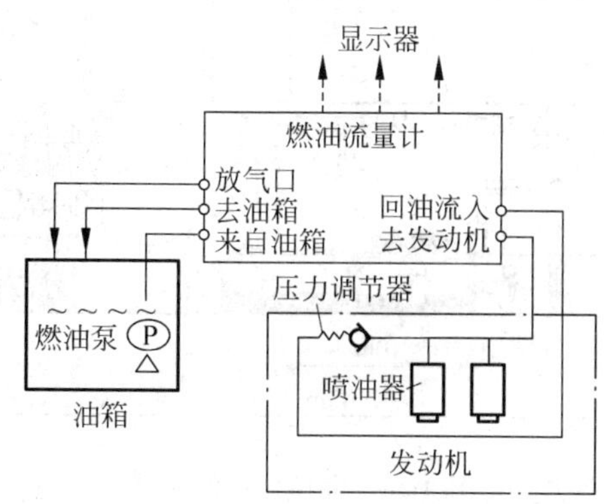

图 3-18　回油的连接图

3.4.2 室内试验

为了模拟实际汽车运行状况以进行汽车排放污染物与燃油消耗的测量，各国都制定了多工况试验标准，我国采用的是十五工况。多工况燃油消耗试验基本上都在室内底盘测功机——转鼓试验台上进行，如图 3-19 所示。测试汽车固定于转鼓试验台上，从动轮置于固定台面，驱动轮置于转鼓上。起动发动机挂挡后，汽车便驱动转鼓（及与其相连接的旋转质量与电力测功器）旋转。

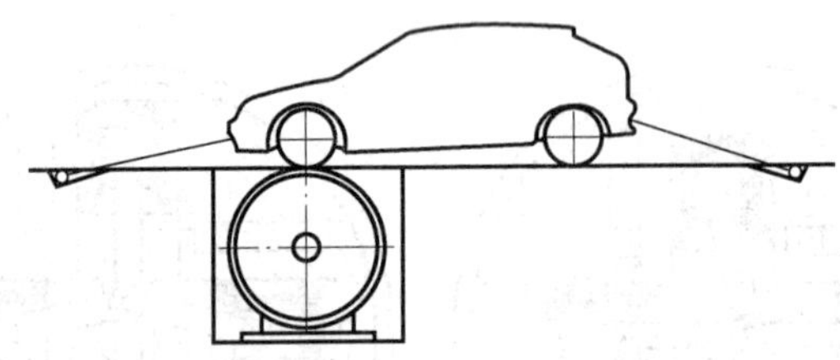

图 3-19 转鼓试验台与停在它上面进行测试的汽车

如前所述，在转鼓试验台上测试之前，测试汽车应先在道路上进行滑行试验，以确定其行驶阻力（road load），即 F_f+F_w。将滑行试验结果及汽车质量参数输入转鼓试验后台，静止的汽车驱动转鼓时将会遇到与道路上行驶完全一样的阻力，包括整车的滚动阻力、空气阻力与加速阻力。因此，固定在转鼓试验台上的汽车可以在室内进行多工况燃油消耗试验与排放试验。

显然在实验室内还应配备排气分析与燃油量测定的仪器。

在转鼓试验台上还可以作等速百公里油耗试验。动力性的各种试验，如加速过程，均可在转鼓试验台上进行。

在室内还进行一些结构特征参数的测定。传动系的机械效率在专门的传动系效率试验台上测定。准确的滚动阻力系数与空气阻力系数可以在轮胎试验台与风洞中分别得出。图 3-20 所示为宝马公司的风洞，其喷管的横截面积 $10m^2$，最大风速为 250km/h，风机的功率为 1.9MW。

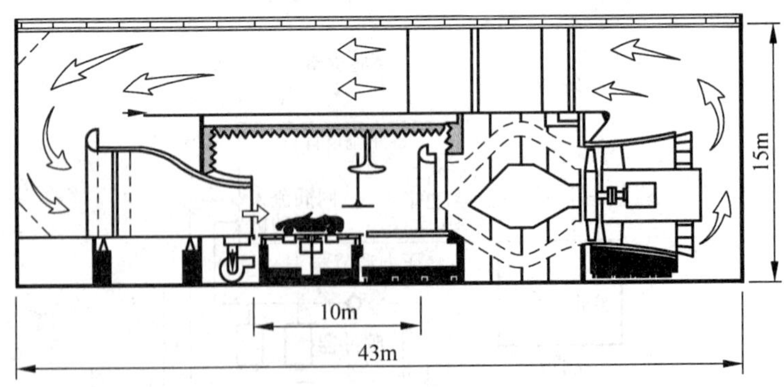

图 3-20 宝马公司的风洞

思考题与练习题

3-1 什么是燃油经济性？

3-2 什么是等速百公里燃油油耗量？

3-3 “车开得慢，油门踩得小，就一定省油”，或者“只要发动机省油，汽车就一定省油”这两种说法对不对？

3-4 试述无级变速器与汽车动力性、燃油经济性的关系。

3-5 如何从改进汽车底盘设计方面来提高燃油经济性？

3-6 为什么汽车发动机与传动系统匹配不好会影响汽车燃油经济性与动力性？试举例说明。

3-7 某汽车以 $2.5\mathrm{m/s^2}$ 的减速度从 50km/h 等减速行驶到 25km/h，设该车发动机怠速燃油消耗量为 0.299mL/s，试计算该车等减速行驶工况中的燃油消耗量以及在该时间内的行驶距离。

3-8 轮胎对汽车动力性、燃油经济性有些什么影响？

3-9 为什么公共汽车起步后，驾驶员很快换入高挡？

第4章 汽车动力装置参数的选定

汽车动力装置参数系指发动机的功率、传动系的传动比。它们对汽车的动力性与燃油经济性有很大影响。在确定这些参数时，必须充分考虑到满足这两个基本性能的要求。此外，还要注意到满足驾驶性的要求。

4.1 发动机功率的选择

通常采用以下两种方法确定发动机最大功率。

4.1.1 根据最高车速计算发动机最大功率

通常设计中常先从保证汽车预期的最高车速来初步选择发动机的功率。最高车速虽然只是动力性中的一个指标，但它实质上也反映了汽车的加速能力和爬坡能力。因为最高车速越高，要求的发动机功率越大，汽车后备功率大，加速与爬坡能力必然较好。

如果给出了汽车期望的最高车速，则选择的发动机功率应不小于以最高车速行驶时阻力功率之和，即

$$P_{\mathrm{emax}} \geqslant \frac{1}{\eta_{\mathrm{T}}}\left(\frac{Gf}{3600}u_{\mathrm{amax}} + \frac{C_D A}{76140}u_{\mathrm{amax}}^3\right) \tag{4-1}$$

在给定 m、C_D、A、f、η_{T} 这些值后，便能求出应有功率 P_{e} 的数值。

所选发动机的最大功率应满足上式的计算结果，但也不宜过大，否则会因发动机负荷率偏低而影响汽车的燃油经济性。

4.1.2 用比功率确定发动机最大功率

在实际工作中，还利用现有汽车统计数据初步估计汽车比功率来确定发动机应有的功率。汽车比功率是单位汽车总质量具有的发动机功率，比功率的常用单位为 kW/t。汽车比功率可由下式求得

$$\text{汽车比功率} = \frac{1000P_{\mathrm{e}}}{m} = \frac{fg}{3.6\eta_{\mathrm{T}}}u_{\mathrm{amax}} + \frac{C_D A}{76.14m\eta_{\mathrm{T}}}u_{\mathrm{amax}}^3 \tag{4-2}$$

1. 货车的比功率

各种货车的 f、η_{T} 及 C_D 值大致相等且最高车速也相差不多，但总质量变化范围很大。

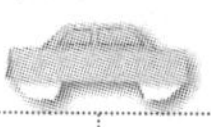

货车最高车速为100km/h左右。一辆中型货车的比功率约为10kW/t,其中用以克服滚动阻力功率的,即式(4-2)中的第一项,约占2/5。对于各类货车,上式第一项的数值大体相同。式中第二项是克服空气阻力功率的部分,它随A/m而变化,货车总质量增大时,迎风面积增加有限,故第二项将随着总质量的增加而逐步减少。因此不同货车的比功率将随着其总质量的增大而逐步减小,但大于单位质量应克服的滚动阻力功率。图4-1是东风及跃进汽车公司生产的货车的比功率与其总质量的关系,图中还给出了几种国产微型货车与金杯小货车的比功率与总质量的关系。

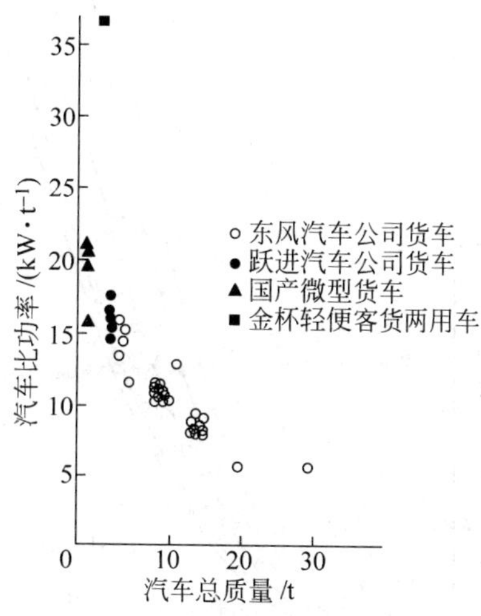

图4-1 货车比功率与其总质量的关系

图4-1表明货车的比功率随其总质量的增大而逐步变小,一般中型货车的比功率约为10kW/t。小于2~3t的轻型货车大多是轿车或微型旅行车的变型车,动力性能较好,比功率很大。重型自卸车最高车速低,比功率较小。

很多国家甚至对车辆应有的最小比功率做出规定,以保证路上行驶车辆的动力性不低于一定水平,防止某些性能差的车辆阻碍车流。现代轻型货车(总质量在4t左右)的比功率大多数在14.7~20.6kW/t之间;总质量在16~19t的汽车其比功率大多在7.4~13.2kW/t之间。这是因为这些吨位的汽车常需拖挂大吨位的挂车行驶。对于主要在高速公路上或在山区行驶的汽车,其比功率一般不低于5.88kW/t。

总之,货车可以根据同样总质量与同样类型车辆的比功率统计数据,初步选择发动机功率。

2. 大客车的比功率

我国有关大客车的标准明确规定了最高车速与功率的数值,可以作为初步确定发动机功率的依据。如交通部行业标准JT/T 325—2010中规定,高三级(即最高级)大型客车(车身长度>9m)的设计车速不小于125km/h,比功率应不小于15kW/t。

3. 轿车的比功率

轿车行驶车速高,且不同轿车动力性能相差可以很大,现代轿车的最高车速一般在125~

300km/h 之间。所以轿车的比功率较高，且不同轿车比功率相差也比较大。图 4-2 是部分轿车的比功率曲线，在图中，取$\frac{f}{\eta_T}=0.02$，$\frac{C_D A}{m\eta_T}=4\times10^{-4}\sim10^{-3}\,\mathrm{m^2/kg}$。

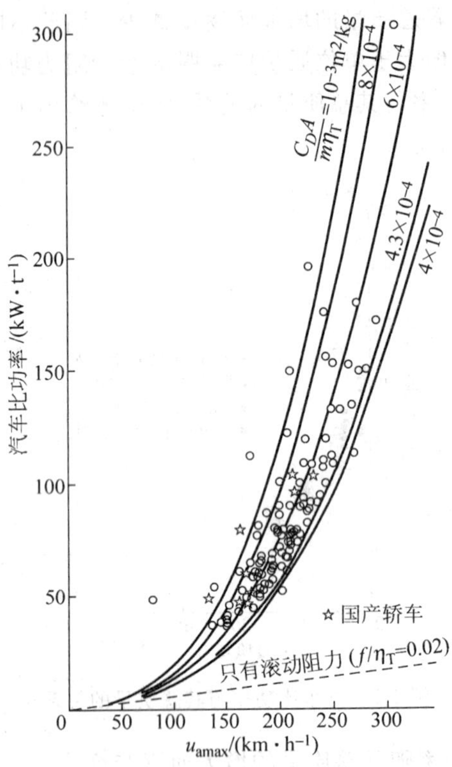

图 4-2　部分轿车比功率曲线

4.2　最小传动比的选择

4.2.1　最小传动比的选择

汽车大部分时间以最高挡行驶，也就是用最小传动比的挡位行驶的，因此最小传动比的选定是很重要的。

传动系的总传动比是传动系中各部件传动比的乘积，即

$$i_t = i_g i_0 i_c$$

式中，i_g 为变速器的传动比；i_0 为主减速器的传动比；i_c 为分动器或副变速器的传动比。

普通的汽车没有分动器或副变速器，而变速器的最小传动比为直接挡或超速挡。当变速器的最小传动比为直接挡时，传动系的最小传动比就是主减速器的传动比 i_0；当变速器的最小传动比为超速挡时，则传动系的最小传动比应为变速器最高挡传动比与主减速器的传动比的乘积。二轴变速器没有直接挡，最小传动比为最高挡传动比与 i_0 的乘积。

下面讨论变速器最小传动比为 1 时的汽车最小传动比的选择，即主减速器传动比 i_0 的选择。

选择主减速器传动比时应考虑汽车最高车速、汽车的后备功率、汽车燃油经济性、汽车驾驶性等性能。图 4-3 是一汽车的功率平衡图。图上有水平路面行驶阻力功率曲线，还画出了不同主减速器传动比 i_{01}、i_{02}、i_{03}，且 $i_{01}<i_{02}<i_{03}$，所确定的发动机的功率曲线 1、2、3。

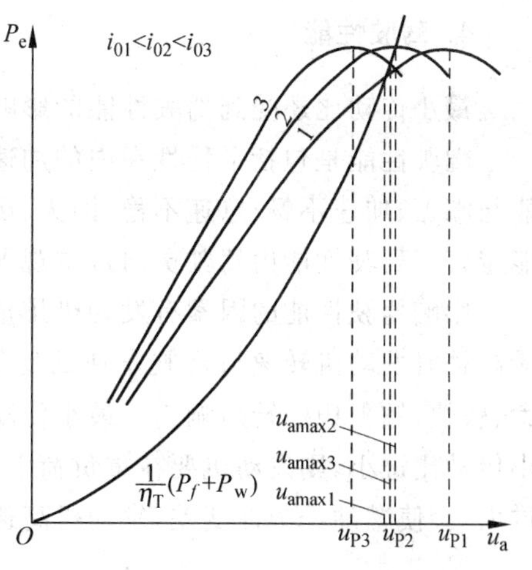

图 4-3 不同 i_0 时汽车功率平衡图

1—i_{01}；2—i_{02}；3—i_{03}

1. 最高车速

如图 4-3 所示，主减速器的传动比 i_0 不同，则汽车功率平衡图上发动机功率曲线的位置不同，与水平路面行驶阻力功率曲线的交点所确定的最高车速不同。可以看出，主传动比为 i_{02} 时，阻力功率曲线正好与发动机功率曲线 2 相交在其最大功率点上。若相当发动机最大功率时的车速称为 u_P，则有 $u_{amax2}=u_{P2}$。而装有另外两种传动比的主减速器，发动机功率曲线 1、3 与阻力功率曲线的交点均不在最大功率点，即 $u_{amax1}\neq u_{P1}$，$u_{amax3}\neq u_{P3}$，且 u_{amax1}、u_{amax3} 均小于 u_{amax2}。因此，主减速器的传动比 i_0 应选择在汽车的最高车速相当于发动机最大功率时的车速，这时最高车速最大。

2. 汽车的后备功率

主减速器的传动比 i_0 不同，汽车的后备功率也不同。i_0 增大，图 4-3 中发动机功率曲线左移，汽车的后备功率增大，动力性加强，但因发动机的功率利用率降低，有效燃油消耗率增大，因而燃油经济性较差。i_0 减小，发动机功率曲线右移，汽车的后备功率较小，动力性较差，但发动机功率利用率高，燃油经济性较好。

当主传动比为 i_{01} 时，发动机功率曲线 1 在曲线 2 的右方（$u_{P1}>u_{amax1}$，当然 u_{P1} 是不可能实现的）。因此，除了 $u_{amax1}<u_{amax2}$ 外，汽车的后备功率也比较小，即汽车的动力性比主传动比为 i_{02} 时要差。不过，发动机功率利用率高，燃油经济性较好。

当主传动比为 i_{03} 时，发动机功率曲线 3 在曲线 2 的左方。此时 $u_{P3}<u_{amax3}$，虽然 $u_{amax3}<u_{amax2}$，但汽车的后备功率却有较大增加，即汽车的动力性有加强的一面，但是燃油经济性较差。

3. 燃油经济性

过去，多数汽车所选的 i_0，使 u_{amax} 略大于 u_P，如图 4-3 i_{03} 曲线所示；或使 u_{amax} 等于 u_P，如图 4-3 i_{02} 曲线所示。近年来，为了提高燃油经济性，出现了减小最小传动比的趋势，即令 u_{amax} 稍小于 u_P。有的装有 5 挡变速器的轿车，第 5 挡的（汽车）最高车速与第 4 挡的最高车速很接近；而有的轿车第 5 挡的最高车速甚至稍低于第 4 挡的（汽车）最高车速。

根据 1997 年 *Autocar* 与 *Car & Driver* 杂志中的数据，在最小传动比（变速器为最高挡）时，约 74%轿车的 u_{amax}/u_P 值在 0.9～1.10 之间，5.5%的轿车在 1.1～1.39 之间，17.5%的轿车在 0.7～0.9 之间，3%轿车的 u_{amax}/u_P 值低至 0.5～0.7。

4. 驾驶性能

最小传动比还受到驾驶性能的影响。

驾驶性能是包括平稳性在内的加速性，系指动力装置的转矩响应、噪声和振动。驾驶性能与喘振、加速不畅、怠速不稳、回火、爆震及放炮等现象有关。这些现象出现越少，驾驶性能越好。驾驶性能由驾驶员通过主观评价来确定。

影响驾驶性能的因素有发动机排量、气缸的数目、传动系刚度以及传动系最小传动比或最高挡时发动机转速与行驶车速的比值 n/u_a 等。大排量、气缸数多的发动机可以提供较大、较快、较平稳的转矩响应。最小传动比或 n/u_a 比值对转矩响应有较大的影响。例如，最小传动比过小，则发动机要在重负荷下工作，加速性能差，会出现噪声和振动。最小传动比过大，会使燃油经济性变差，发动机高速运转时噪声也比较大。

4.2.2 由最高挡动力因数 $D_{0\max}$ 来确定最小传动比

为了使汽车获得较高的平均车速，还要求汽车以最高挡行驶时具有一定的爬坡能力。因此，在确定传动系最小传动比时，应考虑满足最高挡动力因素 $D_{0\max}$ 的要求。例如，中型货车、重型货车的推荐值一般为 $D_{0\max}=0.04\sim0.08$，中级轿车 $D_{0\max}=0.1\sim0.15$。其表达式为

$$D_{0\max}=\frac{\dfrac{T_{\mathrm{tqmax}}i_0\eta_{\mathrm{T}}}{r}-\dfrac{C_DA}{21.15}u_{\mathrm{at}}^2}{G} \tag{4-3}$$

式中，G 为汽车总质量的重力，N；T_{tqmax} 为发动机最大转矩，N·m；u_{at} 为最高挡时发动机发出最大转矩时的汽车车速，km/h。

4.3 最大传动比的选择

传动系最大传动比 i_{tmax}，对普通汽车来说，为变速器Ⅰ挡传动比 i_{g1} 与主减速器传动比 i_0 之乘积。i_0 选定后，剩下的问题就是如何确定变速器Ⅰ挡传动比 i_{g1}。

确定最大传动比时，主要考虑三方面的因素，即最大爬坡度、附着条件和汽车的最低稳定车速。

1. 最大爬坡度

汽车在最大上坡路面上行驶时，汽车的最大驱动力应能克服轮胎与路面间滚动阻力及上坡阻力。汽车爬坡时车速低，可忽略空气阻力，加速度 $\mathrm{d}u/\mathrm{d}t=0$，由汽车行驶方程式知

$$F_{\mathrm{tmax}}=F_f+F_{i\max}$$

即

$$\frac{T_{\mathrm{tqmax}}i_{\mathrm{g1}}i_0\eta_{\mathrm{T}}}{r}=Gf\cos\alpha_{\max}+G\sin\alpha_{\max}$$

故Ⅰ挡传动比 i_{g1} 应为

$$i_{g1} \geqslant \frac{G(f\cos\alpha_{max} + \sin\alpha_{max})r}{T_{tqmax} i_0 \eta_T} \tag{4-4}$$

一般货车的最大爬坡度约为 30%，即 $\alpha_{max} \approx 16.7°$。越野汽车的最大爬坡度一般可达60%左右，$\alpha_{max} \approx 31°$。轿车应具有爬上 30%以上坡道的能力。实际上轿车的最大爬坡度常大于 30%，其最大传动比是根据加速能力来确定的。对于中级轿车、高级轿车，原地起步加速到 100km/h 的时间一般为 10～17s，普通轿车则为 12～25s，设计人员可参考同一等级的轿车选择最大传动比。

2. 附着条件

确定最大传动比后应验证是否满足附着条件 $F_{tmax} = \frac{T_{rqmax} i_{g1} i_0 \eta_T}{r} \leqslant F_z\varphi$。必要时，只能从汽车总体布置和结构着手，改善汽车的附着能力。

3. 最低稳定车速

对于越野汽车传动系，最大传动比 i_{tmax} 应保证汽车能在极低车速下稳定行驶。这样可以避免在松软地面上行驶时土壤受冲击剪切破坏而损害地面附着力。最大传动比 i_{tmax} 应为

$$i_{tmax} = 0.377\frac{n_{min} r}{u_{amin}} \tag{4-5}$$

式中，u_{amin} 为最低稳定车速，km/h；n_{min} 为发动机最低转速，r/min；i_{tmax} 为传动系最大传动比。

根据上述三个条件确定的Ⅰ挡传动比可能不相等，此时应选其中的小值。

4.4 传动系挡位数与各挡传动比的选择

4.4.1 传动系挡位数的选择

汽车的动力性、燃油经济性和汽车传动系的挡位数有着密切的关系。

就动力性而言，挡位数多，可以使发动机经常在最大功率附近的转速工作，而且使发动机转速变化范围小，发动机平均功率高，增加了发动机发挥最大功率的机会，提高了汽车的加速能力和爬坡能力，从而提高了汽车的动力性。就燃油经济性而言，挡位数多，使发动机在低燃油消耗区工作的可能性增加，降低了油耗。因此，传动系挡位数的增加会改善汽车的动力性和燃油经济性。

挡位数还取决于最大传动比与最小传动比之间的比值，因为挡与挡之间的传动比比值不能过大，比值过大会造成换挡困难。一般比值不大于 1.7～1.8。因此，最大传动比与最小传动比的比值增大，挡位数也应增多。

汽车类型不同，挡位数也不同。轿车车速高、比功率大，高挡的后备功率大，原常采用三四个挡位，近年来，为进一步节省燃油，装用手动变速器的轿车多已采用 5 挡变速器。中小型货车比功率小，一般采用四五个挡位。重型货车的比功率更小，使用条件也很复杂，所以一般采用六到十几个挡位，以适应复杂的使用条件，使汽车有足够的动力性和良好的燃油经

济性。越野汽车的使用条件最复杂，其传动系的挡位数比同吨位的普通货车要多一倍。

挡位数增多，会使变速器结构复杂。有的挡位数多的汽车，常在变速器后面接上一个副变速器，使挡位数倍增。越野汽车在变速器后面采用分动器，达到多轴驱动的要求，同时使挡位数倍增。

4.4.2 中间各挡的传动比

在确定汽车的最小传动比、最大传动比和传动系的挡位数后，还要确定中间各挡的传动比。

实际上，一般汽车变速器各挡的传动比大体上是按等比级数分配的。

例如 SH760 轿车变速器传动比及与相邻两挡的比值为

$$\frac{i_{g1}}{i_{g2}}=\frac{3.52}{2.32}=1.52,\quad \frac{i_{g2}}{i_{g3}}=\frac{2.32}{1.52}=1.52,\quad \frac{i_{g3}}{i_{g4}}=\frac{1.52}{1}=1.52$$

它们完全按等比级数分配。

CA72205 汽车 5 挡变速器传动比及与相邻两挡的比值为

$$\frac{i_{g1}}{i_{g2}}=\frac{3.6}{2.125}=1.69,\quad \frac{i_{g2}}{i_{g3}}=\frac{2.125}{1.458}=1.46,\quad \frac{i_{g3}}{i_{g4}}=\frac{1.458}{1.070}=1.36,\quad \frac{i_{g4}}{i_{g5}}=\frac{1.070}{0.857}=1.25$$

它们的比值彼此相差不大，但 $i_{g1}/i_{g2}>i_{g2}/i_{g3}>i_{g3}/i_{g4}>i_{g4}/i_{g5}$。

所以可以认为，一般汽车各挡传动比大致符合如下关系：

$$\frac{i_{g1}}{i_{g2}}=\frac{i_{g2}}{i_{g3}}=\cdots=q \tag{4-6}$$

式中 q 为常数，也就是各挡之间的公比。

各挡的传动比为

$$i_{g1}=qi_{g2},\quad i_{g2}=qi_{g3},\quad i_{g3}=qi_{g4},\quad \cdots$$

对于一个 5 挡变速器，$qi_{g5}=1$，各挡传动比和 q 有如下关系：

$$i_{g4}=q,\quad i_{g3}=q^2,\quad i_{g2}=q^3,\quad i_{g1}=q^4$$

则

$$q=\sqrt[4]{i_{g1}}$$

所以各挡传动比与Ⅰ挡传动比的关系为

$$i_{g4}=\sqrt[4]{i_{g1}},\quad i_{g3}=\sqrt[4]{i_{g1}^2},\quad i_{g2}=\sqrt[4]{i_{g1}^3}$$

下面分析用等比级数分配变速器各挡传动比的优点。

(1) 发动机工作范围都相同，起步加速时便于操纵。

图 4-4 绘有发动机的外特性，再根据公式 $u_a=0.377\dfrac{nr}{i_g i_0}$ 画出每个挡位的车速与发动机转速的关系曲线。

驾驶员用Ⅰ挡起步，随着发动机转速的提高，汽车的行驶速度也随之增加。当发动机转速达到 n_2 时，驾驶员开始换挡，若设换挡过程中车速没有降低，则换上Ⅱ挡时，发动机转速应降到 n_1，离合器才能平顺无冲击地接

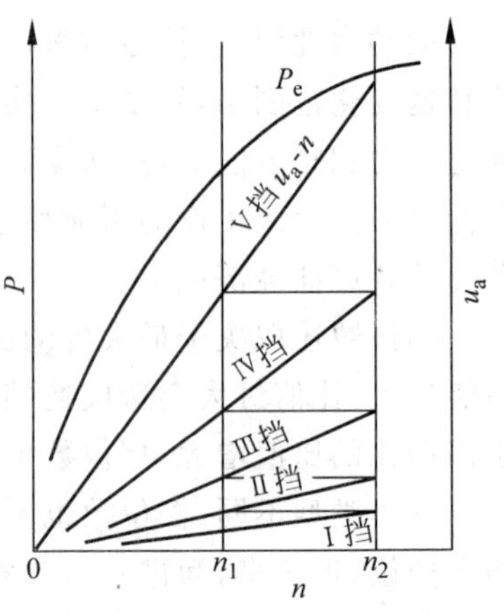

图 4-4 换挡过程中车速与发动机转速的关系

合。n_1 和 n_2 的关系如下：

Ⅰ挡时发动机转速升到 n_2 时所对应的车速为 $u_{a1}=0.377\frac{n_2 r}{i_{g1}i_0}$，换上Ⅱ挡时，发动机转速降至 n_1，相应的车速 u_{a2} 仍应等于 u_{a1}，即 $u_{a2}=0.377\frac{n_1 r}{i_{g2}i_0}=u_{a1}$。故

$$\frac{n_1}{i_{g2}}=\frac{n_2}{i_{g1}} \quad 或 \quad \frac{n_2}{n_1}=\frac{i_{g1}}{i_{g2}}$$

离合器才能无冲击地接合。

若在Ⅱ挡时，发动机转速升到 n_2 换3挡，则应把发动机转速降到 n_1' 才能无冲击地接合离合器，同理应有 $\frac{n_2}{n_1'}=\frac{i_{g2}}{i_{g3}}$。

由于各挡传动比是按等比级数分配的，即

$$\frac{i_{g1}}{i_{g2}}=\frac{i_{g2}}{i_{g3}}$$

故

$$\frac{n_2}{n_1}=\frac{n_2}{n_1'}, \quad 即 \quad n_1=n_1'$$

由此可见，若每次发动机都是提高到转速 n_2 换挡，只要发动机都降到同一低转速 n_1，离合器就能无冲击地接合。就是说，换挡过程中，发动机总在同一转速范围 $n_1\sim n_2$ 内工作，驾驶员在起步和加速时操作就方便得多了。

(2) 充分利用发动机提供的功率，提高汽车的动力性。

按等比级数分配传动比的主要目的在于充分利用发动机提供的功率，提高汽车的加速和爬坡能力，提高汽车的动力性。当汽车需要大功率(如全力加速或上坡)时，若排挡选择恰当，具有按等比级数分配传动比的变速器，能使发动机经常在接近外特性最大功率处的大功率范围内运转，从而增加了汽车的后备功率，提高了汽车的加速或上坡能力。

下面比较三种不同传动比分配的3挡变速器在加速过程中发动机功率发挥程度，以说明传动比分配规律对汽车后备功率的影响。第一个方案是按等比级数分配传动比的变速器，即 $\frac{i_1}{i_2}=\frac{i_2}{i_3}$；另两个方案是 $\frac{i_1}{i_2}<\frac{i_2}{i_3}$ 及 $\frac{i_1}{i_2}>\frac{i_2}{i_3}$。且假定为了充分利用发动机功率，加速过程中节气门全开，各挡均用到发动机的最高转速才换挡。

如图4-5所示，三种方案在Ⅰ挡时，发动机工作区域相同。但在Ⅱ挡和Ⅲ挡时，由于发动机在换挡时的起始转速不同，其功率曲线覆盖的面积也不同。第二个方案，在使用Ⅱ挡时，利用发动机功率的范围少掉了转速 $n_1\sim n_1'$ 间区域。虽然在Ⅲ挡时与第一个方案相比较，汽车多得了 $n_1''\sim n_1$ 间的利用功率区域，但得失相比，得到的是较小的功率区域，而失去的是较大功率区域。同理，第三个方案也有相同的情况，不过得到功率区域与失去功率区域的挡位不同。因此，按第一个方案，即按等比级数分配传动比的方案，可在汽车需要大功率时，较好地利用发动机特性曲线功率比较大的一段来增加汽车的后备功率，提高汽车的加速或上坡能力。

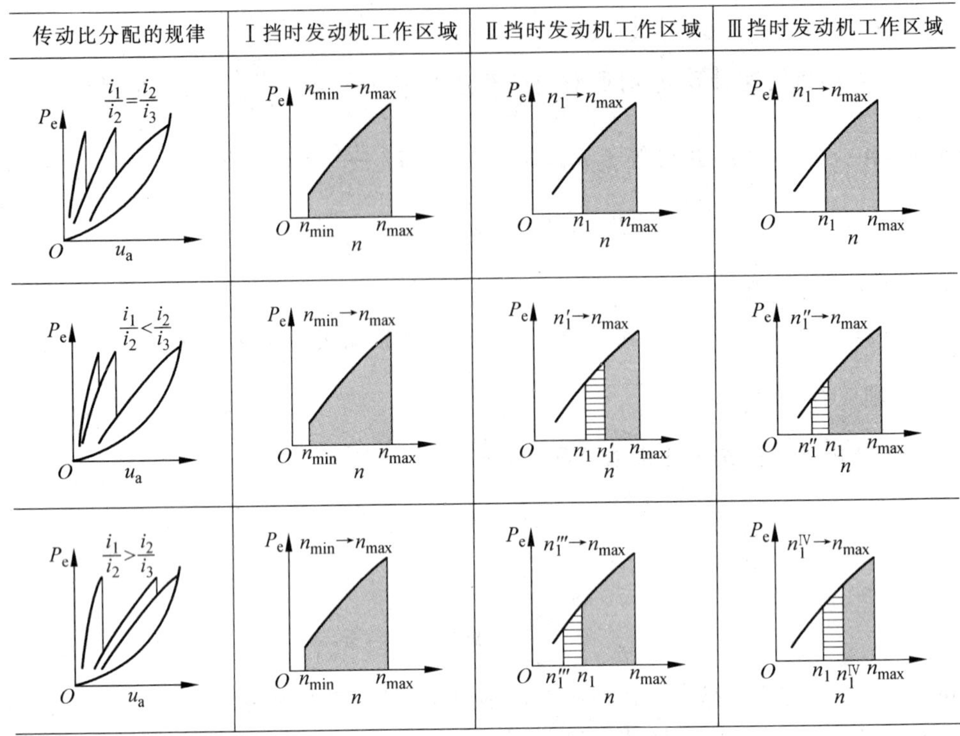

图 4-5　不同传动比分配规律的发动机工作范围

(3) 便于和副变速器结合,构成更多挡位的变速器。

一个具有 5 挡位的主变速器,各挡间的公比为 q^2,其传动比序列为 1、q^2、q^4、q^6、q^8。若结合一个后置两挡副变速器,其传动比为 1、q,便可构成一具有 10 挡位的变速器,各挡间的公比为 q,其传动比序列为 1、q、q^2、q^3、q^4、q^5、q^6、q^7、q^8、q^9。

实际上,各挡传动比之间的比值不会正好相等,这主要考虑到各挡的利用率不同,汽车主要用高挡行驶,因此高挡位相邻两挡之间的传动比的间隔应小一些,特别是最高挡与次高挡之间更应小一些。所以,实际上各挡传动比分布关系应为

$$\frac{i_{g1}}{i_{g2}} \geqslant \frac{i_{g2}}{i_{g3}} \geqslant \cdots \geqslant \frac{i_{gn-1}}{i_{gn}}$$

4.5　利用燃油经济性-加速时间曲线确定动力装置参数

初步选择参数之后,可拟定供选用参数数值的范围,进一步具体分析、计算不同参数匹配下汽车的燃油经济性与动力性,然后综合考虑各方面因素,最终确定动力装置的参数。通常以循环工况的每升燃油行驶公里数代表燃油经济性,以原地起步加速时间代表动力性,作出不同参数匹配下的燃油经济性-加速时间曲线,并根据此曲线确定动力装置参数。

1. 主减速器传动比确定

在动力装置其他参数不变的条件下,若要选定最佳主减速器传动比,可根据燃油经济性

与动力性的计算，绘制如图 4-6 所示的不同 i_0 时的燃油经济性-加速时间曲线。图 4-6 中的纵坐标是 0→96.6km/h(0→60mile/h)时的加速时间(s)，横坐标为 EPA 循环工况的燃油经济性(km/L 或 mile/gal)。计算出 i_0 值时的加速时间与每升燃油行驶公里数后，即可作出图示曲线。曲线表明，i_0 值较大时，加速时间较短但燃油经济性下降；i_0 值较小时，加速时间延长但燃油经济性改善。若选定 2.6 作为主减速器传动比，则能兼顾汽车的燃油经济性与动力性。若以动力性为主要目标，则可选用较大的 i_0 值；若以燃油经济性为主要目标，可选较小的 i_0 值。燃油经济性-加速时间曲线通常大体上呈 C 形，所以有人称之为 C 曲线。

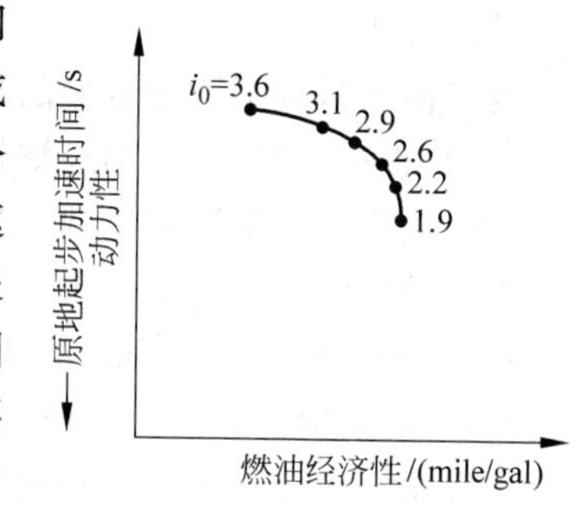

图 4-6　燃油经济性-加速时间曲线

2. 变速器与主减速器传动比的确定

在发动机一定的条件下，可由 C 曲线从数种变速器中选一种合适的变速器和一个合适的主减速器传动比。

图 4-7 为装有不同变速器时的 C 曲线。图 4-7(a)是Ⅲ挡变速器与Ⅳ挡变速器的曲线，变速器都有直接挡。由于Ⅳ挡变速器的变速范围广，汽车动力性比较高。图 4-7(b)是Ⅳ挡变速器与Ⅴ挡变速器的曲线，Ⅴ挡变速器挡位多，有超速挡，汽车的燃油经济性与动力性都比较高。因此，选用Ⅴ挡变速器比较合适。图 4-7(c)是装用三种不同传动比的Ⅴ挡变速器 A、B、C 时汽车的曲线，可以根据主要指标来选用其中的一种变速器，并确定主传动比 i_0。

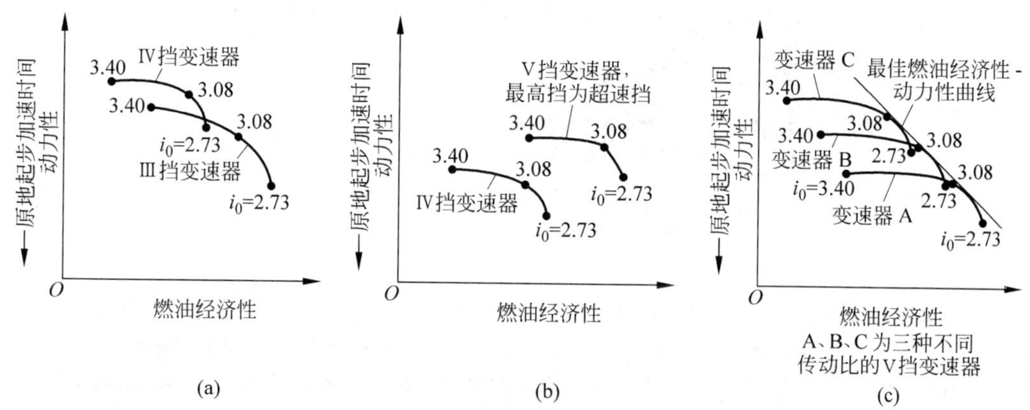

图 4-7　装用不同变速器时的燃油经济性-加速时间曲线

(a) Ⅲ挡变速器与Ⅳ挡变速器；(b) Ⅳ挡变速器与Ⅴ挡变速器；(c) 装用三种不同传动比的Ⅴ挡变速器 A、B、C

3. 发动机、变速器与主减速器传动比的确定

下面是一个不同排量发动机、不同变速器与不同主减速器传动比的动力装置参数确定的实例。

若要求的加速时间为 13.5s，则只能选用大或中排量发动机。因为中排量发动机的燃油经济性较好，所以应当选用中排量发动机，然后利用中排量发动机的 C 曲线确定最佳主减速器传功比。

为了便于进行不同变速器的选定，图 4-8(a)上还画出一条 3 种不同排量发动机 C 曲线的包络线，也称做“最佳燃油经济性和动力性曲线”。它表明该轿车装用一种变速器、装用不同排量发动机与匹配不同主减速器传动比时，一定加速时间的动力性要求下所能达到的燃油经济性的极限值。图 4-8(b)上画出了该轿车装用 3 种具有不同传动比的Ⅳ挡变速器时的“最佳燃油经济性和动力性曲线”。可以看出，在加速时间要求为 13.5s 的条件下，C 型变速器的燃油经济性最好，比 A 型提高 4.4%。

该实验还比较了装用自动液力变速器时的情况。图 4-8(c)是Ⅲ挡自动液力变速器与在第Ⅲ挡能锁止的Ⅲ挡自动液力变速器的“最佳燃油经济性和动力性曲线”。分析表明，在加速时间要求为 13.5s 的条件下，具有第Ⅲ挡能锁止的自动液力变速器的燃油经济性可提高 6.7%。

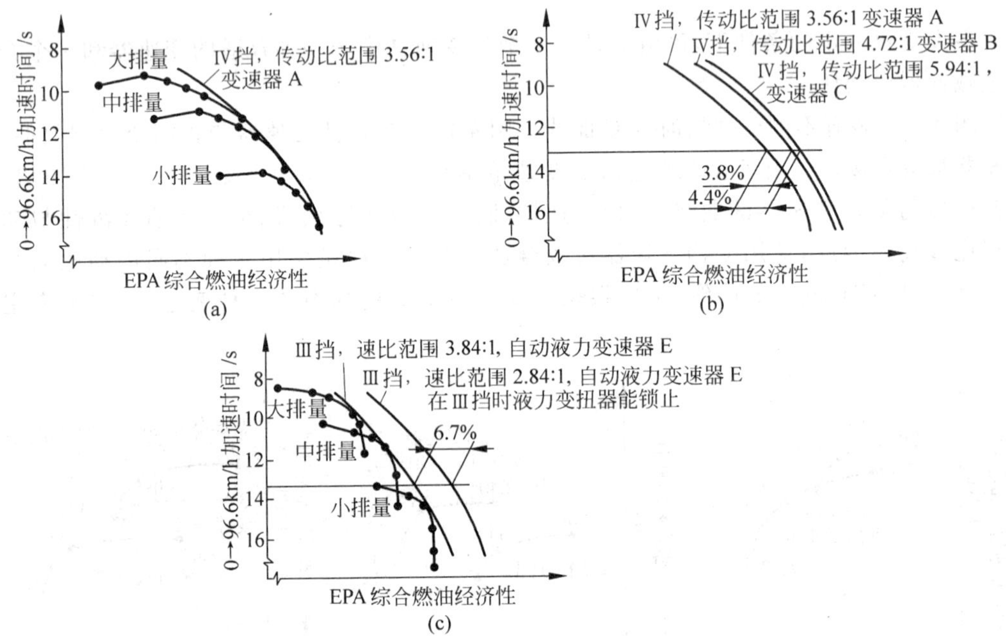

图 4-8 不同排量发动机的 C 曲线与不同变速器的最佳燃油经济性和加速时间曲线

(a) 同一变速器选用 3 种不同排量发动机；(b) 装用 3 种具有不同传动比的Ⅳ挡变速器；
(c) Ⅲ挡自动液力变速器与在第Ⅲ挡能锁止的Ⅲ挡自动液力变速器的最佳燃油经济性和动力性曲线

思考题与练习题

4-1 如何选择汽车发动机功率？

4-2 传动系最小传动比偏大和偏小对汽车的动力性和燃油经济性有什么影响？通常可怎样选择传动系最小传动比？

4-3 写出汽车的后备功率表达式，分析后备功率对汽车动力性和燃料经济性的影响。

4-4 一个 6 挡变速器，Ⅰ挡传动比为 i_{g1}、Ⅵ挡传动比为 i_{g6}，已知各挡传动比按等比级

数分配，试列出其余各挡传动比的计算表达式。

4-5　一个5挡变速器，Ⅰ挡传动比为10.8，Ⅴ挡为直接挡，已知各挡传动比按等比级数分配，试计算各挡传动比。所算得的传动比是否合理？说明理由。

4-6　已知某汽车总质量为9000kg，主减速器传动比为7.2，传动效率为0.90，车轮半径为0.48m，发动机最大转矩为370N·m，滚动阻力系数为0.15。若要求该车的最大爬坡度为30%，求变速器Ⅰ挡的传动比。

4-7　增加传动系的挡位数，对改善汽车的动力性和燃油经济性有何作用？

汽车制动性

对于行车制动而言，汽车的制动性能是指汽车行驶时，能在短距离内停车且维持行驶方向稳定，在下长坡时能维持一定车速的能力。

汽车的制动性是汽车的主要性能之一。制动性直接关系到交通安全，重大交通事故往往与制动距离太长、紧急制动时发生侧滑等情况有关，故汽车的制动性是汽车行驶的重要保障。改善汽车的制动性始终是汽车设计制造和使用部门的重要任务。

5.1 制动性的评价指标

制动性主要用以下三方面指标来评价：

1. 制动效能

制动效能包括制动减速度、制动距离、制动时间和制动力。它是指在良好路面上，汽车以一定初速制动到停车的制动距离或制动时汽车的减速度。它是制动性能最基本的评价指标。

2. 制动效能的恒定性

制动效能的恒定性主要包括抗热衰退和抗水衰退的能力。

抗热衰退性能是指汽车高速行驶或下长坡连续制动时制动效能保持的程度。因为制动过程实际上是把汽车行驶的动能通过制动器吸收转换为热能，所以造成制动器温度升高，摩擦副摩擦系数下降，摩擦力矩下降，制动力降低，难以保持在冷态时制动效能。因此，制动器温度升高后尽量减少冷态时制动效能的降低已成为设计制动器时要考虑的一个重要问题。

抗水衰退性能是指汽车在潮湿的情况下或涉水行驶后，制动效能保持的程度。在上述情况下，由于制动器表面水膜的作用，造成摩擦系数降低，制动力减小。由于制动器初次制动的温度在100℃以上，因此在使用过程中可以通过踩刹车来解决水衰退问题。

3. 制动时的方向稳定性

制动时汽车行驶的方向稳定性是指制动时汽车按照驾驶员给定路径行驶的能力。若制动时发生跑偏、侧滑或失去转向能力，则汽车将偏离原来的路径。

5.2 制动时车轮受力

汽车受到与行驶方向相反的外力时，才能从一定的速度制动到较小的车速或直至停车。这个外力只能由地面和空气提供。但由于空气阻力相对较小，所以实际上外力主要是由地面提供的。地面提供的这种使汽车减速直至停车的力，称为地面制动力。地面制动力越大，制动减速度越大，制动距离也越短，所以地面制动力对汽车制动性具有决定性影响。

下面分析一个车轮在制动时的受力状况，以说明影响汽车地面制动力的主要因素。

5.2.1 地面制动力

图 5-1 为在良好硬路面上制动时车轮的受力情况，图中忽略了滚动阻力偶矩和减速时的惯性力、惯性力偶矩。W 为车轮垂直载荷，T_p 为车轴对车轮的推力，F_z 为地面对车轮的法向反作用力，F_{xb} 为地面制动力，它们的单位均为 N。T_μ 为车轮制动器中摩擦片与制动鼓或盘相对滑转时的摩擦力矩，单位为 N·m。

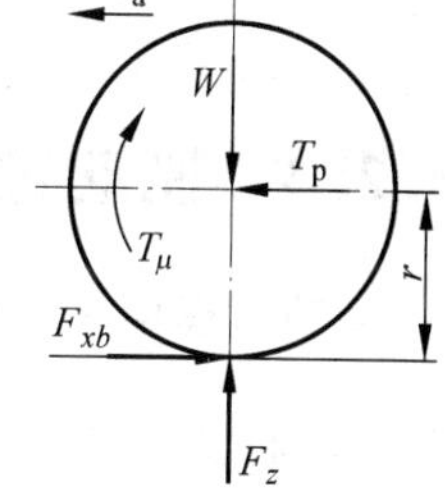

图 5-1 制动时车轮受力情况

根据对车轮中心的力矩平衡条件，得

$$F_{xb} = \frac{T_\mu}{r} \tag{5-1}$$

式中，r 为车轮半径，m。

地面制动力是使汽车制动而减速行驶的外力，但是，地面制动力取决于两个摩擦副的摩擦力：一个是制动器内制动摩擦片与制动鼓或制动盘间的摩擦力；另一个是轮胎与地面间的摩擦力——附着力。

5.2.2 制动器制动力

在轮胎周缘克服制动器摩擦力矩 T_μ 所需的力，称为制动器制动力，用 F_μ 表示，单位为 N。它相当于把汽车架离地面，并踩住制动踏板，在轮胎周缘沿切线方向推动车轮直至它能转动所需的力，显然

$$F_\mu = \frac{T_\mu}{r} \tag{5-2}$$

制动器制动力的大小仅由制动器的结构参数所决定，即取决于制动器形式、结构尺寸、制动器摩擦副的摩擦系数以及车轮半径，并与制动踏板力，即制动管路的液压或气压成正比。

5.2.3 制动器制动力、地面制动力及附着力之间的关系

在制动时，若只考虑车轮的运动为滚动与抱死拖滑两种状态，当制动踏板力较小时，制动器摩擦力矩不大，地面与轮胎之间的摩擦力即地面制动力，足以克服制动器摩擦力矩而使车轮滚动。显然，车轮滚动时的地面制动力就等于制动器制动力，且随踏板力增长成正比地增长(图 5-2)。但地面制动力是滑动摩擦的约束反力，它的值不能超过附着力，即

$$F_{xb} \leqslant F_\varphi = F_z\varphi \tag{5-3}$$

或最大地面制动力 F_{xbmax} 为

$$F_{xbmax} = F_\varphi = F_z\varphi \tag{5-4}$$

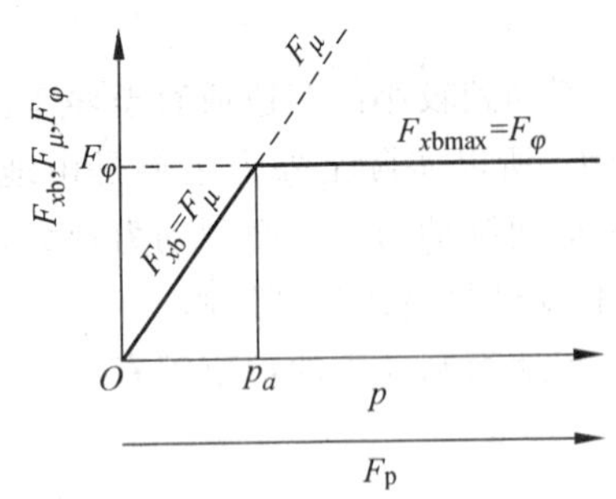

图 5-2　制动过程中地面制动力、制动器制动力及附着力的关系

当制动器踏板力 F_p 或制动系油压力 p 上升到某一值(图 5-2 中为制动系油压力 p_a)、地面制动力 F_{xb} 达到附着力 F_φ 值时，车轮即抱死不转而出现拖滑现象。制动系油压力 $p>p_a$ 时，制动器制动力 F_μ 由于制动器摩擦力矩的增长而仍按直线关系继续上升。但是，若作用在车轮上的法向载荷为常数，地面制动力 F_{xb} 达到附着力 F_φ 的值后就不再增加。

由此可见，汽车的地面制动力首先取决于制动器制动力，但同时又受到地面附着条件的限制，所以，只有汽车具有足够的制动器制动力，同时，地面又能提供足够的附着力时，才能获得足够的地面制动力。

5.2.4　制动过程中车轮的运动状态与附着系数的关系

1. 制动过程中车轮的运动状态

上面曾假设车轮的运动只有滚动和抱死拖滑。但仔细观察汽车制动过程，发现胎面留在地面上的印痕从车轮滚动到抱死拖滑是一个渐变的过程。通过观察汽车制动过程中逐渐增大踏板力时轮胎留在地面上的印痕(图 5-3)，可以发现印痕基本上可分三段。

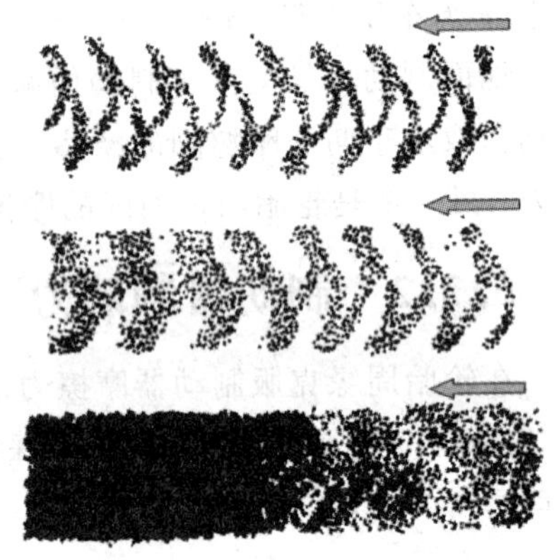

图 5-3　制动时轮胎留在地面上的印痕

第一阶段：印痕的形状与轮胎胎面花纹基本上一致，车轮还接近于单纯的滚动，可以认为

$$u_w \approx r_{r0}\omega_w$$

式中，u_w 为车轮中心的速度，r_{r0} 为没有地面制动力时的车轮滚动半径，ω_w 为车轮的角速度。

第二阶段：轮胎花纹的印痕可以辨别出来，但花纹逐渐模糊，轮胎不只是单纯的滚动，胎面与地面发生一定程度的相对滑动，即车轮处于边滚边滑的状态，此时

$$u_w > r_{r0}\omega_w$$

且随着制动强度的增加，滑动成分的比例越来越大，即

$$u_w \gg r_{r0}\omega_w$$

第三阶段：看不出花纹的印痕，车轮被制动器抱住，在路面上作完全的拖滑，此时

$$\omega_w = 0$$

从这三段的变化情况可以看出，随着制动强度的增加，车轮滚动成分越来越少，而滑动成分越来越多。一般用滑动率 s 来说明这个过程中滑动成分的多少。滑动率的定义是

$$s = \frac{u_w - r_{r0}\omega_w}{u_w} \times 100\% \tag{5-5}$$

滑动率 s 能定量地表示制动时车轮与地面间相对滑动的程度。纯滚动时，$u_w = r_{r0}\omega_w$，滑动率 $s=0$；纯拖滑时，$\omega_w=0$，$s=100\%$；边滚边滑时，$0<s<100\%$。滑动率越大，滑动成分越多。

2. 附着系数

若令地面制动力与垂直载荷之比为制动力系数（纵向附着系数），记作 φ_b，侧向力与垂直载荷之比为侧向力系数（侧向附着系数），记作 φ_l，则在不同滑动率时 φ_b 和 φ_l 数值不同。

图 5-4 给出了试验所得的制动力系数曲线，即 φ_b-s 曲线。曲线在 $0A$ 段近似于直线，随 s 的增大而迅速增大；过 A 点后上升缓慢，至 B 点达到最大值。制动力系数的最大值称为峰值附着系数 φ_p，一般出现在 $s=15\%\sim20\%$。滑动率再增加，制动力系数有所下降，直至滑动率为 100%。$s=100\%$的制动力系数称为滑动附着系数 φ_s，在干燥路面上，φ_p 与 φ_s 的差别较小，而在湿路面差别较大，若令 $\gamma=\frac{\varphi_s}{\varphi_p}$，则 γ 在 1/3～1 之间。

在 φ_b-s 曲线的 $0A$ 段，虽有一定的滑动率，但轮胎并没有与地面发生真正的相对滑动。滑动率大于零的原因是轮胎的滚动半径变大。当出现地面制动力时，轮胎前面即将与地面接触的胎面受到拉伸而有微量的伸长，滚动半径 r_r 随地面制动力的加大而加大，故 $u_w = r_r\omega_w > r_{r0}\omega_w$，或 $s=0$。显然，滚动半径与地面制动力成正比地增大，φ_b-s 曲线 $0A$ 段近似直线。至 A 点后，轮胎接地面积中出现局部的相对滑动，φ_b 值的增大速度减慢。因为摩擦副间的动摩擦因数小于静摩擦因数，故 φ_b 值在 B 点达最大值后又逐渐降低。

图 5-4 是在轮胎没有受到侧向力的条件下测得的。实际行驶中制动时，轮胎常常受到侧向力而侧偏或发生侧滑现象。图 5-5 中给出了试验得到的、有侧向力作用而发生侧偏时的制动力系数 φ_b、侧向力系数 φ_l 与滑动率 s 的关系曲线。曲线表明，滑动率越低，同一侧偏角条件下的侧向力系数 φ_l 越大，即轮胎保持转向、防止侧滑的能力越大。所以，制动时若能使滑动率保持在较低值（例如图 5-5 中的侧偏角为 1°时，$s\approx15\%$），便可获得较大的制动力系数与较高的侧向力系数。这样，制动性能最好，侧向稳定性也很好。具有一般制动系的汽车是无法做到这一点的，但近年来发展起来的制动防抱死装置却能实现这个要求，从而显著地改善汽车在制动时的制动效能与方向稳定性。

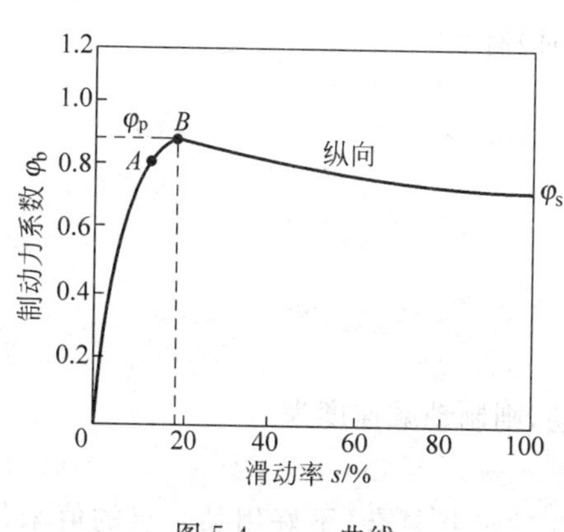

图 5-4　φ_b-s 曲线

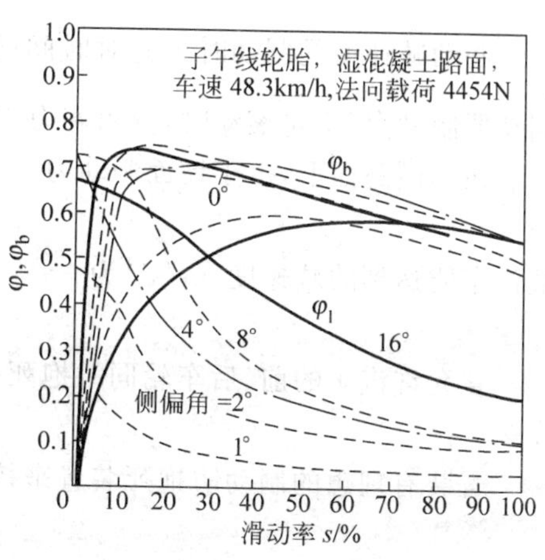

图 5-5　有侧偏时 φ_b-s，φ_l-s 曲线

附着系数的数值主要取决于道路的材料、路面的状况与轮胎结构、胎面花纹、材料以及汽车的运动速度等因素。各种路面的平均峰值附着系数和滑动附着系数见表5-1。

表5-1 各种路面上的平均附着系数

路　面	峰值附着系数	滑动附着系数	路　面	峰值附着系数	滑动附着系数
沥青或混凝土(干)	0.8～0.9	0.75	沥青或混凝土(干)	0.68	0.65
沥青(湿)	0.5～0.7	0.45～0.6	沥青(湿)	0.55	0.4～0.5
混凝土(湿)	0.8	0.7	混凝土(湿)	0.2	0.15
砾石	0.6	0.55	砾石	0.1	0.07

5.3 汽车的制动效能及其恒定性

汽车的制动效能是指汽车迅速降低车速直至停车的能力。评定制动效能的指标是制动距离 s 和制动减速度 a_b。

5.3.1 制动效能的评价指标

1. 制动距离

制动距离与汽车的行驶安全有直接的关系，它指的是汽车速度为 u_0 时，从驾驶员开始操纵制动控制装置(制动踏板)到汽车完全停住为止所驶过的距离。制动距离与制动踏板力、路面附着条件、车辆载荷、发动机是否结合等许多因素有关。在测试制动距离时，应对踏板力或制动系压力、路面附着系数以及车辆的状态作以规定。制动距离与制动器的热状况也有密切关系，若无特殊说明，一般制动距离是在冷试验的条件下测得的。此时，起始制动时制动器的温度在100℃以下。由于各种汽车的动力性不同，对制动效能也提出了不同要求：一般轿车、轻型货车行驶车速高，所以要求制动效能也高；重型货车行驶车速低，要求就稍低一点。

2. 制动减速度

制动减速度是制动时车速对时间的导数，即$\frac{\mathrm{d}u}{\mathrm{d}t}$。它反映了地面制动力的大小，因此与制动器制动力(车轮滚动时)及附着力(车轮抱死拖滑时)有关。

在不同路面上，由于地面制动力为

$$F_{xb} = \varphi_b G$$

故汽车能达到的减速度(m/s²)为

$$a_{bmax} = \varphi_b g \tag{5-6}$$

若允许汽车的前、后车轮同时抱死，则

$$a_{bmax} = \varphi_s g \tag{5-7}$$

若装有理想的制动防抱死装置来控制汽车的制动，则制动减速度为

$$a_{bmax} = \varphi_p g \tag{5-8}$$

在评价汽车的制动性能时，由于瞬时减速度曲线的形状复杂，不好用某一点的值来代

表，所以我国行业标准采用平均减速度的概念，即

$$\bar{a}=\frac{1}{t_2-t_1}\int_{t_1}^{t_2}a(t)\mathrm{d}t \tag{5-9}$$

式中，t_1 为制动压力达到 75%最大压力 $p_{\max}$的时刻；t_2 为到停车时总时间的 2/3 的时刻。

ECE R13 和 GB 7258 采用的是充分发出的平均减速度($\mathrm{m/s^2}$)：

$$\mathrm{MFDD}=\frac{u_b^2-u_e^2}{25.92(s_e-s_b)} \tag{5-10}$$

式中，u_b 为 $0.8u_0$ 的车速，km/h；u_0 为起始制动车速，km/h；u_e 为 $0.1u_0$ 的车速，km/h；s_b 为 u_0 到 u_b 车辆经过的距离，m；s_e 为 u_0 到 u_e 车辆经过的距离，m。

下面假设在 φ 值不变的条件下，对制动距离作一粗略的定量分析，以研究各种因素对制动距离的影响。

5.3.2　制动距离分析

为了分析制动距离，需要对制动过程有一个全面了解。图 5-6 是驾驶员在接受了紧急制动信号后，制动踏板力、汽车制动减速度与制动时间的关系曲线。图 5-6(a)是实际测得的，图 5-6(b)是经过简化后的曲线。

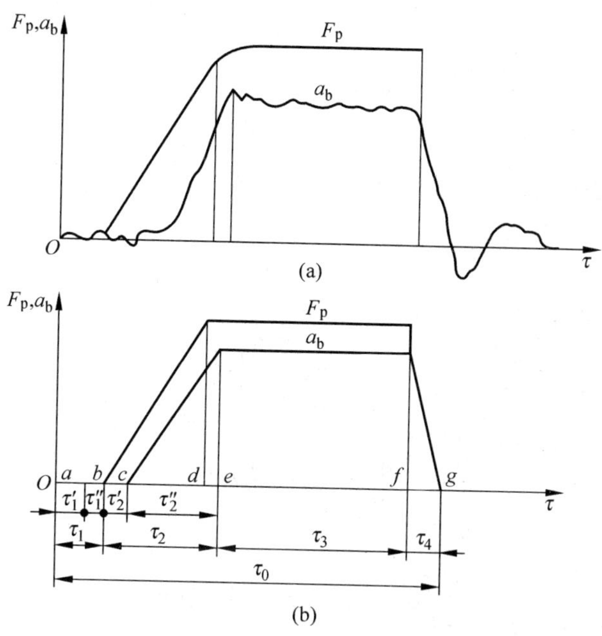

图 5-6　汽车的制动过程

驾驶员接到紧急停车信号时，并没有立即行动(图 5-8(b)中的 a 点)，而要经过时间 τ_1'后才意识到应进行紧急制动，并移动右脚，再经过时间 τ_1''后才踩着制动踏板。从 a 点到 b 点所经过的时间 $\tau_1=\tau_1'+\tau_1''$称为驾驶员反应时间。这段时间一般为 0.3～1.0s。在 b 点以后，随着驾驶员踩踏板的动作，踏板力迅速增大，至 d 点时达到最大值。不过由于制动蹄是由回位弹簧拉着，蹄片与制动鼓间存在间隙，所以要经过 τ_2'，即至 c 点，地面制动力才起作用，使汽车开始产生减速度。由 c 点到 e 点是制动器制动力增长过程所需的时间 τ_2''。$\tau_2=\tau_2'+\tau_2''$总称为制动器的作用时间。制动器作用时间一方面取决于驾驶员踩踏板的速度，另

外更重要的是受制动系结构形式的影响。τ_2 一般在 0.2～0.9s 之间。由 e 到 f 为持续制动时间 τ_3，其减速度基本不变。到 f 点时驾驶员松开踏板，但制动力的消除还需要一段时间 τ_4，τ_4 一般在 0.2～1.0s 之间。这段时间过长会耽误随后起步行驶的时间。另外，若因车轮抱死而使汽车失去控制，驾驶员采取措施放松制动踏板时，又会使制动力不能立即释放。

从制动的全过程来看，总共包括驾驶员见到信号后作出行动反应、制动器起作用、持续制动和放松制动器四个阶段。一般所指制动距离是开始踩着制动踏板到完全停车的距离。它包括制动器起作用和持续制动两个阶段中汽车驶过的距离 s_2 和 s_3。

在制动器起作用阶段，汽车驶过的距离 s_2 估算如下：

在 τ_2' 时间内

$$s_2' = u_0\tau_2'$$

式中，u_0 为起始制动车速。

在 τ_2'' 时间内，制动减速度线性增长，即

$$\frac{\mathrm{d}u}{\mathrm{d}\tau} = k\tau$$

式中

$$k = -\frac{a_{\mathrm{bmax}}}{\tau_2''}$$

故

$$\int \mathrm{d}u = \int k\tau\,\mathrm{d}\tau$$

求解这个积分等式。因 $\tau=0$ 时(图 5-6 中的 c 点)，$u=u_0$，故

$$u = u_0 + \frac{1}{2}k\tau^2$$

在 τ_2'' 时的车速为

$$u_e = u_0 + \frac{1}{2}k\tau_2''^2$$

又因

$$\frac{\mathrm{d}s}{\mathrm{d}\tau} = u_0 + \frac{1}{2}k\tau^2$$

故

$$\int \mathrm{d}s = \int\left(u_0 + \frac{1}{2}k\tau^2\right)\mathrm{d}\tau$$

而 $\tau=0$ 时(图 5-6 中的 c 点)，$s=0$，故

$$s = u_0\tau + \frac{1}{6}k\tau^3$$

$\tau=\tau_2''$ 时的距离为

$$s_2'' = u_0\tau_2'' - \frac{1}{6}a_{\mathrm{bmax}}\tau_2''^2$$

因此，在 τ_2 时间段内的制动距离为

$$s_2 = s_2' + s_2'' = u_0\tau_2' + u_0\tau_2'' - \frac{1}{6}a_{\mathrm{bmax}}\tau_2''^2$$

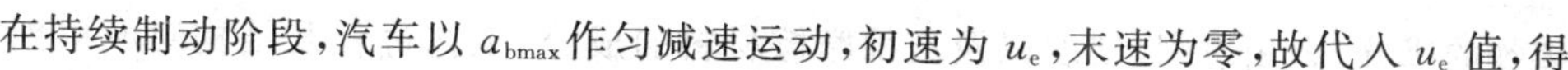

在持续制动阶段，汽车以 a_{bmax} 作匀减速运动，初速为 u_e，末速为零，故代入 u_e 值，得

$$s_3 = u_e^2/2a_{bmax}$$

$$s_3 = \frac{u_0^2}{2a_{bmax}} - \frac{u_0\tau_2''}{2} + \frac{a_{bmax}\tau_2''^2}{8}$$

故总制动距离为

$$s = s_2 + s_3 = \left(\tau_2' + \frac{\tau_2''}{2}\right)u_0 + \frac{u_0^2}{2a_{bmax}} - \frac{a_{bmax}\tau_2''^2}{24}$$

因为 τ_2'' 很小，故略去 $\frac{a_{bmax}\tau_2''^2}{24}$ 项，且车速的单位为 km/h，则总制动距离 s(m)可写成

$$s = \frac{1}{3.6}\left(\tau_2' + \frac{\tau_2''}{2}\right)u_{a0} + \frac{u_{a0}^2}{25.92a_{bmax}} \tag{5-11}$$

从式(5-11)可以看出，决定汽车制动距离的主要因素是：制动器起作用的时间、最大制动减速度(即地面制动力的决定因素——附着力或最大制动器制动力)以及起始制动车速。附着力(或制动器制动力)越大、起始制动车速越低，制动距离越短，这是显而易见的。

下面仅对制动器起作用的时间加以分析。

真正使汽车减速停车的是持续制动时间，但制动器起作用时间对制动距离的影响是不小的。制动器起作用时间与制动系的结构形式有密切的关系。

当驾驶员急速踩下制动踏板时，液压制动系的制动器起作用时间可短至 0.1s 或更短；真空助力制动系和气压制动系为 0.3～0.9s；货车有挂车时，汽车列车的制动器起作用时间有时竟长达 2s，但精心设计的汽车列车制动系可缩短到 0.4s。

实践证明，改进制动系机构、减少制动器起作用时间是缩短制动距离的有效措施。

5.3.3 制动效能的恒定性

以上的讨论仅限于在冷制动情况(即制动器起始温度在 100℃以下)的制动效能。汽车在繁重的工作条件下制动时(例如在下长坡时，制动器就要较长时间连续地进行较大强度的制动)，制动器温度常在 300℃以上，有时高达 600～700℃。高速制动时，制动器温度也会很快上升。制动器温度上升后，摩擦力矩常会有显著下降，这种现象称为制动器的热衰退。如 Lexus LS400 汽车在冷制动时，起始制动车速为 195km/h，制动距离为 163.9m，减速度为 8.5m/s²，而经过下山中的 26 次制动，前制动器温度达 693℃，这时以同样的起始车速制动，减速度为 6.0m/s²，制动距离加长了 80.6m 达到 244.5m。热衰退是目前制动器不可避免的现象，只是程度上有所差别。制动效能的恒定性主要指的是抗热衰退性能。

制动器抗热衰退性能一般用一系列连续制动时制动效能的保持程度来衡量。根据国家行业标准 ZBT 24007—1989，要求以一定车速连续制动 15 次，每次的制动减速度为 3m/s²，最后的制动效能应不低于规定的冷试验制动效能(5.8m/s²)的 60%(在制动踏板力相同的条件下)。

山区行驶的货车和高速行驶的轿车，对抗热衰退性能有更高的要求。一些国家规定，大型货车必须装备辅助制动器，以保持山区行驶的制动效能。

抗热衰退性能与制动器摩擦副材料及制动器结构有关。

1. 摩擦副的材料及摩擦系数

一般制动器的制动鼓、盘由铸铁制成，而摩擦片由石棉、半金属和无石棉等几种材料制成。铸铁的成分、金相组织、硬度以及石棉摩擦材料的成分、工艺过程及结构对摩擦副的摩擦性能都有影响。

按照 ECE R13 的规定，由于石棉有损人的健康，不允许使用含石棉的摩擦片。正常制动时，摩擦副的温度在 200℃左右，摩擦副的摩擦因数为 0.3～0.4。此时摩擦因数是稳定的。但在更高的温度时，有些摩擦片的摩擦因数会有很大降低而出现热衰退现象。另外，如果制动器结构不合理或使用不当时会引起制动液的温度急剧上升，当温度超过制动液的沸点时会发生汽化现象，使制动完全失效。

提高摩擦材料的抗热衰退性能的办法有以下几种：

(1) 采用耐热的粘合剂，如环氧树脂等改性的酚醛树脂，有时还用无机粘合剂。

(2) 减少有机成分的含量，增加金属添加剂的成分。

(3) 使摩擦片具有一定的气孔。

(4) 多数树脂模制摩擦片，经初期衰退后便不再衰退，因此可在使用前先进行表面处理，使其产生表面热稳定层来缓和衰退。

2. 制动器的形式

制动器的抗热衰退性能不仅受摩擦材料摩擦因数下降的影响，而且同制动器的结构形式有密切关系。

常用制动效能因数 K_{ef} 与摩擦因数 μ 的关系曲线来说明各种类型制动器的效能及其稳定程度。制动效能因素是指单位制动轮缸推力 F_{pu} 所产生的制动器摩擦力 F，即

$$K_{ef}=\frac{F}{F_{pu}} \tag{5-12}$$

式中，$F=\frac{T_\mu}{r}$，r 为制动鼓半径。

图 5-7 是具有典型尺寸的各种形式制动器制动效能因数与摩擦因数的关系曲线。由图可知，对于双向自动增力蹄及双领蹄制动器，由于结构上的几何力学的关系产生增力作用，具有较大的制动效能因数。但是，摩擦因数变化时制动效能按非线性关系迅速改变。因此，摩擦因数的微小改变，能引起制动效能大幅度变化，即制动器的稳定性差。双领蹄制动器情况与之相反。领从蹄式制动器介于二者之间。这里要特别强调的是盘式制动器，其制动效能没有鼓式制动器大(一般盘式制动器常加装真空助力器以增大制动效能)，但其稳定性好。高强度制动时，摩擦材料的摩擦因数虽有下降，但对制动效能影响不大。

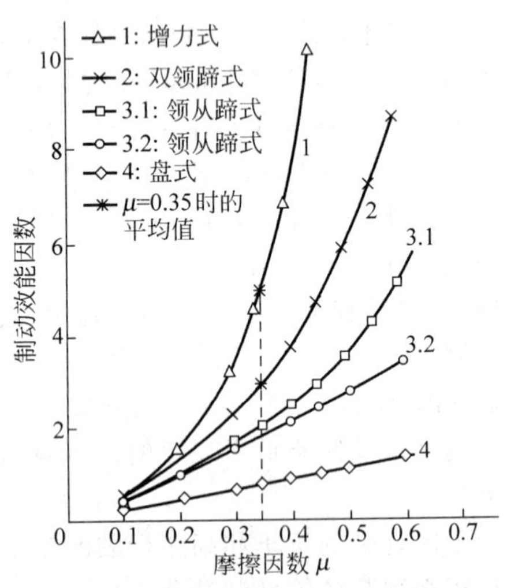

图 5-7　制动效能因素曲线

同时，盘式制动器和鼓式制动器相比，反应时间短且不会因为热膨胀而增加制动间隙。因此，盘式制动器已普遍用作轿车的前制动器，用作轿车后制动器的也不少；目前各种吨位的货车，包括重型货车(行驶于公路上做长途运输

的)、牵引车采用盘式制动器的也日益增多。总之,盘式制动器越来越广泛地用于高速轿车、重型矿用车。

当汽车涉水时,水进入制动器,短时间内制动效能的降低称为水衰退。此时,汽车应在短时间内迅速恢复原有的制动效能。

5.4 制动时汽车的方向稳定性

制动过程中,有时会出现制动跑偏、后轴侧滑或前轮失去转向能力而使汽车失去控制离开原来的行驶方向,甚至发生撞入对方车辆行驶轨道、下沟、滑下山坡的危险情况。一般称汽车在制动过程中维持直线行驶或按预定弯道行驶的能力为制动时汽车的方向稳定性。

汽车试验中常规定一定宽度的试验通道(如 1.5 倍车宽或 3.7m),制动时方向稳定性合格的车辆,在试验过程中不允许产生不可控制的效应使它离开这条通道。制动时的方向不稳定主要有制动跑偏、制动侧滑或失去转向能力等现象。

制动跑偏是指制动时汽车自动向左或向右偏驶的现象。制动侧滑是指制动时汽车的某一轴或两轴发生横向移动的现象。最危险的情况是在高速制动时发生后轴侧滑,此时汽车常发生不规则的急剧回转运动而失去控制。跑偏与侧滑是有联系的,严重的跑偏有时会引起后轴侧滑,易于发生侧滑的汽车也有加剧跑偏的趋势。图 5-8 画出了单纯制动跑偏和由跑偏引起后轴侧滑时轮胎留在地面上的印迹的示意图。

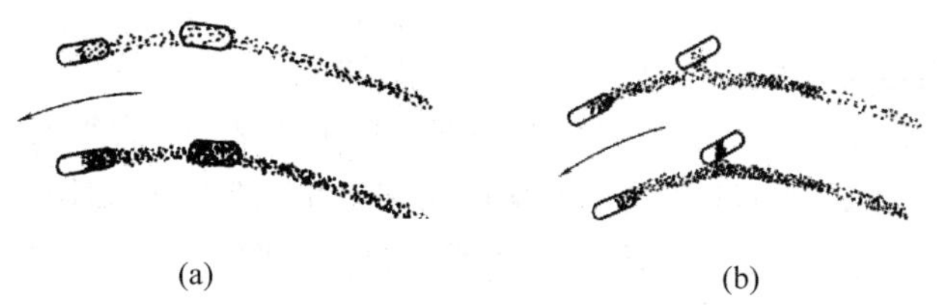

图 5-8 制动时汽车跑偏的情形

(a) 制动跑偏时轮胎留下的印痕;(b) 制动跑偏引起后轴轻微侧滑时轮胎留下的印痕

前轮失去转向能力,是指弯道制动时汽车不再按原来的弯道行驶而沿弯道切线方向驶出;直线行驶制动时,虽然转动转向盘但汽车仍按直线方向行驶的现象。失去转向能力和后轴侧滑也是有联系的,一般如果汽车后轴不会侧滑,前轮就可能失去转向能力;后轴侧滑,前轮常仍有转向能力。

制动跑偏、侧滑与前轮失去转向能力是造成交通事故的重要原因。国外的统计表明,发生人身伤亡的交通事故中,在潮湿路面上约有 1/3 与侧滑有关;在冰雪路面上有 70%~80%与侧滑有关。根据对侧滑事故的分析,发现有 50%是由制动引起的。

5.4.1 汽车的制动跑偏

制动时汽车跑偏的原因有两个:

(1) 汽车左、右车轮,特别是前轴左、右车轮(转向轮)制动器的制动力不相等。

(2) 制动时悬架导向杆系与转向系拉杆在运动学上的不协调(互相干涉)。

其中,第一个原因是制造、调整误差造成的,汽车究竟向左还是向右跑偏,要根据具体情况而定；而第二个原因是设计造成的，制动时汽车总是向左(或向右)一方跑偏。

图 5-9 给出了由于转向轴左、右车轮制动力不相等而引起跑偏的受力分析。为了简化，假定车速较低，跑偏不严重，且跑偏过程中转向盘是不动的，在制动过程中也没有发生侧滑，并忽略汽车作圆周运动时产生的离心力及车身绕质心的惯性力偶矩。

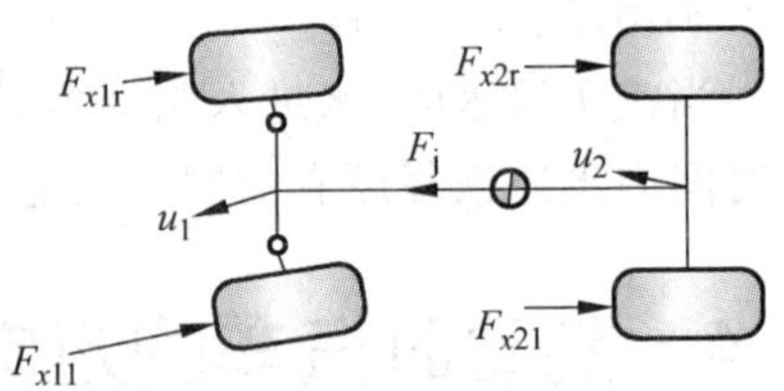

图 5-9　制动跑偏时的受力图

设前左轮的制动器制动力大于前右轮，故地面制动力 $F_{x11}>F_{x1r}$ 时，前、后轴分别受到的地面侧向反作用力为 F_{y1} 和 F_{y2}。显然，F_{x11} 绕主销的力矩大于 F_{x1r} 绕主销的力矩。虽然转向盘不动，由于转向系各处的间隙及零部件的弹性变形，转向轮仍产生一向左转动的角度而使汽车有轻微的转弯行驶，即跑偏。同时，由于主销有后倾，也使 F_{y1} 对转向轮产生一同方向的偏转力矩，这样也增大了向左转动的角度。

在轿车上做了专门的试验来观察左、右车轮制动力不相等的程度对制动跑偏的影响：试验车的前轴左、右车轮制动泵装有可以调节液压的限压阀，以产生不同的制动器制动力。后轴上也装有一个可调节的限压阀，以改变前、后轴制动力之比，使汽车在制动时产生后轴车轮抱死与不抱死两种工况。转向盘可以锁住。左、右车轮制动力之差用不相等度 $\Delta F_{\mu r}$ 表示，即

$$\Delta F_{\mu r}=\frac{F_{\mu b}-F_{\mu l}}{F_{\mu b}}\times 100\% \tag{5-13}$$

式中，$F_{\mu b}$ 为大的制动器制动力；$F_{\mu l}$ 为小的制动器制动力。

我国 GB 7258—2004 规定，前轴的不相等度不应大于 20%，后轴的不应大于 24%。

试验的结果用车身横向位移和汽车的偏航角来表示。航向角为制动时汽车纵轴线与原定行驶方向的夹角。试验结果示于图 5-10 和图 5-11。由图可见，制动跑偏随着 $\Delta F_{\mu r}$ 的增加而增大；当后轮抱死时，跑偏的程度加大。

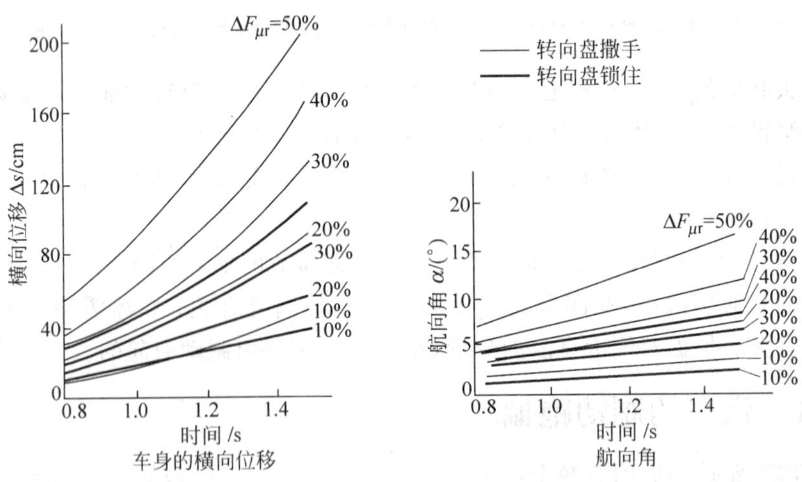

图 5-10　后轮未抱死时制动器制动力不相等度 $\Delta F_{\mu r}$ 对制动跑偏的影响(起始车速为 62.7km/h)

造成左右转向轮制动力不等的原因主要有：

(1) 同轴两侧车轮的制动蹄片接触情况不同；

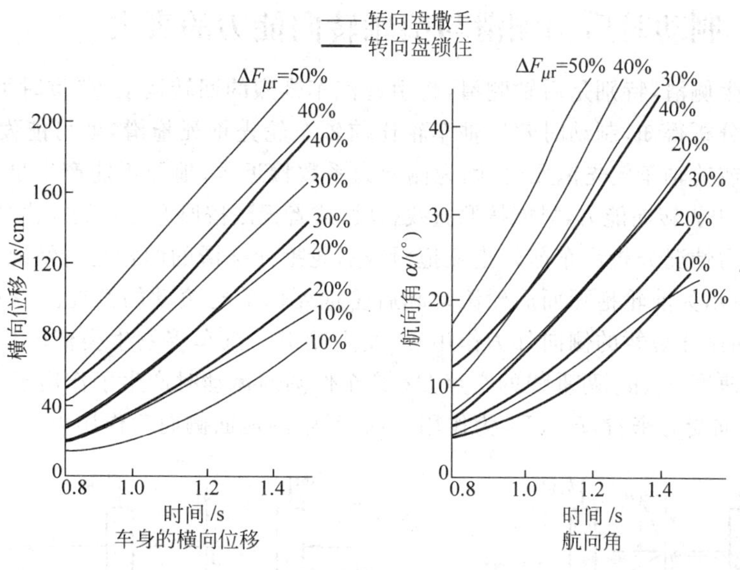

图 5-11　后轮抱死时制动器制动力不相等度 $\Delta F_{\mu r}$ 对制动跑偏的影响(起始车速为 62.7km/h)

(2) 同轴两侧车轮制动蹄、鼓间隙不一致；

(3) 同轴两侧车轮的胎压不一致或胎面磨损不均；

(4) 前轮定位参数失准；

(5) 左右轴距不等。

造成跑偏的第二个原因是悬架导向杆系与转向系拉杆发生运动干涉，且跑偏的方向不变。例如一试制中的货车，在紧急制动时总是向右跑偏，在车速 30km/h 时，最严重的跑偏距离为 1.7m。分析其原因主要是转向节上节臂处的球头销离前轴中心线太高，且悬架钢板弹簧的刚度又太小造成的。图 5-12 给出了该货车的前部简图。在紧急制动时，前轴向前扭转了一个角度，转向节上节臂球头销本应作相应的移动，但由于球头销又连接在转向纵拉杆上，仅能克服转向拉杆的间隙，使拉杆有少许弹性变形而不允许球头销作相应的移动，致使转向节臂相对于主销作向右的偏转，于是引起转向轮向右转动，造成汽车跑偏。后来改进了设计，使转向节上节臂处球头销位置下移，在前钢板弹簧扭转相同角度时，球头销位移量减少，转向节偏转也减少；同时增加了前钢板弹簧的刚度，从而基本上消除了跑偏现象。

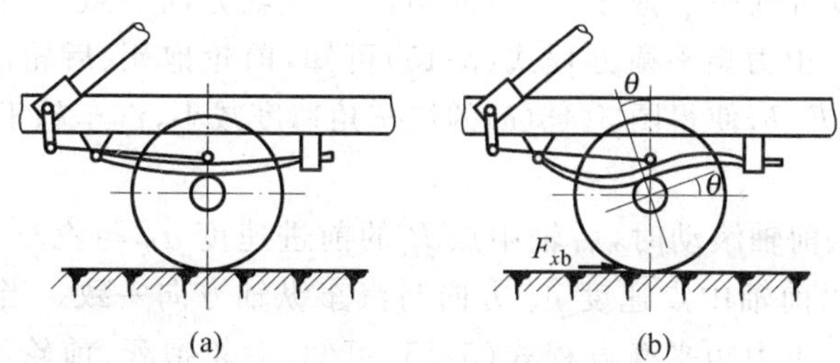

图 5-12　悬架导向杆系与转向系拉杆在运动学上的不协调引起的制动跑偏

(a) 未制动时；(b) 制动时前轴转动(转角为 θ)

5.4.2 制动时后轴侧滑与前轴转向能力的丧失

制动时发生侧滑，特别是后轴侧滑，将引起汽车剧烈的回转运动，严重时可使汽车调头。由试验与理论分析得知，制动时若后轴车轮比前轴车轮先抱死拖滑，就可能发生后轴侧滑。前轴车轮抱死或前轴车轮先抱死时，因为侧向力系数接近零，地面不能产生足够的侧向反作用力，因此汽车失去转向能力，只能按照直线行驶，或者无法按原弯道行驶而沿切线方向驶出。

下面从受力情况分析汽车前轮抱死拖滑或后轮抱死拖滑的两种运行情况。

图 5-13 所示为前轮抱死而后轮滚动和后轮抱死而前轮滚动的情况。设转向盘固定不动，汽车受到偶然并短暂的侧向外力作用后，发生侧滑。汽车将发生类似转弯的运动，其瞬时转动中心为速度 u_A、u_B 两垂线的交点 O；汽车作圆周运动时产生了作用于质心 C 上的惯性力 F_j。从侧向受力来看，F_{y1}、F_{y2} 为作用于前、后轴的地面侧向反作用力。

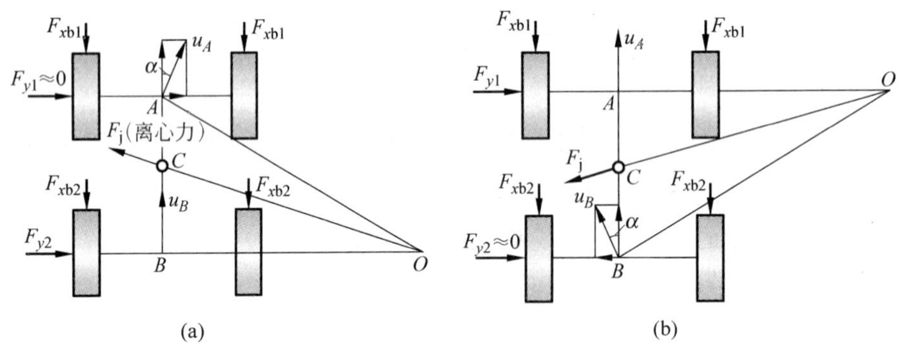

图 5-13 汽车侧滑时的运动情况

(a) 前轴侧滑；(b) 后轴侧滑

根据刚体平面运动微分方程，地面侧向反作用力与侧向惯性力(侧向的分力)平衡，有

$$F_{y1}+F_{y2}+F_{jy}=0 \tag{5-14}$$

同时，地面侧向反力对质心 C 的力矩之和与惯性力矩平衡，有

$$(F_{y1}a-F_{y2}b)+M_j=0,\quad M_j=-I_z\dot{\omega}_r \tag{5-15}$$

式中，I_z 为汽车绕通过质心 C 垂直地面轴线的转动惯量，$\dot{\omega}_r$ 为汽车角加速度，a 为前轴到质心的距离，b 为后轴到质心的距离。

当前轴发生侧滑、后轴滚动时，前轴中点 A 的前进速度 μ_A 与汽车纵轴线的夹角为 α；后轴未发生侧滑，所以后轴中点速度 μ_B 方向与汽车纵轴方向一致。当前轮抱死时，F_{y1} 很小，可以认为 $F_{y1}\approx 0$。由力矩平衡方程式(5-15)可知，前轮抱死、后轮滚动时，后轮侧向反作用力对质心的力矩 $F_{y2}b$，使得图 5-13(a)的汽车角速度减小，汽车趋于恢复直线行驶而处于稳定状态。

当后轴发生侧滑、前轴滚动时，后轴中点 B 的前进速度 μ_B 与汽车纵轴线的夹角为 α；前轴未发生侧滑，所以前轴中点速度 μ_A 方向与汽车纵轴方向一致。当后轮抱死时，F_{y2} 很小，可以认为 $F_{y2}\approx 0$。由力矩平衡方程式(5-15)可知，后轮抱死、前轮滚动时，前轮侧向反作用力对质心的力矩 $F_{y1}a$ 增大了汽车的角速度，加剧惯性力 F_j，汽车将急剧滑转。因此，后轴侧滑是一种不稳定的、危险的工况。

上面是直线行驶条件下的制动试验，在弯道行驶时进行的制动试验也会得到类似的结

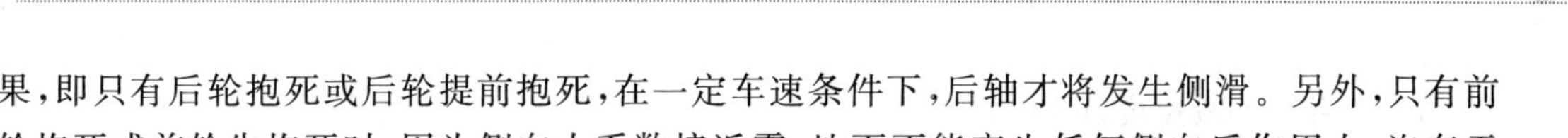

果,即只有后轮抱死或后轮提前抱死,在一定车速条件下,后轴才将发生侧滑。另外,只有前轮抱死或前轮先抱死时,因为侧向力系数接近零,地面不能产生任何侧向反作用力,汽车无法按原弯道行驶而沿弯道切线方向驶出,即失去了转向能力。

因此,从保证汽车方向稳定性的角度出发,首先不能出现只有后轴车轮抱死或后轴车轮比前轴车轮先抱死的情况,以防止危险的后轴侧滑;其次,尽量少出现只有前轴车轮抱死或前、后车轮都抱死的情况,以维持汽车的转向能力。最理想的情况就是防止任何车轮抱死,前、后车轮都处于滚动状态,这样就可以确保制动时的方向稳定性。目前汽车上普遍采用的防抱死制动系统(ABS)就基本上解决了制动时车轮的抱死问题。

以上讨论了评价汽车制动性的三项指标,即制动效能、制动效能的恒定性以及制动时汽车的方向稳定性,并分析了各种影响因素。下面讨论与方向稳定性密切相关的制动器制动力在前、后轴间的分配和调节问题。

5.5 前、后制动器制动力的比例关系

对于一般汽车而言,根据其前、后轴制动器制动力的分配情况、载荷情况及道路附着系数和坡度等因素,当制动器制动力足够时,制动过程中可能出现如下三种情况,即:

(1) 前轮先抱死拖滑,然后后轮抱死拖滑;

(2) 后轮先抱死拖滑,然后前轮抱死拖滑;

(3) 前、后轮同时抱死拖滑。

上节已指出:情况(1)是稳定工况,但在制动时汽车丧失转向能力,附着条件没有充分利用(分析详见后文);情况(2)中,后轴可能出现侧滑,是不稳定工况,附着条件的利用程度也低;而情况(3)可以避免后轴侧滑,同时前转向轮只有在最大制动强度下才使汽车失去转向能力,较之前两种工况,附着条件利用情况较好。

所以,前、后制动器制动力分配的比例,将影响汽车制动时的方向稳定性和附着条件利用程度,是设计汽车制动系时必须考虑的问题。

5.5.1 制动时地面对前、后车轮的法向反作用力

在分析前、后制动器制动力分配比例以前,必须先了解在制动时地面作用于前、后车轮的法向反作用力。

图 5-14 是汽车在水平路面上制动时的受力情形。图中忽略了汽车的滚动阻力偶矩、空气阻力以及旋转质量减速时产生的惯性力偶矩。此外,下面的分析中还忽略制动时车轮边滚边滑的过程,附着系数只取一个定值 φ_0。由图 5-14 对后轮接地点取力矩得

$$F_{z1}L = Gb + m\frac{\mathrm{d}u}{\mathrm{d}t}h_g \tag{5-16}$$

式中,F_{z1} 为地面对前轮的法向反作用力,N;G 为汽车重力,N;b 为汽车质心至后轴中心线的距离,m;m 为汽车质量,kg;h_g 为汽车质心高

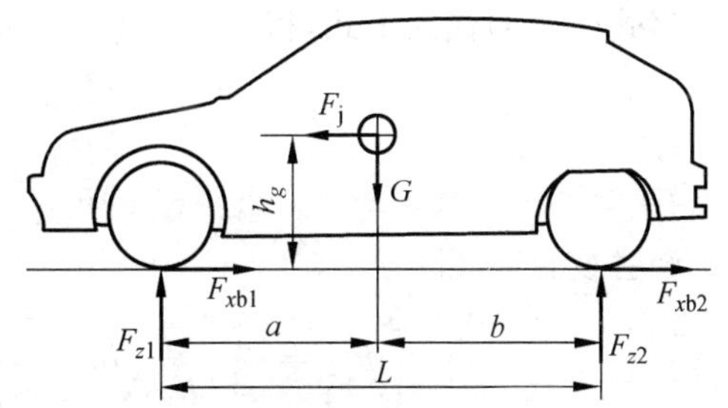

图 5-14 制动时汽车的受力

度，m；$\frac{\mathrm{d}u}{\mathrm{d}t}$为汽车减速度，$\mathrm{m/s^2}$。

对前轮接地点取力矩，得

$$F_{z2}L = Ga - m\frac{\mathrm{d}u}{\mathrm{d}t}h_g \tag{5-17}$$

式中，F_{z2}为地面对后轮的法向反作用力；a为质心至前轴中心线的距离。

令$\frac{\mathrm{d}u}{\mathrm{d}t}=zg$，$z$称为制动强度，则可求得地面法向反作用力为

$$\begin{cases} F_{z1} = \dfrac{G(b+zh_g)}{L} \\ F_{z2} = \dfrac{G(a-zh_g)}{L} \end{cases} \tag{5-18}$$

若在不同附着系数的路面上制动，前、后轮都抱死(不论是同时抱死或分别先后抱死)，此时$F_{x\mathrm{b}}=F_\varphi=G\varphi$或$\frac{\mathrm{d}u}{\mathrm{d}t}=\varphi g$。则地面作用于前、后轮的法向反作用力为

$$\begin{cases} F_{z1} = \dfrac{G}{L}(b+\varphi h_g) \\ F_{z2} = \dfrac{G}{L}(a-\varphi h_g) \end{cases} \tag{5-19}$$

5.5.2 理想的前、后制动器制动力分配曲线

前已指出，制动时前、后车轮同时抱死，对附着条件的利用、制动时汽车的方向稳定性均较为有利。此时的前、后轮制动器制动力$F_{\mu1}$和$F_{\mu2}$的关系曲线，常称为理想的前、后轮制动器制动力分配曲线。在任何附着系数φ的路面上，前、后车轮同时抱死的条件是：前、后轮制动器制动力之和等于附着力，并且前、后轮制动器制动力分别等于各自的附着力，即

$$\begin{cases} F_{\mu1}+F_{\mu2} = \varphi G \\ F_{\mu1} = \varphi F_{z1} \\ F_{\mu2} = \varphi F_{z2} \end{cases}$$

或

$$\begin{cases} F_{\mu1}+F_{\mu2} = \varphi G \\ \dfrac{F_{\mu1}}{F_{\mu2}} = \dfrac{F_{z1}}{F_{z2}} \end{cases}$$

将式(5-19)代入上式，得

$$\begin{cases} F_{\mu1}+F_{\mu2} = \varphi G \\ \dfrac{F_{\mu1}}{F_{\mu2}} = \dfrac{b+\varphi h_g}{a-\varphi h_g} \end{cases} \tag{5-20}$$

消去变量φ，得

$$F_{\mu2} = \frac{1}{2}\left[\frac{G}{h_g}\sqrt{b^2+\frac{4h_gL}{G}F_{\mu1}} - \left(\frac{Gb}{h_g}+2F_{\mu1}\right)\right] \tag{5-21}$$

由式(5-21)画成的曲线，即为前、后车轮同时抱死时前、后轮制动器制动力的关系曲线——理想的前、后轮制动器制动力分配曲线，简称Ⅰ曲线。

一般可用作图法直接求得Ⅰ曲线。先将式(5-20)中第一式按不同 φ 值(φ=0.1,0.2,0.3,…)作图画在图5-15上,得到一组与坐标轴成45°的平行线;再对式(5-20)第二式按照不同 φ 值(φ=0.1,0.2,0.3,…)代入,也作图于图5-15上,得到一组通过坐标原点、斜率不同的射线。

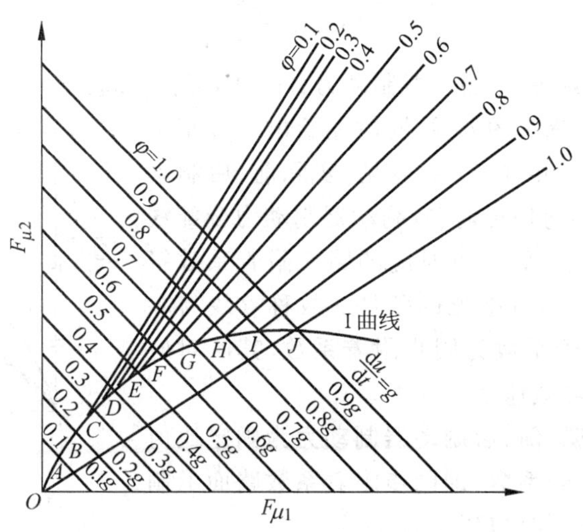

图5-15 理想的前、后制动器制动力分配曲线

这两组直线中,对于某一 φ 值,均可找到两条直线,这两条直线的交点便是满足式(5-20)中两式的 $F_{\mu1}$ 值和 $F_{\mu2}$ 值。把对应于不同 φ 值的两直线交点 $A,B,C,\cdots$ 连接起来,便得到了Ⅰ曲线。曲线上任一点代表在该附着系数路面上前、后制动器制动力应有的数值。

由此可见,只要给出汽车的总质量(或汽车的重力)、汽车的质心位置(a、b 和 h_g),就能做出Ⅰ曲线。

应当提出,Ⅰ曲线是踏板力增长到前、后车轮同时抱死拖滑时的前、后制动器制动力的分配曲线。车轮同时抱死时,$F_{\mu1}=F_{xb1}=F_{\varphi1}$,$F_{\mu2}=F_{xb2}=F_{\varphi2}$,所以Ⅰ曲线也是车轮同时抱死时 $F_{\varphi1}$ 和 $F_{\varphi2}$ 的关系曲线。

还应进一步指明,汽车前、后制动器制动力常不能按Ⅰ曲线的要求来分配。制动过程中常是一根车轴的车轮先抱死,随着踏板力的进一步增加,接着另一根车轴的车轮抱死。显然,Ⅰ曲线还是前、后轮都抱死后的地面制动力 F_{xb1} 和 F_{xb2},即 $F_{\varphi1}$ 与 $F_{\varphi2}$ 的关系曲线。

5.5.3 具有固定比值的前、后制动器制动力与同步附着系数

一般两轴汽车的前、后制动器制动力之比为一固定值,即按一定比例分配前、后制动器制动力。常用前制动器制动力与汽车总制动器制动力之比来表示分配的比例,其比值的大小称为制动器制动力分配系数,并以符号 β 表示,即

$$\beta=\frac{F_{\mu1}}{F_{\mu}}$$

式中,$F_{\mu1}$ 为前制动器制动力;F_{μ} 为汽车总制动器制动力,$F_{\mu}=F_{\mu1}+F_{\mu2}$,$F_{\mu2}$ 为后制动器制动力。故

$$F_{\mu1}=\beta F_{\mu},\quad F_{\mu2}=(1-\beta)F_{\mu}$$

且

$$\frac{F_{\mu1}}{F_{\mu2}}=\frac{\beta}{1-\beta} \tag{5-22}$$

若用 $F_{\mu2}=B(F_{\mu1})$表示，则 $F_{\mu2}=B(F_{\mu1})$为一直线，此直线通过坐标原点，且其斜率为

$$\tan\theta=\frac{\beta}{1-\beta}$$

这条直线称为实际前、后制动器制动力分配线，简称 β 线。

图 5-16 给出了某汽车的 β 线，同时还给出了该车空载和满载时的Ⅰ曲线。由图 5-16 可见，实际前、后制动器制动力分配线（β 线）与理想前、后制动器制动力分配线（Ⅰ曲线）只有一个交点，此交点对应的路面附着系数符合使汽车处于前、后轮同时抱死的条件。故称 β 线与Ⅰ曲线交点处的路面附着系数为同步附着系数，其所对应的制动减速度称为临界减速度。

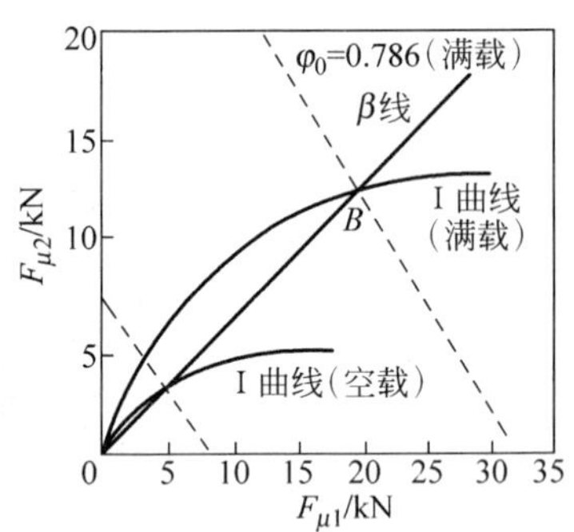

图 5-16　某汽车的 β 线与Ⅰ曲线

同步附着系数说明，前、后制动器制动力为固定比值的汽车，只有在一种附着系数，即同步附着系数路面上制动时才能使前、后车轮同时抱死。

同步附着系数也可用解析法求得。设汽车在同步附着系数路面上制动，此时前、后轮同时抱死，则以式(5-20)代入式(5-22)，得

$$\frac{\beta}{1-\beta}=\frac{b+\varphi_0 h_g}{a-\varphi_0 h_g}$$

经整理，得

$$\varphi_0=\frac{L\beta-b}{h_g} \tag{5-23}$$

式中，L 为汽车轴距，$L=a+b$。

同步附着系数是由汽车结构参数决定的、反映汽车制动性能的一个参数；汽车满载时，同步附着系数最大，随着载荷减小，同步附着系数越来越小。

5.5.4　前、后制动器制动力具有固定比值的汽车制动过程的分析

利用 β 线与Ⅰ曲线的配合，就可以分析前、后制动器制动力具有固定比值的汽车在各种路面上的制动情况。为了便于分析，先介绍两组线组——f 线组与 r 线组。f 线组是后轮没有抱死，在各种 φ 值路面上前轮抱死时的前、后地面制动力关系曲线；r 线组是前轮没有抱死而后轮抱死时的前、后地面制动力关系曲线。普通轿车在制动中踏板力逐渐加大时，常有后轮没有抱死而前轮先抱死这样的过程；有的空载货车在制动中踏板力逐渐加大时，会出现前轮没有抱死而后轮先抱死的过程。

先求 f 线组。当前轮抱死时

$$F_{xb1}=\varphi F_{z1}=\varphi\left(\frac{Gb}{L}+\frac{F_{xb}h_g}{L}\right)$$

由于

$$F_{xb}=F_{xb1}+F_{xb2}$$

$$F_{xb1} = \varphi\left(\frac{Gb}{L} + \frac{F_{xb1} + F_{xb2}}{L}h_g\right)$$

故整理得

$$F_{xb2} = \frac{L - \varphi h_g}{\varphi h_g}F_{xb1} - \frac{Gb}{h_g} \tag{5-24}$$

这就是在不同 φ 值路面上只有前轮抱死时的前、后地面制动力的关系式。

显然，当前、后轮都抱死后，式(5-24)亦成立，只是此时的后轮地面制动力亦已达到后轮附着力的数值。

以不同 φ 值代入式(5-24)，即得到 f 线组，并画于图 5-17。

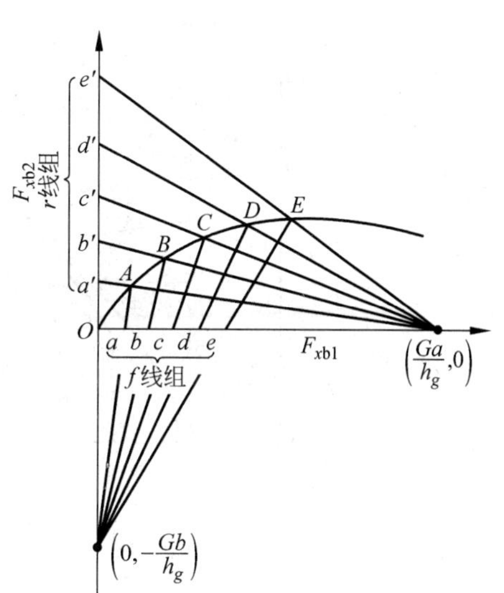

图 5-17 f 线组和 r 线组

从式(5-24)可以看出，此线组与纵坐标的交点为 $\left(0,-\frac{Gb}{h_g}\right)$，而与 φ 值无关。应指出，F_{xb2} 为负值时已是地面驱动力，此处不再讨论。

当 $F_{xb2}=0$ 时，$F_{xb1}=\frac{\varphi Gb}{L-\varphi h_g}$。利用此式可求出在不同 φ 值时相应的 F_{xb1} 值，即线组与横坐标的交点 $a,b,c,\cdots$。根据汽车结构参数的具体数值，可以知道此情况下的总地面制动力 $F_{xb}=F_{xb1}+0=F_{xb1}$，$F_{xb}<\varphi G$，即后轮未抱死。随着 F_{xb1} 与 F_{xb2} 的增加 F_{xb} 也增加，最后，f 线组与 I 曲线相交。如前所述，I 曲线也是前、后车轮都抱死后的 $F_{\varphi1}$ 与 $F_{\varphi2}$ 的关系曲线。因此，相交点处的 $F_{xb1}+F_{xb2}=F_{\varphi1}+F_{\varphi2}=\varphi G$，后轮亦抱死。由此可见，I 曲线以上的 f 线段已无意义(参看图 5-18)。

再求 r 线组。当后轮抱死时

$$F_{xb2} = \varphi F_{z2} = \varphi\left(\frac{Ga}{L} - \frac{F_{xb}h_g}{L}\right)$$

代入 $F_{xb}=F_{xb1}+F_{xb2}$，并经整理，得

$$F_{xb1} = -\frac{L + \varphi h_g}{\varphi h_g}F_{xb2} + \frac{Ga}{h_g} \tag{5-25}$$

此即在不同 φ 值路面上只有后轮抱死时的前、后地面制动力的关系式。

显然，当前、后轮都抱死时，式(5-25)亦成立，只是此时的前轮地面制动力亦已达到前轮附着力。

以不同 φ 值代入式(5-25)，即得 r 线组。由式(5-25)可见，r 线组与横坐标的交点为 $\left(\frac{Ga}{h_g},0\right)$，而与 φ 值无关。当 $F_{xb1}=0$ 时，$F_{xb2}=\frac{\varphi Ga}{L+\varphi h_g}$。由此，可求出不同 φ 值时对应的 F_{xb2} 值，即线组与纵坐标的交点 $a',b',c',\cdots$。显然，在这些点的情况下，总地面制动力 $F_{xb}=0+F_{xb2}<G\varphi$，即前轮未抱死。随着 F_{xb1} 的增加与相应的 F_{xb2} 的稍稍减少，F_{xb} 增加，最后，r 线组与 I 曲线相交。相交点处的 $F_{xb1}+F_{xb2}=\varphi G$，前轮亦抱死，故 I 曲线以下的 r 线段已无意义(参看图 5-18)。

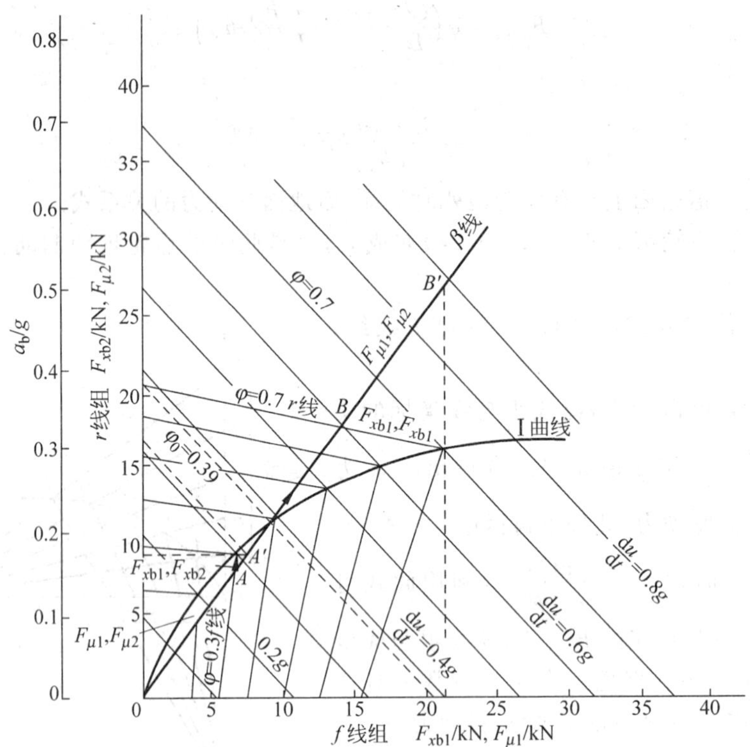

图 5-18 不同 φ 值路面上汽车制动过程的分析

显然，对于同一 φ 值下 f 线组与 r 线组的交点 $A,B,C,\cdots$，既符合 $F_{xb1}=\varphi F_{z1}$，又符合 $F_{xb2}=\varphi F_{z2}$，所以这些交点便是前、后车轮都（包含同时）抱死的点。因此，联结 $A,B,C,\cdots$ 各点的曲线也就是前面讨论过的 I 曲线。

下面利用 β 线、I 曲线、f 和 r 线组分析汽车在不同 φ 值路面上的制动过程。参看图 5-18，为了便于说明问题，以某货车为例，其同步附着系数为 $\varphi_0=0.39$。图中还画上了 F_{xb1} 与 F_{xb2} 之和为 $0.1g$ 或 $0.2g$ 或 $0.3g$……的 45°斜直线组。同一根斜直线上的点均有同样大小的总地面制动力 F_{xb}，相应的制动减速度也是常数，即为 $0.1g$ 或 $0.2g$ 或 $0.3g$……，故此 45°斜直线组称为“等地面制动力线组”或“等制动减速度线组”。分析制动过程时，常利用此线组来确定制动过程中的总地面制动力与制动减速度的数值。应指出，这个线组就是前面式(5-20)中的第一式按不同 φ 值做出的 45°斜直线组。

(1) 当 $\varphi<\varphi_0$ 时，设 $\varphi=0.3$，则制动开始时，前、后制动器制动力 $F_{\mu1}$ 与 $F_{\mu2}$ 按 β 线上升。因前、后车轮均未抱死，故地面制动力 F_{xb1} 和 F_{xb2} 也按 β 线上升。到 A 点时，β 线与 $\varphi=0.3$ 的 f 线相交，前轮开始抱死，制动减速度为 $0.27g$。此时的地面制动力 F_{xb1}、F_{xb2} 已符合后轮没有抱死而前轮先抱死的状况。驾驶员如继续增加踏板力，F_{xb1}、F_{xb2} 将沿 f 线变化，前轮的地面制动力 F_{xb1} 不再等于 $F_{\mu1}$，但继续制动，前轮法向反作用力增加，故 F_{xb1} 沿 f 线稍有增加。但因后轮未抱死，所以当踏板力增大，$F_{\mu1}$、$F_{\mu2}$ 沿 β 线上升时，F_{xb2} 仍等于 $F_{\mu2}$ 而继续上升。当 $F_{\mu1}$、$F_{\mu2}$ 至 A' 点时，f 线与 I 曲线相交，此时后轮达到抱死所需的地面制动力 F_{xb2}（也就是后轮的附着力），于是前、后车轮均抱死，汽车获得的减速度为 $0.3g$。

可见，β 线位于 I 曲线下方，制动时总是前轮先抱死。前已指出，前轮先抱死虽是一种稳定工况，但丧失转向能力。

(2) 当 $\varphi>\varphi_0$ 时，设 $\varphi=0.7$，见图 5-18，开始制动时，前、后车轮均未抱死，故前、后轮地面制动力和制动器制动力一样均按 β 线增长。到 B 点时，β 线与 $\varphi=0.7$ 的 r 线相交，地面制动力 F_{xb1}、F_{xb2} 符合后轮先抱死的状况，后轮开始抱死，此时的制动减速度为 $0.6g$。从 B 点以后，再增加踏板力，F_{xb1}、F_{xb2} 将沿 $\varphi=0.7$ 的 r 线变化。但继续制动时，后轮法向反作用力有所减少，因而后轮地面制动力沿 r 线稍有下降。但前轮未抱死，当 $F_{\mu1}$、$F_{\mu2}$ 沿 β 线增长时，始终有 $F_{xb1}=F_{\mu1}$。当 $F_{\mu1}$、$F_{\mu2}$ 到 B' 点时，r 线与 I 曲线相交，F_{xb1} 达到前轮抱死的地面制动力，前、后轮均抱死，汽车获得的减速度为 $0.7g$。

可见，β 线位于 I 曲线上方，制动时总是后轮先抱死，因而容易发生后轴侧滑使汽车失去方向稳定性。

(3) $\varphi=\varphi_0$ 时，不言而喻，在制动时汽车的前、后轮将同时抱死，此时的减速度为 $\varphi_0 g$，即 $0.39g$，也是一种稳定工况，但也失去转向能力。

5.5.5　利用附着系数与制动效率

为了防止后轴侧滑和前轮失去转向能力，汽车在制动过程中最好既不出现后轴车轮先抱死的危险工况，也不出现前轴车轮先抱死或前、后车轮都抱死的工况。所以，应当以即将出现车轮抱死但还没有任何车轮抱死时的制动减速度作为汽车能产生的最高制动减速度。

从上面的分析可知，若在同步附着系数的路面上制动，则汽车的前、后车轮将同时达到抱死的工况，此时的制动强度 $z=\varphi_0$，φ_0 为同步附着系数。在其他附着系数的路面上制动时，达到前轮或后轮抱死前的制动强度比路面附着系数要小，即不出现前轮或后轮抱死的制动强度必小于地面附着系数，也就是 $z<\varphi$。因此可以说，只有在 $\varphi=\varphi_0$ 的路面上，地面的附着条件才得到较好的利用。而在 $\varphi<\varphi_0$ 或 $\varphi>\varphi_0$ 的路面上，出现前轮或后轮提前抱死情况时，地面附着条件均未得到较好的利用。这一点在上面分析的例子中可以看出。这个结论也常常这样来描述：汽车以一定减速度制动时，除去制动强度 $z=\varphi_0$ 以外，不发生车轮抱死所要求的(最小)路面附着系数总大于其制动强度。为了定量说明这一点，我们引进利用附着系数的概念，又称为被利用的附着系数，其定义为

$$\varphi_i=\frac{F_{xbi}}{F_{zi}}$$

式中，F_{xbi} 为对应于制动强度 z，汽车第 i 轴产生的地面制动力；F_{zi} 为制动强度为 z 时，地面对第 i 轴的法向反力；φ_i 为第 i 轴对应于制动强度 z 的利用附着系数。

显然，利用附着系数越接近制动强度，地面的附着条件发挥得越充分，汽车制动力分配的合理程度越高。通常以利用附着系数与制动强度的关系曲线(图 5-19)来描述汽车制动力分配的合理性。最理想的情况是利用附着系数总是等于制动强度这一关系，即图 5-19 中的对角线($\varphi=z$)。图 5-19 画出了与图 5-18 同一货车的利用附着系数与制动强度曲线。应当指出，前、后制动力分配曲线(图 5-16 与图 5-20)与利用附着系数曲

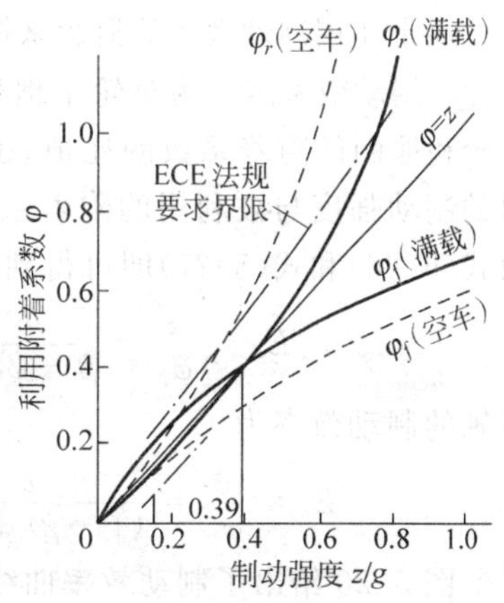

图 5-19　附着系数与制动强度关系曲线

线是一一对应的。例如，具有理想制动力分配的汽车，其利用附着系数就是对角线（$\varphi=z$）。

下面分别求出前轮或后轮提前抱死时，前轴和后轴的利用附着系数。

前轴的利用附着系数可按下式求出。

设汽车前轮刚要抱死或前、后轮同时刚要抱死时产生的减速度为$\dfrac{\mathrm{d}u}{\mathrm{d}t}=zg$，式中 z 为制动强度，则

$$F_{\mu 1}=F_{x\mathrm{b}1}=\beta\frac{G}{g}\frac{\mathrm{d}u}{\mathrm{d}t}=\beta Gz$$

而

$$F_{z1}=\frac{G}{L}(b+zh_g)$$

故

$$\varphi_f=\frac{F_{x\mathrm{b}1}}{F_{z1}}=\frac{\beta z}{\frac{1}{L}(b+zh_g)} \tag{5-26}$$

同理，后轴的利用附着系数可求得如下：

$$F_{x\mathrm{b}2}=(1-\beta)\frac{G}{g}\frac{\mathrm{d}u}{\mathrm{d}t}=(1-\beta)Gz$$

$$F_{z2}=\frac{G}{L}(a-zh_g)$$

故

$$\varphi_r=\frac{F_{x\mathrm{b}2}}{F_{z2}}=\frac{(1-\beta)z}{\frac{1}{L}(a-zh_g)} \tag{5-27}$$

由图 5-19 可以看出，$z=0.39$ 时，前、后轴利用附着系数均为 0.39，即无任何车轮抱死所要求的（最小）地面附着系数（实际上为刚要抱死）为 0.39，这就是这一货车的同步附着系数。在 $\varphi<\varphi_0$ 的路面上，前轮提前抱死；在 $\varphi>\varphi_0$ 的路面上，情况正好相反，后轮提前抱死。

由图 5-19 中还可以看出，空车时 φ_r 全在 45°对角线上面，所以实际上汽车总是出现后轮先抱死的工况，φ_r 曲线就是汽车的利用附着系数曲线，而且此时利用附着系数远远大于制动强度，汽车的制动力分配是不合理的。

通常还用制动效率的概念来描述地面附着条件的利用程度，并说明实际制动力分配的合理性。制动效率定义为车轮不抱死的最大制动强度与车轮和地面间附着系数的比值，也就是车轮将要抱死时的制动强度与被利用的附着系数之比。不难看出，由式(5-26)和式(5-27)即可得到前轴的制动效率为

$$E_f=\frac{z}{\varphi_f}=\frac{b/L}{\beta-\varphi_f h_g/L} \tag{5-28}$$

后轴的制动效率为

$$E_r=\frac{z}{\varphi_r}=\frac{a/L}{(1-\beta)+\varphi_r h_g/L} \tag{5-29}$$

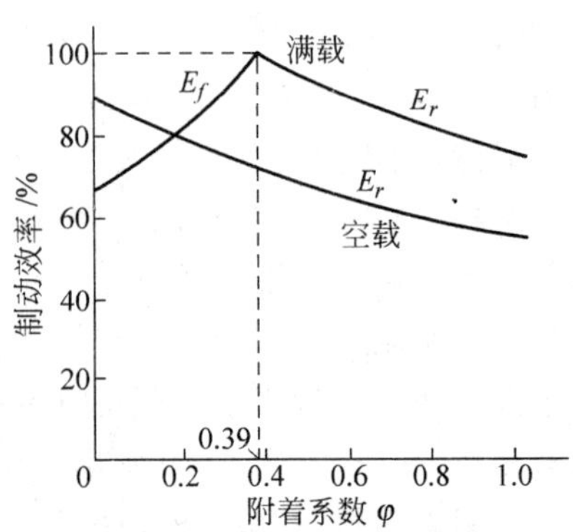

图 5-20 前、后制动效率曲线

图 5-20 给出了制动效率曲线。由图可知，当 $\varphi=0.6$ 时，空载时后轴制动效率约等于 0.67。这说明后

轮不抱死时，汽车最多只利用可供制动的附着力的67%，即其制动减速度不是0.6g，而只有0.6×0.67g=0.402g。

5.5.6　防抱制动装置

凡驾驶过汽车的人都有一些体验：在被雨淋湿而带有泥土的柏油路上或在积雪道路上紧急制动时，汽车会发生侧滑甚至调头旋转；左、右两侧车轮如果行驶在不同的路面上，例如一侧车轮在积雪路面上，另一侧车轮在显露出来的柏油路面上，紧急制动时，汽车就会失去方向控制；高速行驶在弯道上进行紧急制动，有可能从路边滑出或闯入对面的车道；在直道上紧急制动可能无法躲避障碍物等危险情况。防抱制动系统（antilock braking system，ABS）就是为了防止这些危险状况的发生而研制的。它是在制动过程中防止车轮被制动抱死，提高汽车的方向稳定性和转向操纵能力，缩短制动距离的安全装置。除ABS外，还有驱动过程中防止驱动车轮发生滑转的控制系统（acceleration slip regulation，ASR），因其是通过牵引力控制来实现驱动车轮滑转控制，又称为牵引力控制系统（traction control system，TCS）。现代高级轿车一般把ABS和TCS结合为一体，组成统一的防滑控制系统。

图5-21显示了一个典型的ABS系统，它具有三个独立进行压力调节的管路，所以称为三通道系统。轮速传感器将车轮旋转的信号传给计算机控制单元ECU，ECU经过对轮速信号的处理判断，发出指令送到液压调节器，使之调节制动管路的压力，保证车轮不抱死。

对于制动压力的调节，目前大多采用2位2通阀，图5-22是Bosch公司ABS 5.3型的液压原理图。关闭出油阀，打开进油阀，压力增加；关闭进油阀，打开出油阀，压力减少；进油阀和出油阀同时关闭，保持压力不变。

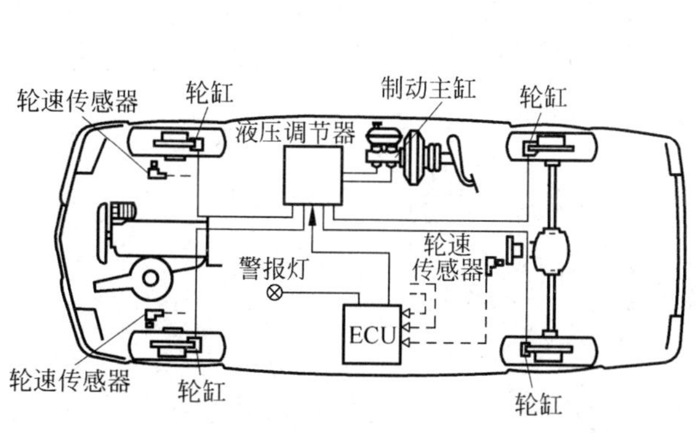

图5-21　典型的ABS系统

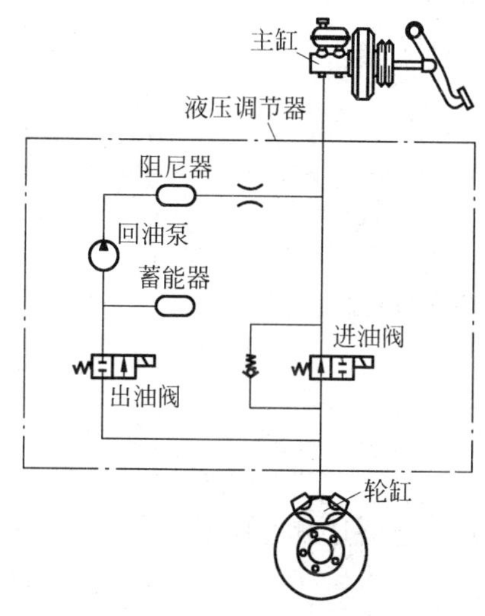

图5-22　Bosch公司ABS 5.3型的液压原理图

为了说明ABS的控制原理，我们用单轮模型（图5-22）来分析一下汽车的抱死过程。设单轮模型的质量为m，车轮的转动惯量为I，车轮旋转的角速度为ω，地面的制动力为F_{xb}，作用于车轮的制动力矩为T_{μ}。忽略空气阻力与滚动阻力，则可以列出微分方程如下：

$$F_{xb} = F_z \varphi_b$$

$$I \frac{d\omega}{dt} = F_{xb} r - T_\mu$$

为了使问题进一步简化，可作如下假设：

(1) 车轮的抱死过程很快，忽略其车速的降低。

(2) 车轮的载荷是一个常数，$F_z = mg$。

(3) 附着力滑移曲线可以用两直线段来近似，即

$$\varphi_b = \begin{cases} \varphi_p \frac{s}{s_p}, & 0 \leqslant s \leqslant s_p \\ \varphi_s + \frac{(1-s)(\varphi_p - \varphi_s)}{1-s_p}, & s_p < s \leqslant 1 \end{cases} \tag{5-30}$$

(4) 制动力矩是时间的线性函数，设车轮制动器的制动效能因素为 K_{ef}（单位制动轮缸推力产生的制动器摩擦力），制动轮缸的压力 $p(t) = p_0 t$，其中 p_0 表示液压增长斜率，制动器的制动力矩 $T_\mu = p(t) F_s K_{ef} r_k$，其中 F_s 表示轮缸面积，r_k 表示制动器摩擦力的等效作用半径。

令 $T_0 = p_0 F_s K_{ef} r_k$，则 $T_\mu = T_0 t$。

根据这些假设来解微分方程，当 $0 < s \leqslant s_p$ 时，有

$$I \frac{d\omega}{dt} = \varphi_p \frac{s}{s_p} F_z r - T_0 t$$

而

$$s = \frac{u - r\omega}{u} = 1 - \frac{\omega}{u/r} = 1 - \frac{\omega}{\omega_0} \tag{5-31}$$

所以

$$I \frac{d\omega}{dt} = \frac{\varphi_p}{s_p} mgr \left(1 - \frac{\omega}{\omega_0}\right) - T_0 t$$

令 $\frac{T_0}{I} = B$，$\frac{mgr\varphi_p}{Is_p} = H$，则方程可变为

$$\frac{d\omega}{dt} + H \frac{\omega}{\omega_0} = H - Bt$$

解方程得

$$\omega = -\frac{B\omega_0^2}{H^2} e^{-\frac{H}{\omega_0} t} - \frac{B\omega_0}{H} t + \omega_0 + \frac{B\omega_0^2}{H^2}$$

$$\frac{\omega}{\omega_0} = 1 - \frac{B}{H} t + \frac{B\omega_0}{H^2} \left(1 - e^{-\frac{H}{\omega_0} t}\right)$$

忽略过渡过程则

$$\frac{\omega}{\omega_0} = 1 + \frac{B\omega_0}{H^2} - \frac{B}{H} t$$

$$\frac{\dot{\omega}}{\omega_0} = -\frac{B}{H}, \quad 即 \quad \dot{\omega} = -\frac{T_0 s_p \omega_0}{mgr\varphi_p} \tag{5-32}$$

因为 $s = 1 - \frac{\omega}{\omega_0}$，所以 $s_p = \frac{B}{H} t_p - \frac{B\omega_0}{H^2}$，则

$$t_p = \frac{H}{B} s_p + \frac{\omega_0}{H} = \frac{mgr\varphi_p}{T_0} + \frac{Is_p\omega_0}{mgr\varphi_p}$$

当 $s_p < s \leqslant 1$ 时，有

$$I\frac{d\omega}{dt}=\left[\varphi_s+\frac{(1-s)(\varphi_p-\varphi_s)}{1-s_p}\right]mgr-T_0t$$

即

$$\frac{d\omega}{dt}-\frac{\varphi_p-\varphi_s}{1-s_p}\frac{mgr}{I\omega_0}\omega=\frac{\varphi_s mgr}{I}-\frac{T_0}{I}t$$

解方程得

$$\omega=\frac{(1-s_p)^2 I\omega_0^2 T_0}{(\varphi_p-\varphi_s)^2 m^2 g^2 r^2}-\frac{\varphi_s(1-s_p)\omega_0}{\varphi_p-\varphi_s}+\frac{T_0(1-s_p)\omega_0}{(\varphi_p-\varphi_s)mgr}t+e^{\frac{\varphi_p-\varphi_s}{1-s_p}\frac{mgr}{I\omega_0}t}$$

这里最后一项是有影响的，不宜忽略，所以

$$\dot{\omega}=\frac{T_0(1-s_p)\omega_0}{(\varphi_p-\varphi_s)mgr}+\frac{\varphi_p-\varphi_s}{1-s_p}\frac{mgr}{I\omega_0}e^{\frac{\varphi_p-\varphi_s}{1-s_p}\frac{mgr}{I\omega_0}t} \tag{5-33}$$

t_s 的计算比较烦琐，这里就不作介绍了。

车轮的角速度、角加速度、滑动率是表明车轮运动状态的重要参数。ECU 对轮速信息的处理就是计算车轮的角加速度值、车辆的参考车速以及车轮的滑动率。图 5-23 是 Bosch 公司采用的一种典型的逻辑门限值控制的制动过程。制动开始时，如果车轮的角减速度低于门限值 $-a$（本节均指绝对值），则取此刻车轮速度作为初始的参考车速 u_{ref0}，此后，参考车速 $u_{ref}=u_{ref0}-a_b t$，a_b 为由车轮减速度计算得到的汽车减速度。根据 u_{ref} 就可以计算出车轮的滑动率 s。当车轮的角减速度达到 $-a$ 而 s 小于滑动率的门限值 s_1 时，则使制动压力进入保持阶段（第 2 阶段）；当 s 大于 s_1 时，制动压力减少（第 3 阶段）；这时车轮的角减速度也会减小，恢复到 $-a$ 值时，就使之保持制动压力（第 4 阶段）；这时车轮因惯性会进一步加速，越过门限值 $+a$（该门限值是用来判断低附着系数路面的）后继续加速，一直达到门限值 $+A_k$（表明是高附着系数路面），这时使制动压力再次增加（第 5 阶段）；当车轮角加速度再回到 $+A_k$ 时，进行保压（第 6 阶段）；车轮角加速度值回落到 $+a$ 值，说明此时是在峰值附着系数附近，使制动压力进入缓慢升压阶段，以便保持在峰值附着系数附近，一直到车轮减速度再次达到 $-a$ 值，构成一个循环。以后循环往复一直到汽车停止。

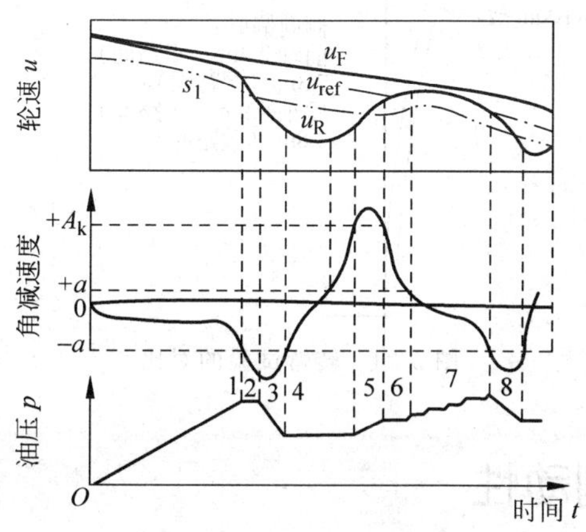

图 5-23 在高附着系数路面上的制动防抱死过程

u_F—汽车实际速度；u_{ref}—汽车参考车速；u_R—车轮速度

对于防抱系统来说，根据哪些运动参数来判断车轮即将抱死应该减压或抱死现象已消失需要重新加压制动是很重要的。一般常用的参数有：车轮角减(加)速度和滑动率、车轮角加速度与半径的乘积、汽车的参考车速和汽车的减速度等。

奔驰轿车装有以车轮角减速度作为参量的ABS防抱系统，其道路试验结果如表5-2所示。

表5-2　奔驰轿车的道路试验结果

试验条件		装有ABS			无ABS		
混凝土路面	起始车速/(km/h)	制动距离/m	平均减速度/(m/s)	制动距离减小量/m	制动距离/m	平均减速度/(m/s)	参与速度 u_R/(km/h)
干	100	41.8	9.25	8.2	50	7.73	40
湿	100	62.75	6.71	37.25	100	3.9	60
干	130	81.2	8.0	12.5	93.7	7.0	47.5
湿	130	97.1	6.71	41.1	138.2	4.72	70.9

所列残余速度 u_R 是从制动距离缩短算得的，即装ABS的汽车停住时，不装ABS的汽车还有残余速度。

以上试验是在直线行驶制动时测得的。图5-24还给出了车速为80km/h，装和不装ABS的转弯制动试验。结果表明，装有ABS的汽车能准确地按弯道行驶，而不装ABS的汽车未能按弯道行驶。装有ABS汽车的制动距离可缩短3.9m(干路面)和7.3m(湿路面)。

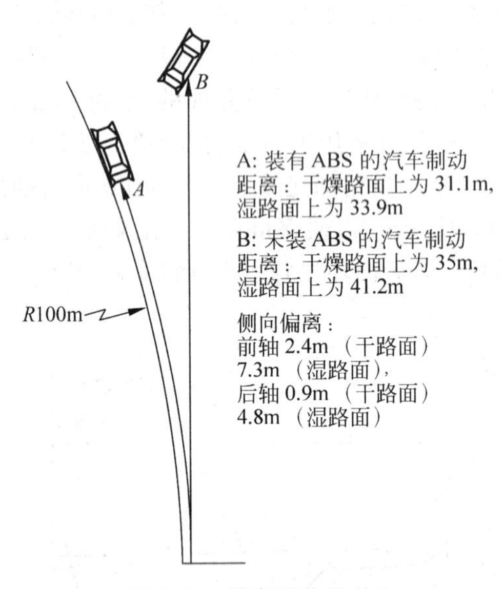

图5-24　转弯试验的对比

5.6　汽车驻车制动性

汽车驻车制动性是衡量汽车长期停放在坡道上的能力。驻车制动一般靠手或脚操纵的驱动机构使后轴制动器或中央制动器(在传动轴上)产生制动力矩并传到后轮，使路面对后轮产生地面制动力，以实现整车制动(即驻车制动)。汽车驻车时的受力情况如图5-25所示。

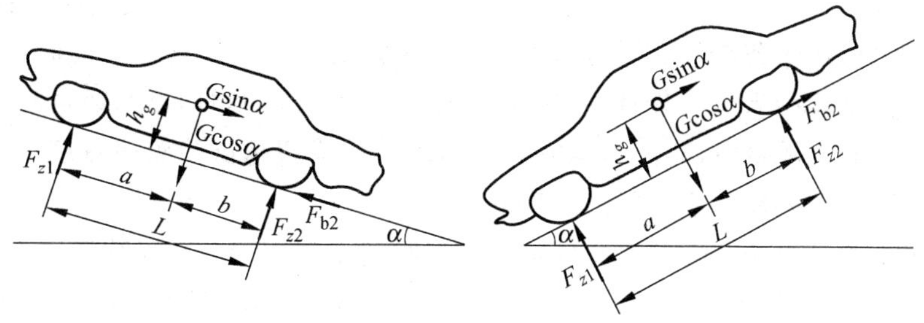

图 5-25 汽车驻车时的受力情况

根据力和力矩平衡条件，得

上坡方向：

$$\begin{cases}\text{沿坡面方向力平衡：} F_{b2} = G\sin\alpha \\ \text{前轮接地中心点力矩平衡：} F_{z2}\cdot L = G\cos\alpha\cdot a + G\sin\alpha\cdot h_g\end{cases} \tag{5-34}$$

汽车可能停驻的极限上坡路倾角 α 可根据后轮上的附着力与制动力相等的条件求得，即 $F_{b2}=\varphi F_{z2}$，得

$$\alpha = \arctan\frac{\varphi a}{L-\varphi h_g} \tag{5-35}$$

下坡方向：

$$\begin{cases}\text{沿坡面方向力平衡：} F_{b2} = G\sin\alpha \\ \text{前轮接地中心点力矩平衡：} F_{z2}\cdot L = G\cos\alpha\cdot a - G\sin\alpha\cdot h_g\end{cases} \tag{5-36}$$

同理可以导出汽车可能停驻的极限下坡路倾角 α'，即

$$\alpha' = \arctan\frac{\varphi a}{L+\varphi h_g} \tag{5-37}$$

因为 $\alpha>\alpha'$，所以汽车最大驻车坡度应为下坡方向驻车极限坡度值 i_α：

$$i_\alpha = \tan\frac{\varphi a}{L+\varphi h_g} \tag{5-38}$$

由上式可知，降低汽车重心的高度，可以提高汽车的驻坡度，即可以提高汽车的驻车制动性。

5.7 汽车制动性的试验

汽车制动性主要通过路上试验来评定。一般要测定冷制动及高温下汽车的制动距离、制动减速度、制动时间等参数。另外，还要测定转弯与变更车道时汽车制动的方向稳定性。

试验路段应为干净、平整、坡度不大于 1%的硬路面。路面附着系数不宜小于 0.72～0.75。试验时，风速应小于 5m/s，气温在 0～35℃。试验前，汽车应充分预热，以 0.8μ_{amax}～0.9u_{amax}行驶 1h 以上。

路面试验的主要仪器为第五车轮、减速度计和压力传感器。近代的第五车轮采用电磁感应传感器、光电传感器与数字显示装置，能精确测出起始车速、制动距离和时间以及横向偏移，明显地提高了试验的准确性。

在进行冷制动试验时，制动器温度不能超过100℃。令汽车加速超过起始制动车速3～5km/h，摘挡滑行，待车速降至起始制动车速时，紧急制动直至停车。用仪器记录各项评定指标。为了保证试验结果的可靠性，一般都应该进行200次的制动器的磨合制动试验，制动减速度为3.5m/s^2。试验中，若汽车偏航角变动大于8°或超越试验路段宽度3.5m界限时，应重新调整被试汽车的制动系，再进行试验。

高温工况试验包含两个阶段：加热制动器与测定制动性指标。连续制动是一种常用的加热方法，即令汽车加速到0.8u_{amax}时，以3m/s^{2}减速度制动减速到0.4u_{amax}；再加速，再制动减速。每次制动的时间间隔根据不同类型的车辆为45～60s，共制动15～20次。最后轿车制动器温度可升至250～270℃，中型货车达140～150℃，重型货车达170～200℃。也可令汽车维持40km/h车速驶下1.7km、7%的坡道来加热制动器。加热前后及中间应进行数次制动性指标测定，以评定制动系的热衰退性能。

另一种高温工况是下长坡连续制动。如令汽车由坡度为6%～10%、长7～10km的坡道上以车速30km/h制动下坡，最后检查制动性指标。

汽车转弯制动试验在平坦的干路面上进行(ABS系统的转弯制动在冰雪路面上进行)。试验时汽车沿一定半径作圆周行驶，达到下述开始制动前的稳定状态：转弯半径为40m或50m，侧向加速度为(5±0.5)m/s^2，相应车速为51km/h或57km/h，或者转弯半径为100m，侧向加速度为(4±0.4)m/s^2，相应车速为72km/h；保持转向盘转角不变动，关节气门，迅速踩制动踏板，离合器可以脱开也可以不脱开，使汽车以不同的等减速度制动。记录制动减速度、汽车横摆角速度、汽车航向角的变动量、制动时侧向路径偏离量参数。根据试验结果绘制最大横摆角速度、汽车航向角变动量、制动时侧向路径偏离量等参数与制动减速度的关系曲线。利用这些曲线来评价汽车转弯制动的方向稳定性。

因为湿路面附着系数降低很多，转弯制动试验也常在湿路面上进行。

图5-26是我国一中型货车装用不同花纹轮胎在不同前、后制动气室气压比时的转弯制动试验结果。试验是用空载货车在湿路面上进行的。起始制动车速为32km/h，转弯半径为40m，相应的侧向加速度为0.22g。由试验结果可以看出，原车装用烟斗花纹轮胎时的方向稳定性较差，最大横摆角速度为起始横摆角速度的两倍多；当汽车的前制动气室气压比后制动气室气压大时，即$i>1$时，最大横摆角速度减小；当采用连烟斗花纹轮胎(没有改变前、后制动气室气压比，即$i=1$)，汽车空载时的转弯制动方向稳定性也有大幅度的改善。

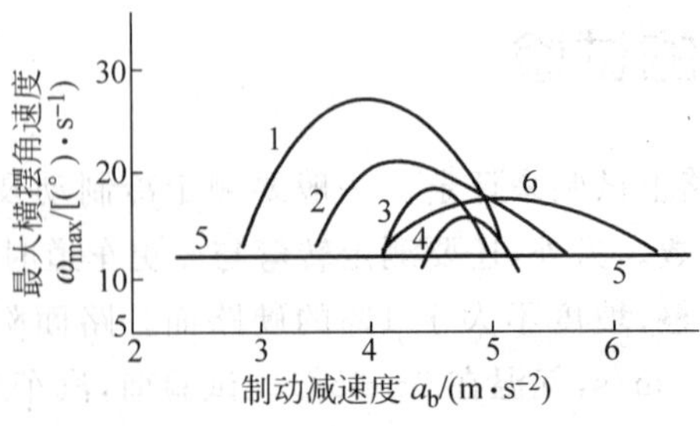

图5-26　最大横摆角速度与制动减速度曲线

1—原车装用烟斗花纹轮胎；2—烟斗花纹轮胎，i=1.8～2.1(i为前、后制动气室气压比)；
3—烟斗花纹轮胎，i=1.9～2.4；4—烟斗花纹轮胎，i=2.1～2.55；
5—烟斗花纹轮胎，i=2.3～2.85；6—原车装用连烟斗花纹轮胎

对于采用防抱死制动装置的轿车，试验时应测量附着系数利用率 ε 定义为防抱装置工作时的最大制动强度 z 和附着系数 φ 的商，即 $\varepsilon=z/\varphi$。附着系数利用率 ε 应在附着系数等于或小于 0.3 和大约为 0.8 的两种路面上测量，并且 ε 应满足 $\varepsilon\geqslant0.75$ 的条件。同时还应保证在对接路面(从高附着系数 φ_H 到低附着系数 φ_L 或者反过来。$\varphi_H\geqslant0.5$，$\varphi_H/\varphi_L>2$)和左右车轮分别位于两种不同附着系数(φ_H 和 φ_L)的对开路面上($\varphi_H\geqslant0.5$，$\varphi_H/\varphi_L>2$)，以 50km/h 起始制动车速制动，车轮不得抱死。并且还要求在对开路面上，用转向来修正方向时，在最初 2s，转向盘转角不得超过 120°，总转角不得超过 240°。

在汽车道路制动试验中，关键是要测准制动距离、制动减速度和车辆的侧向路径偏离量。测量制动距离时，首先要测准制动的起始时刻。一般采用制动踏板开关和制动灯开关来进行测量。自制的踏板开关一般要进行不同位置的踩踏试验以及开关触点接触电阻的试验，防止开关接通时不可靠。要注意制动灯开关电压的大小，必要时应该进行分压，以使电压的大小符合采集系统的要求。制动初速度在极限偏差为 3%的范围内，制动距离可以按下式修正：

$$L=L'(v/v')^2$$

式中，L 为校正后的制动距离，m；L'为测定的制动距离，m；v 为初速度的规定值，km/h；v'为初速度的测定值，km/h。

测量制动减速度有两种方法，一种是采用减速度计；另一种是采用五轮仪的速度信号微分。减速度计的选择要注意频率响应特性、灵敏度和噪声。侧向路径偏离量的测量有两种方法，一种方法是采用皮尺测量汽车相对行驶航道的偏离，最大测量误差为 0.05m；另一种方法是采用航向陀螺测量偏航角，这种方法一般是用于研究的。

路上试验虽能全面地反映汽车的制动性，但试验需要有特定的场地，且也颇费时间。因此，在汽车使用企业及一般车辆检测单位，常用室内试验装置测试汽车制动器的摩擦力矩，来检查汽车的制动性。

室内试验装置主要有平板式及滚筒式两种。图 5-27 是平板式制动试验台简图。平板式试验台由四块可活动的平板组成，左右平板中心的间隔距离等于轮距的宽度，前、后平板中心的间距等于轴距，每一块平板的长度都大于一个车轮的直径，大约为 1m。试验时，车辆用低速驶上平板并踩制动踏板。由于 4 个平板的纵向运动受到测力传感器的约束，于是每一块平板所测出的力等于轮胎和平板之间的制动力。平板式试验台的好处是可以反映制动时载荷的转移，测试方便、时间短。平板式试验台容易模拟道路的附着情况，而滚筒式制动试验台为了增加筒面与轮胎胎面的附着力，筒面应有横向槽形花纹，以保持附着系数在 0.65 以上。有时还应使用一定加载装置，以增加附着重量。

图 5-27　平板式制动试验台

轿车制动力大部分是由前轮制动器提供的，在滚筒式试验台上测量轿车前轮制动力常常会不准确。这是因为试验中作用于滚筒的垂直力仅是处于静止状态汽车的前轴轴荷(大大小于真实制动时前轴对地面的动态作用力)，轮胎与筒面间的附着系数又较低，造成轮胎与筒面间的附着力明显不足所致。采用平板式试验台进行测试时，注意要有一定的引车距离和稳定的车速，以提高其测试的重复性。平板式试验台不容易测量制动鼓的失圆度，测量制动力随踏板力的变化不如滚筒式试验台方便。在测量左、右侧制动力的偏差时，目前常用检测线上的滚筒式试验台，通过计算机采集踏板力增长过程中的左、右侧制动力，然后计算出不相等度。

思考题与练习题

5-1 什么是汽车的制动性?

5-2 作图分析地面制动力与制动器制动力和路面附着条件的关系。

5-3 汽车制动跑偏是由哪些原因造成的?

5-4 作图分析论述制动力系数与滑动率之间的关系。

5-5 作图分析论述“后轮侧滑比前轮侧滑更危险”的道理。

5-6 设某汽车的同步附着系数为 0.5，试分别分析该车在附着系数为 0.3 和 0.7 的路面上制动时的制动过程。(作图分析)

5-7 增加传动系的挡位数，对改善汽车的动力性和燃油经济性有何作用?

5-8 已测得某车制动时车轮转速为 120r/min，此时汽车车速为 36km/h，若该车的车轮半径为 0.5m，问：此时该车车轮的滑动率是多少?

5-9 某轿车满载质量为 3780kg，轴距 $L=2.8$m，满载时质心至前轴距离 $a=1.8$m，质心高度 $h_g=835$mm，当该车在附着系数 $\varphi=0.7$ 的水平路面上紧急制动时，前、后车轮的地面制动力均达到附着力，求此时作用于前轮和后轮的地面法向反作用力。

5-10 某型货车的总质量为 12000kg，质心高为 1.2m，轴距为 4.0m，质心至前轴距离 2.60m，制动力分配系数为 0.52，试计算此车的同步附着系数。

5-11 某型货车的总质量为 12000kg，质心高为 1.2m，轴距为 4.0m，质心至前轴距离 2.60m，制动力分配系数为 0.42。

(1) 制动系的反应时间为 0.03s，制动减速度上升时间为 0.04s，制动减速度按照线性变化，制动初速度为 50km/h，在附着系数 $\varphi=0.75$ 的路面上，计算此车的最小制动距离。

(2) 如果该车配备的是前、后制动器分开的双管路制动系，试分别计算前、后管路损坏时在附着系数 $\varphi=0.7$ 的路面上的最大制动强度。

汽车的操纵稳定性

汽车的操纵稳定性亦称为汽车的驾驶性能。通常认为它包含相互联系的两个部分：一是操纵性，二是稳定性。操纵性是指汽车能够确切地响应驾驶员转向操纵的能力；稳定性是指汽车受到外界干扰后恢复原有运动状态的能力。二者难以断然分开，是相互关联的，故通称为操纵稳定性。

汽车在行驶过程中会遇到各种复杂的情况，有时直线行驶，有时曲线行驶；在发生意外情况时，驾驶员还要对汽车作紧急的异常操作，以确保交通安全；汽车行驶中还要受到来自路面不平、坡道、风力等各种外部因素的干扰。操纵稳定性是指汽车根据道路、地形、交通情况等的限制，能够正确地按照驾驶员通过操纵机构所给的方向行驶的能力；以及汽车在行驶过程中抵抗企图改变其行驶方向的各种干扰，保持稳定行驶的能力，并不能过分降低汽车的行驶速度或造成驾驶员过度的紧张和疲劳。

6.1 汽车的操纵稳定性的评价方法及指标

6.1.1 汽车操纵稳定性包含的内容

汽车操纵稳定性涉及的问题较为广泛，需要采用较多的物理参量从多方面来进行评价。在汽车的操纵稳定性的研究中，常把汽车作为一个控制系统，利用汽车曲线行驶的时域响应和频域响应来表征汽车的行驶稳定性。

汽车曲线行驶的时域响应是指汽车在转向盘输入或外界侧向干扰输入下的侧向运动响应。转向盘的输入有两种形式：给方向盘一个角位移，称为角位移输入，简称角输入；给方向盘作用一个力矩，称为力矩输入，简称力输入。外界侧向干扰输入主要是指侧向风和路面不平产生的侧向力。

汽车操纵稳定性的基本内容及评价所用物理量如表 6-1 所示。

在评价过程中，主要用到的物理参量及意义如下：

转向盘角阶跃输入下的稳态响应及转向盘角阶跃输入下的瞬态响应就是表征汽车操纵稳定性的转向盘角位移输入下的时域响应。

横摆角速度频率响应特性是转向盘转角正弦输入下，频率由 $0\to\infty$ 时，汽车横摆角速度与转向盘的振幅比及相位差的变化规律。它是一个重要的表征汽车操纵稳定性的基础特性。

表 6-1 汽车操纵稳定性的基本内容及评价所用物理参量

基本内容	主要评价参量
1. 转向盘角阶跃输入下的稳态响应——转向特性 转向盘角阶跃输入下的瞬态响应	稳态横摆角速度增益——转向灵敏度 反应时间、横摆角速度波动的无阻尼圆频率
2. 横摆角速度频率响应特性	共振峰频率、共振时振幅比、相位滞后角、稳态增益
3. 转向盘中间位置操纵稳定性	转向灵敏度、转向盘力特性——转向盘转矩梯度、转向功灵敏度
4. 回正性	回正后剩余横摆角速度与剩余横摆角、达到剩余横摆角速度的时间
5. 转向半径	最小转向半径
6. 转向轻便性： 原地转向、低速行驶和高速行驶转向轻便性	转向力、转向功
7. 直线行驶性能： 直线行驶性 侧向风敏感性、路面不平敏感性	转向盘转角和(累计值) 侧向偏移
8. 典型行驶工况性能： 蛇形性能、移线性能、双移线性能-回避障碍性能 ⋮	转向盘转角、转向力、侧向加速度、横摆角速度、侧偏角、车速等
9. 极限行驶能力： 圆周行驶极限侧向加速度 抗侧翻能力 发生侧滑时的控制性能 ⋮	极限侧向加速度 极限车速 回至原来路径所需时间

转向盘中间位置操纵稳定性是转向盘小转角、低频正弦输入下汽车高速行驶时的操纵稳定性。

回正性是转向盘力输入下的时域响应。

转向半径是评价汽车机动灵活性的物理参量。

转向轻便性是评价转动方向盘轻便程度的特性。

汽车的直线行驶性能是评价汽车操纵稳定性的另一个重要方面。其中侧向风敏感性与路面不平敏感性是汽车直线行驶时在外界侧向干扰输入下的时域响应。

典型行驶工况性能是指汽车通过某种模拟典型驾驶操作通道的性能。它们能更如实地反映汽车的操纵稳定性。

极限行驶性能是指汽车在处于正常行驶与异常危险运动之间的运动状态下的特性。它表明了汽车安全行驶的极限性能。

汽车是由若干部件组成的一个物理系统，它具有惯性、弹性、阻尼等许多动力学的特点，所以它是一个多自由度动力学系统。应指出，构成汽车动力学系统的元件，如轮胎、悬架、转向系等，具有非线性，描述汽车的微分方程应该是非线性方程，也就是说汽车是一个非线性系统。但是在大多数情况下，汽车的侧向加速度不超过 $0.4g$，若忽略掉一些次要因素，也可以把汽车近似地看做一个线性动力学系统。

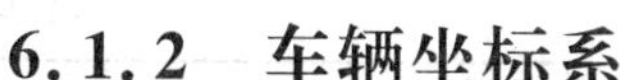

6.1.2　车辆坐标系

汽车的运动是固结于运动着的汽车上的动坐标系——车辆坐标系来描述的。图 6-1 所示固结于汽车上的 $Oxyz$ 直角坐标系下就是车辆坐标系。xOz 处于汽车的左右对称的平面内。当车辆在水平路面上处于静止状态下，x 轴平行于地面指向前方，z 轴通过质心指向上方，y 轴指向驾驶员左侧，坐标系的原点 O 常可令其与质心重合。与操纵稳定性有关的主要运动参量为，车厢角速度在 z 轴上的分量——横摆角速度 ω_γ，汽车质心速度在 y 轴上的分量——侧向速度 v，汽车质心加速度在 y 轴上的分量——侧向加速度 a_y 等。

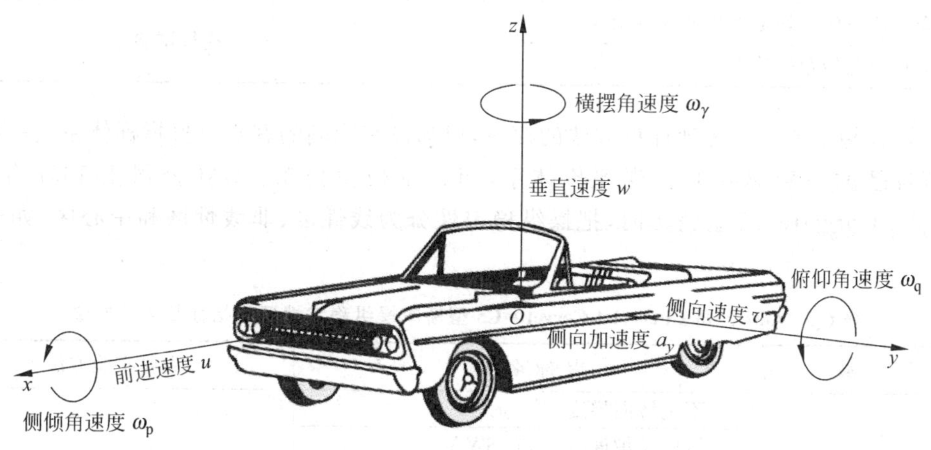

图 6-1　车辆坐标系与汽车主要运动形式

6.1.3　客观评价方法及其试验标准

客观评价是将日常驾驶中的复杂操纵行为分解为单一工况进行单一方面的试验、评价。在日常驾驶中，汽车既有可能处于开环控制中，也会处于闭环控制中，如高速公路上的直线行驶情况。汽车操纵稳定性的客观评价指标早期是稳态特性，设计汽车应具有不足转向特性，后来有了各种不同指标的限制和 ESV 等，这种方法不能定量评价汽车的操纵稳定性。目前针对汽车操纵稳定性的指标繁多，主要来自国际标准化组织(ISO)关于乘用车和商用车的汽车操纵稳定性的标准。目前，我国执行的操纵稳定性评价标准是 QC/T 480—1999《汽车操纵稳定性指标限值与评价方法》。依据标准可进行稳态回转、转向回正性、转向轻便性、转向盘转角阶跃输入瞬态响应、转向盘转角脉冲输入瞬态响应和蛇行等共 6 项试验评价。主要内容如表 6-2 所示。

表 6-2　QC/T 480—1999《汽车操纵稳定性指标限值与评价方法》主要的试验方法及指标

指 标 名 称	主要实验方法
中性转向点的侧向加速度 a_n	稳态回转试验
不足转向度 U	
车厢侧倾度 K_φ	
松开方向盘 3s 时残留横摆角速度绝对值 $\Delta\gamma$	转向回正性能试验
横摆角速度总方差 E_γ	

续表

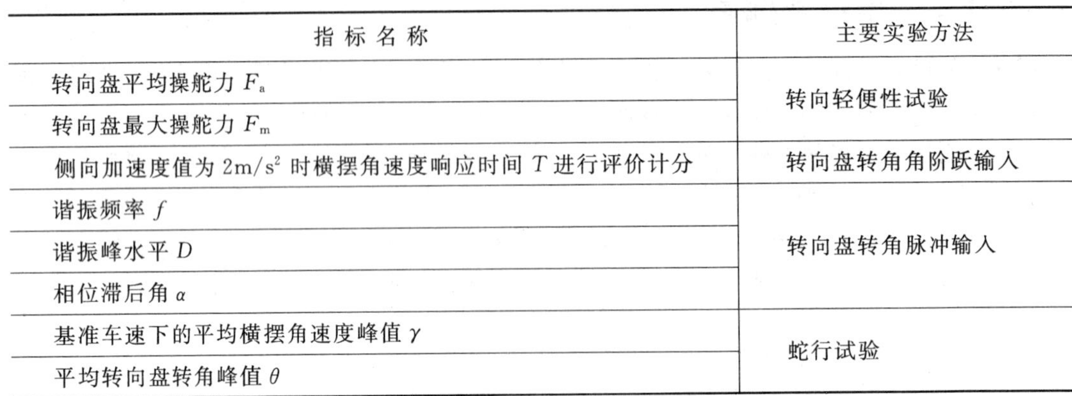

指标名称	主要实验方法
转向盘平均操舵力 F_a	转向轻便性试验
转向盘最大操舵力 F_m	
侧向加速度值为 $2m/s^2$ 时横摆角速度响应时间 T 进行评价计分	转向盘转角角阶跃输入
谐振频率 f	转向盘转角脉冲输入
谐振峰水平 D	
相位滞后角 α	
基准车速下的平均横摆角速度峰值 γ	蛇行试验
平均转向盘转角峰值 θ	

尽管有趋于统一的客观评价方法的存在，但却没有明确的客观评价指标体系，各大汽车厂都有自己的一套成熟的客观评价体系，但是都极少公布。GM 公司于 1997 年设计 Chevrolet Corvette C5 型轿车时，把操纵稳定性分为线性区、非线性区和中心区，如表 6-3 所示。

表 6-3　GM 公司 Chevrolet Corvette C5 型轿车操纵稳定性评价指标及实验方法

区　域	指标名称	主要实验方法
线性区	不足转向梯度((°)/g)	稳态圆周实验 方向盘转角阶跃实验
	转向灵敏度(g/100° SWA)	
	线性范围(g)	
	侧倾梯度((°)/g)	
	侧向加速度响应时间(s)	
	侧倾阻尼	
	横摆阻尼	
非线性区	最大侧向加速度(g)	稳态圆周实验
	松油门后稳定性((°)/g)	
中心区	最小转向灵敏度(g/100° SWA)	中心区实验
	转向灵敏度比值	
	0 力矩时侧向加速度	
	转向功灵敏度	
	转向力矩梯度比值	
	静态转向功	
	转向滞后	

6.1.4　基于驾驶员模型的人车闭环主观评价

20 世纪 80 年代初期开始，从理论与实验两方面着手研究人-车闭环系统。考虑到驾驶员特性在建模中可能出现的困难，比如时变系统、人与人之间的差异及驾驶员有很强的适应能力等因素；以及实际主观实验需要样车，实验受自然条件限制，并且车辆模型的动力学特性建模确定且比较成熟，所以在实验方面可以采用驾驶模拟器代替车辆模型，由真实驾驶员操纵组成的闭环系统，规避了驾驶员建模的难度。理论方面驾驶员模型的建立考虑到人的学习性和适应性，所建立的驾驶员模型可以有效地仿真驾驶员-汽车闭环系统对道路的跟随过程。

人-车闭环系统在分析汽车性能的应用主要有以下几方面：①驾驶员操纵负担分析(体力、精神负担)；②闭环系统性能分析；③侧风稳定性分析。

客观评价和主观评价都应用于汽车操纵稳定性的研究中。二者各具优势，但同时也存在不可忽视的不足之处。主观评价的缺点是离散性大，一致性不佳。单个驾驶员的主观评价有似盲人摸象：固定不变的汽车品质，在试驾之后驾驶员根据个人感受来描述汽车品质。描述一方面依赖个体驾驶员的经验以及感觉的灵敏度，是否能够尽可能多地、灵敏地感受汽车全部方面的操纵特性，而且个体对汽车感受的"标尺"也不尽相同，这些主观的人为因素是主观评价结果离散性比较大的主要原因。另外，评价结果还依赖于驾驶员评价时的心理和生理条件，这使得评价结果可复现性不好，即使是同一个驾驶员作评价，不同时间得到的评价结果也不完全相同。为了减少主观不定性的影响，依据统计学上的大数定律需要尽可能多的专业驾驶员作主观评价。主观评价的另一个缺点是在设计阶段必须要生产出样车，这样会增加评价成本和设计周期。客观评价方法的优点是实验方法和指标计算结果比较明确，没有人为性的不确定因素的干扰，并且，随着虚拟仿真技术的成熟，汽车模型的精确构建，为以计算机仿真分析为手段研究汽车动力学特性及预测动态系统特性提供了极大方便。

为了得到合理的可以用纯工程上的客观语言来描述主观评价结果，结合主观评价的优点发挥客观评价的长处，就要建立主观评价和客观评价之间的关系，从而用更客观的指标代替主观评价的感性描述。如图 6-2 所示，驾驶员的主观评价过程如同黑匣子，需要辨识主观评价体系的黑匣子可以通过线性回归方法建立主观评价结果和不同客观评价指标的联系。这样就可以通过客观试验来预测驾驶员的主观评价。

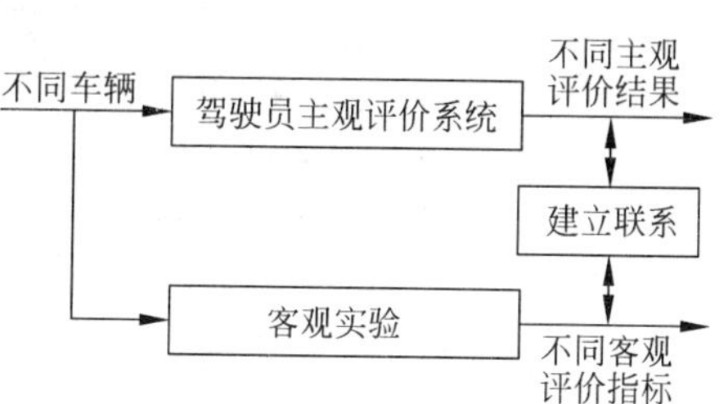

图 6-2 操纵稳定性主客观一致性研究

6.2 线性二自由度汽车模型对前轮角阶跃输入的响应

建立车辆模型是分析汽车的操纵稳定性的基础。表达汽车操纵稳定性的物理模型很多，从简单的二自由度线性到运用多体动力学包括了各种非线性关系的复杂的几十个自由度的模型。为了更好地分析汽车操纵稳定性的本质特性，可以应用线性二自由度模型进行汽车操纵稳定性的研究。

6.2.1 线性二自由度汽车模型

为便于掌握操纵稳定性的基本特性，将对一简化为线性二自由度的汽车模型进行研究。分析中忽略转向系统的影响，直接以前轮转角作为输入；忽略悬架的作用，认为汽车车辆只作平行于地面的平面运动，即汽车沿 z 轴的位移、绕 y 轴的俯仰角与绕 x 轴的侧倾角均为零，另外，在本章特定条件下，汽车沿 x 轴的前进速度 u 视为不变。因此，汽车只有沿 y 轴的侧向运动与 z 轴的横摆运动这样两个自由度。此外，汽车的侧向加速度限定在 $0.4g$ 以下，轮胎侧偏特性处于线性范围，在建立运动微分方程时还假设：驱动力不大，不考虑地面切向力对轮胎侧偏特性的影响，没有空气动力的作用，忽略左、右车轮轮胎由于载荷的变化而引起轮胎特性的变化以及轮胎回正力矩的作用，这样，实际汽车便简化成一个两轮摩托车模型，见图 6-3。它是一个由前后两个有侧向弹性的轮胎支承于地面、具有侧向及横摆运动的二自由度汽车模型。分析时，令车辆坐标系的原点与汽车质心重合。

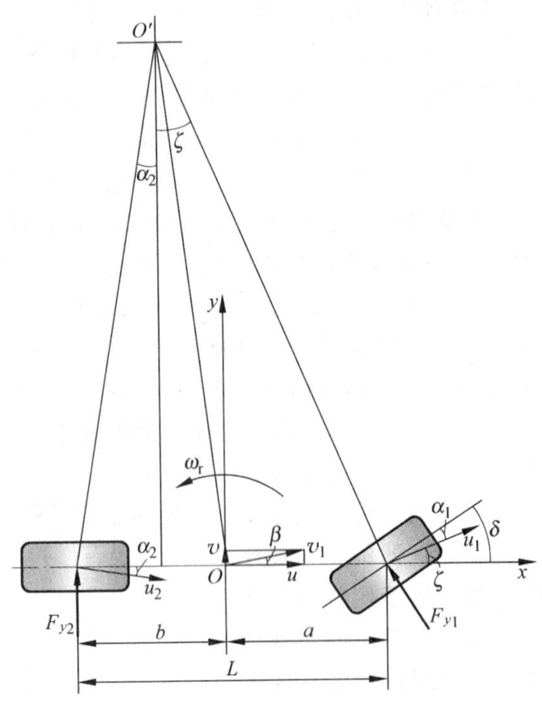

图 6-3　线性二自由度汽车模型

显然，汽车的质量分布参数，如转动惯量等，对固结于汽车的这一动坐标系而言为常数，这正是采用车辆坐标系的方便之处。因此，只要汽车的(绝对)加速度与(绝对)角加速度及外力与外力矩沿车辆坐标系的轴线分解，就可以列出沿这些坐标轴的运动微分方程。

下面依次确定：汽车质心的(绝对)加速度在车辆坐标系上的分量，二自由度汽车受到的外力与绕质心的外力矩，外力、外力矩与汽车运动参数的关系。最后，列出二自由度汽车的运动微分方程式。

首先确定汽车质心的(绝对)加速度在车辆坐标系上的分量。

参看图 6-4，Ox 与 Oy 为车辆坐标系的纵轴与横轴。质心加速度 v_1 于 t 时刻在 Ox 轴上的分量为 u，在 Oy 轴上的分量为 v。由于汽车转向行驶时伴有平移和转动，在 $t+\Delta t$ 时刻，车辆坐标系中质心速度的大小与方向均发生变化，而车辆坐标系的纵轴与横轴的方向亦发生变化。所以，沿 Ox 轴速度分量的变化为

$$(u+\Delta u)\cos\Delta\theta-u-(v+\Delta v)\sin\Delta\theta=u\cos\Delta\theta+\Delta u\cos\Delta\theta-u-v\sin\Delta\theta-\Delta v\sin\Delta\theta$$

考虑到 $\Delta\theta$ 很小并忽略二阶微量，上式变为 $\Delta u-v\Delta\theta$。

除以 Δt 并取极限，便是汽车质心绝对加速度在车辆坐标系 Ox 轴上的分量：

$$a_x=\frac{\mathrm{d}u}{\mathrm{d}t}-v\frac{\mathrm{d}\theta}{\mathrm{d}t}=\dot{u}-v\omega_\gamma \tag{6-1}$$

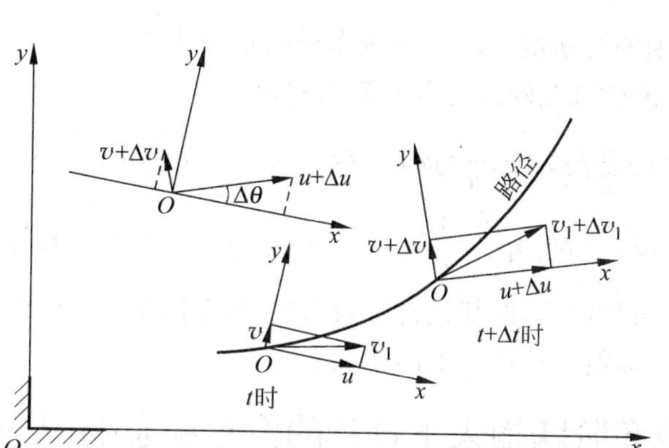

图 6-4 利用动坐标系分析汽车的运动

同理，汽车质心绝对加速度沿横轴 Oy 上的分量为

$$a_y = \dot{v} + u\omega_\gamma \tag{6-2}$$

由图 6-3 可知，二自由度汽车受到的外力沿 y 轴方向的合力与绕质心的力矩和为

$$\begin{cases} \sum F_y = k_1\alpha_1 + k_2\alpha_2 \\ \sum M_z = ak_1\alpha_1 - bk_2\alpha_2 \end{cases} \tag{6-3}$$

式中，F_{y1}、F_{y2} 为地面对前、后轮的侧向反作用力，即侧偏力；δ 为前轮转角。

考虑到 δ 角较小，F_{y1}、F_{y2} 为侧偏力，式(6-3)可写作

$$\begin{cases} \sum F_y = F_{y1}\cos\delta + F_{y2} \\ \sum M_z = aF_{y1}\cos\delta - bF_{y2} \end{cases} \tag{6-4}$$

汽车前、后轮侧偏角与其运动参数有关。如图 6-3 所示，汽车前、后轴中点的速度为 u_1、u_2，侧偏角为 α_1、α_2，质心的侧偏角为 β，$\beta = v/u$。ζ 是 u_1 与 x 轴的夹角，其值为

$$\xi = \frac{v + a\omega_\gamma}{u} = \beta + \frac{a\omega_\gamma}{u}$$

根据坐标系的规定，前、后轮侧偏角为

$$\begin{cases} \alpha_1 = -(\delta - \xi) = \beta + \dfrac{a\omega_\gamma}{u} - \delta \\ \alpha_2 = \dfrac{v - b\omega_\gamma}{u} = \beta - \dfrac{b\omega_\gamma}{u} \end{cases} \tag{6-5}$$

由此，可列出外力、外力矩与汽车运动参数的关系式为

$$\sum F_y = k_1\left(\beta + \frac{a\omega_\gamma}{u} - \delta\right) + k_2\left(\beta - \frac{b\omega_\gamma}{u}\right)$$

$$\sum M_z = ak_1\left(\beta + \frac{a\omega_\gamma}{u} - \delta\right) - bk_2\left(\beta - \frac{b\omega_\gamma}{u}\right)$$

所以，二自由度汽车的运动微分方程为

$$k_1\left(\beta + \frac{a\omega_\gamma}{u} - \delta\right) + k_2\left(\beta - \frac{b\omega_\gamma}{u}\right) = m(\dot{v} + u\omega_\gamma)$$

$$ak_1\left(\beta + \frac{a\omega_\gamma}{u} - \delta\right) - bk_2\left(\beta - \frac{b\omega_\gamma}{u}\right) = I_z\dot{\omega}_\gamma$$

式中，I_z 为汽车绕 z 轴的转动惯量；$\dot{\omega}_\gamma$ 为汽车横摆角加速度。

整理后得到二自由度汽车的运动微分方程式为

$$\begin{cases}(k_1+k_2)\beta+\dfrac{1}{u}(ak_1-bk_2)\omega_\gamma-k_1\delta=m(\dot{v}+u\omega_\gamma)\\(ak_1-bk_2)\beta+\dfrac{1}{u}(a^2k_1+b^2k_2)\omega_\gamma-ak_1\delta=I_z\dot{\omega}_\gamma\end{cases}\tag{6-6}$$

这个联立方程式虽然简单，但却包含了最重要的汽车质量与轮胎侧偏刚度两方面的参数，所以能够反映汽车曲线运动最基本的特征。

6.2.2 前轮角阶跃输入下进行的汽车稳态响应——等速圆周行驶

1. 稳态响应

汽车等速行驶时，在前轮角阶跃输入下进入的稳态响应就是等速圆周运动。常用输出与输入的比值，如稳态的横摆角速度与前轮转角之比来评价稳态响应。这个比值称为稳态横摆角速度增益，也称为转向灵敏度，以符号$\left.\dfrac{\omega_\gamma}{\delta}\right)_s$表示。

稳态时横摆角速度 ω_γ 为定值，此时$\dot{v}=0$，$\dot{\omega}_\gamma=0$，依次代入式(6-6)得

$$\begin{cases}(k_1+k_2)\dfrac{v}{u}+\dfrac{1}{u}(ak_1-bk_2)\omega_\gamma-k_1\delta=mu\omega_\gamma\\(ak_1-bk_2)\dfrac{v}{u}+\dfrac{1}{u}(a^2k_1+b^2k_2)\omega_\gamma-ak_1\delta=0\end{cases}\tag{6-7}$$

将式(6-7)中的两式联立并消去 v，便可求得稳态横摆角速度增益为

$$\left.\frac{\omega_\gamma}{\delta}\right)_s=\frac{u/L}{1+\dfrac{m}{L^2}\left(\dfrac{a}{k_2}-\dfrac{b}{k_1}\right)u^2}=\frac{u/L}{1+Ku^2}\tag{6-8}$$

式中

$$K=\frac{m}{L^2}\left(\frac{a}{k_2}-\frac{b}{k_1}\right)$$

称为稳定性因数，其单位为 s^2/m^2，是表征汽车稳态响应的一个重要参数。

2. 稳态响应的三种类型

根据 K 的数值，汽车的稳态响应可分为三类。

1）中性转向

$K=0$ 时，$\left.\dfrac{\omega_\gamma}{\delta}\right)_s=u/L$，即横摆角速度增益与车速呈线性关系，斜率为 $1/L$。这种稳态称为中性转向，参看图 6-5。

应指出，此关系式就是汽车以极低车速行驶而无侧偏角时的转向关系，参看图 6-6。在无侧偏角时，前轮转角 $\delta\approx L/R$，转向半径 $R\approx L/\delta$，横摆角速度 $\omega_\gamma\approx\dfrac{u}{L}\delta$。因此，横摆角速度增益亦为$\left.\dfrac{\omega_\gamma}{\delta}\right)_s=u/L$。

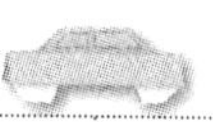

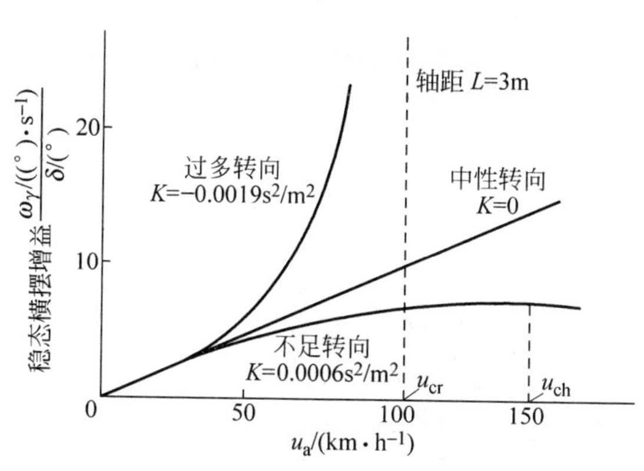

图 6-5　汽车的稳态横摆角速度增益曲线

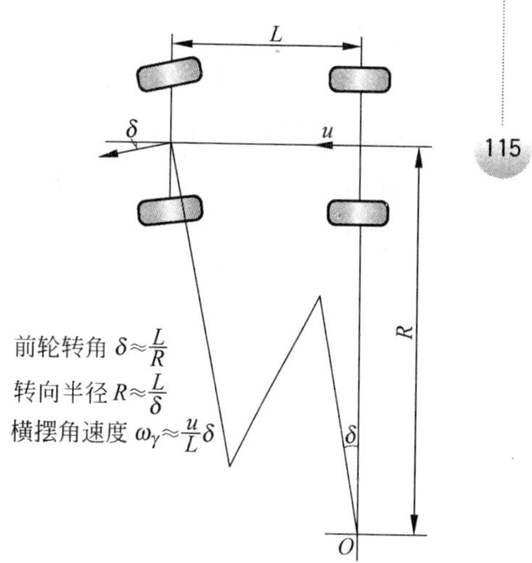

图 6-6　轮胎无侧偏角时汽车转向运动

2）不足转向

当 $K>0$ 时，式(6-8)的分母大于 1，横摆角速度增益 $\left.\frac{\omega_\gamma}{\delta}\right)_s$ 比中性转向时要小。$\left.\frac{\omega_\gamma}{\delta}\right)_s$ 不再与车速呈线性关系，$\left.\frac{\omega_\gamma}{\delta}\right)_s$-$u$ 是一条低于中性转向的汽车稳态横摆角速度增益线，后来又变为向下弯曲的曲线，参看图 6-5。

具有这样特性的不足转向汽车，K 值越大，横摆角速度增益曲线越低，不足转向量越大。

可以证明，当车速为 $u_{ch}=\sqrt{1/K}$ 时，汽车横摆角速度增益达到最大值，参看图 6-5，而且其横摆角速度增益为与轴距 L 相等的中性转向汽车横摆角速度增益的一半。u_{ch} 称为特征车速，是表征不足转向量的一个参数。当不足转向量增加时，K 增大，特征车速 u_{ch} 降低。

3）过多转向

当 $K<0$ 时，式(6-8)中的分母小于 1，横摆角速度增益 $\left.\frac{\omega_\gamma}{\delta}\right)_s$ 比中性转向时大。随着车速的增加，$\left.\frac{\omega_\gamma}{\delta}\right)_s$-$u_a$ 曲线向上弯曲(图 6-5)。具有这种特性的汽车称为过度转向汽车。K 值越小(即 K 的绝对值越大)，过多转向量越大。

显然，当车速为 $u_{cr}=\sqrt{-1/K}$ 时，稳态摆角速度增益趋于无穷大，参看图 6-5。u_{ch} 称为临界车速，是表征过度转向量的一个参数。临界车速越低，过多转向量越大。

过多转向汽车达到临界车速时将失去稳定性。因为 ω_γ/δ 等于无穷大时，只要极其微小的前轮转角便会产生极大的横摆角速度。这意味着汽车的转向半径极小，汽车发生激转而侧滑或翻车。由于过多转向汽车有失去稳定性的危险，故汽车都应具有适度的不足转向特性。

在此应指出，汽车在大侧向加速度时，轮胎侧片特性已进入非线性区，故确定时域响应的试验常取侧向加速度为 0.3g 或 0.4g。

3. 几个表征稳态响应的参数

为了试验与分析的方便，国内外研究开发部门根据自己的传统习惯，还采用一些别的参数来描述和评价汽车的稳态响应。

1）前、后轮侧偏角绝对值之差($\alpha_1-\alpha_2$)

为了测定汽车的稳态响应，常输入一固定转向盘转角，令汽车以不同等速度作圆周行驶，测出其前、后轮侧偏角的绝对值 α_1、α_2，并以($\alpha_1-\alpha_2$)与侧向加速度 a_y(绝对值)的关系曲线来评价汽车的稳态响应，参看图 6-7。

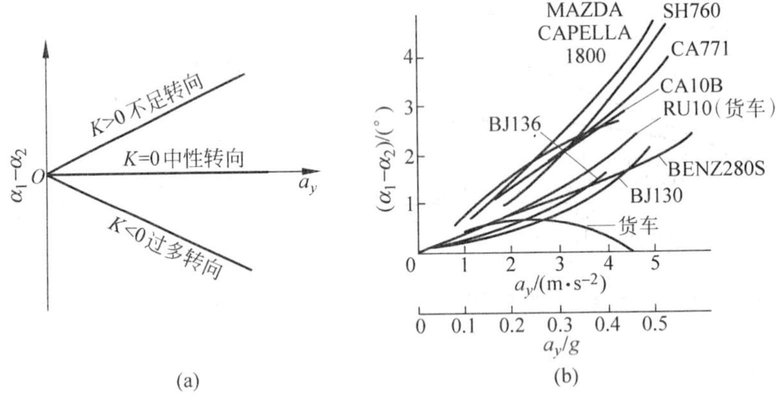

图 6-7 表示汽车稳态响应的($\alpha_1-\alpha_2$)-a_y 曲线

现在讨论($\alpha_1-\alpha_2$)值与汽车稳定性因数 K 的关系。由上述可知

$$K=\frac{m}{L^2}\left(\frac{a}{k_2}-\frac{b}{k_1}\right) \tag{6-9}$$

将式(6-9)右边上下均乘以侧向加速度 a_y，于是

$$K=\frac{1}{a_yL}\left(\frac{F_{Y2}}{k_2}-\frac{F_{Y1}}{k_1}\right)$$

由于侧向加速度 a_y 与前后轮的侧偏角 $\frac{F_{Y1}}{k_1}$、$\frac{F_{Y2}}{k_2}$ 符号相反，当前、后轮侧偏角 α_1、α_2 取绝对值时，侧向加速度 a_y 亦取绝对值，上式可写成

$$K=\frac{1}{a_yL}(\alpha_1-\alpha_2) \tag{6-10}$$

由式(6-10)可知，$\alpha_1-\alpha_2>0$ 时，$K>0$，为不足转向；当 $\alpha_1-\alpha_2=0$ 时，$K=0$，为中性转向：当 $\alpha_1-\alpha_2<0$ 时，$K<0$，为过多转向。($\alpha_1-\alpha_2$)与 a_y 呈线性关系，其斜率为 LK，参看图 6-7(a)。

为进一步说明($\alpha_1-\alpha_2$)与稳态响应的内在联系，下面讨论($\alpha_1-\alpha_2$)值与汽车转向半径 R 的关系。

前面已经求得稳态横摆角速度增益为

$$\left.\frac{\omega_r}{\delta}\right)_s=\frac{u/L}{1+Ku^2}$$

故

$$\delta=\frac{L}{R}+LKa_y$$

将式(6-10)代入上式得

$$\delta = \frac{L}{R} + (\alpha_1 - \alpha_2) \tag{6-11}$$

式(6-11)亦可从图 6-3 中的几何关系直接求出。若把前轮转角 δ 作为输入，转向半径 R 作为输出，并把式(6-11)写作

$$R = \frac{L}{\delta - (\alpha_1 - \alpha_2)} \tag{6-12}$$

则由式(6-12)可知，输入一定前轮转角 δ，若令车速极低，侧偏角可以忽略不计时的转向半径为 R_0，$R_0 = L/\delta$。车速提高后，前、后轮有侧偏角，若$(\alpha_1-\alpha_2)$为正值，则 $R>R_0$，即汽车的转向效果受到抑制。由于 $\alpha_1-\alpha_2$ 将随侧向加速度的提高而加大，因此这种抑制作用将随 a_y 的增加而增加，这就是不足转向特性。反之，若 $\alpha_1-\alpha_2$ 为负值，行驶圆的半径 $R<R_0$，汽车的转向效果加强，而且这种加强作用是随侧向加速度的增大而增加的，这就是过多转向特性。由此可见，$(\alpha_1-\alpha_2)$是可以作为汽车稳态响应的评价指标的。

图 6-7(b)是试验测得的$(\alpha_1-\alpha_2)$-a_y 曲线。可以看出，当侧向加速度大于(0.3～0.4)·g(3～4m/s^2)以后，$\alpha_1-\alpha_2$ 与侧向加速度一般不再存在线性关系，这是因为轮胎侧偏特性已进入明显的非线性区域的缘故。不少汽车在大侧向加速度下，稳态响应特性发生显著变化，后轮或前轮侧偏角、汽车横摆角速度发生急剧变化，以致不能在维持圆周行驶，出现转向半径迅速增加或迅速减小的情况。

在实际的$(\alpha_1-\alpha_2)$-a_y 曲线中，应以曲线的斜率来区别其转向特性。斜率大于零时，随着侧向加速度的增加，$(\alpha_1-\alpha_2)$增加，转向半径增加，汽车具有不足转向特性；斜率小于零时，随着侧向加速度的增加，$(\alpha_1-\alpha_2)$减小，转向半径减小，汽车具有过多转向特性；斜率等于零时，汽车为中性转向。

2) 转向半径的比 R/R_0

在前轮转角一定的条件下，若令车速极低、侧向加速度接近于零(轮胎侧偏角可以忽略不计)时的转向半径为 R_0，而一定车速下有一定侧向加速度时的转向半径为 R，则这两个转向半径 R/R_0 可用以表征汽车的稳态响应。

下面确定 R/R_0 值与稳定因数 K 的关系。由图 6-6 可知，$R_0=L/\delta$。由式(6-8)可求得

$$R = R_0(1+Ku^2)$$

或

$$\frac{R}{R_0} = 1 + Ku^2 \tag{6-13}$$

故当 $K=0$ 时，$R/R_0=1$，即中性转向汽车的转向半径不随车速发生变化，始终为 R_0。$K>0$ 时，$R/R_0>1$，即不足转向汽车的转向半径总大于 R_0，且由式(6-13)可知，转向半径将随车速增加而增大；$K<0$ 时，$R/R_0<1$，即过多转向汽车的转向半径总小于 R_0，且由式(6-13)可知，转向半径将随车速的增加而减小。

图 6-8 是转向半径比值 R/R_0曲线与 K 值曲线。图 6-8 是按式(6-13)画出的 R/R_0-u^2 曲线。图 6-8(b)是试验求得的北京旅行车公司轻型客车 WFR 的 R/R_0-a_y 曲线。图 6-8(c)是日本 *Motor Fan* 杂志道路试验报告给出的 Santana Xi5 轿车的 R/R_0-u^2 曲线，图上还画出了不同 K 值下的 $1+Ku^2$ 直线组，利用直线组可以求出 Santana Xi5 在不同侧向加速度下的 K 值。图 6-8(d)是 Santana Xi5 在不同侧向加速度下的 K 值曲线。曲线表明，在 0.5g 时的 K 值为 0.003g/m^2，图 6-8(e)是 1996 年 *Motor Fan* 杂志给出的 Benz E 320 的 K 值曲线，可知在 0.3g 时的 K 值为 0.0020s^2/m^2，在 0.5g 时的 K 值为 0.0019s^2/m^2，图中阴

影区为 *Motor Fan* 杂志在四年前测得的轿车 K 值曲线范围。

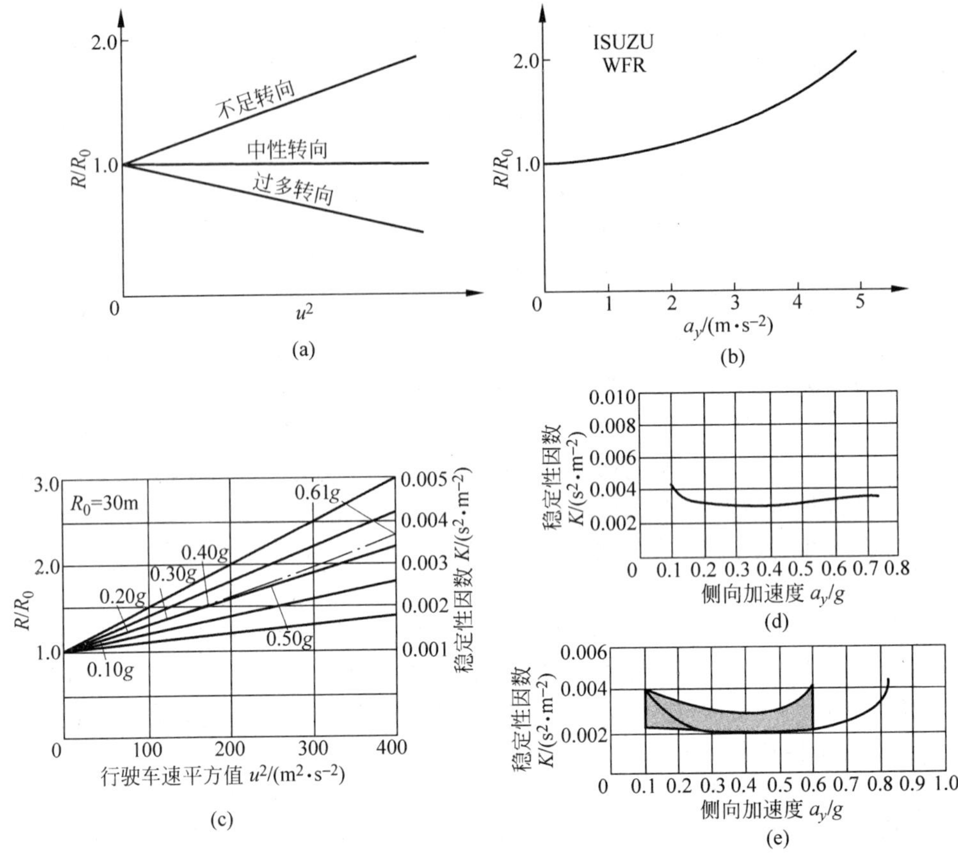

图 6-8　转向半径比值曲线与稳定性因数 K 值曲线

3）用静态储备系数 S. M. 来表征汽车稳态响应

静态储备系数是和处于汽车纵轴上的中性转向点这个概念相联系的。使汽车前后轮产生同一侧偏角的侧向力作用点称为中性转向点。

可通过力矩平衡找出中性转向点的位置，见图 6-9。当侧向力作用于中性转向点的位置时，前后轮产生同一侧偏角 α，前后轴的侧偏力为 $F_{Y1}=k_1\alpha, F_{Y2}=k_2\alpha$。因此，中性转向点 c_n 距前轴为

$$a'=\frac{F_{Y2}L}{F_{Y1}+F_{Y2}}=\frac{k_2}{k_1+k_2}L$$

静态储备系数 S. M. 就是中性转向点至前轴距离 a' 和汽车质心至前轴距离 a 之差 $(a'-a)$ 与轴距 L 之比值，即

$$\text{S. M.}=\frac{a'-a}{L}=\frac{k_2}{k_1+k_2}-\frac{a}{L}$$

当中性转向点与质心重合时，S. M. $=0$，在质心位置上作用的侧向力引起前后轮的侧偏角相等，汽车具有中性转向

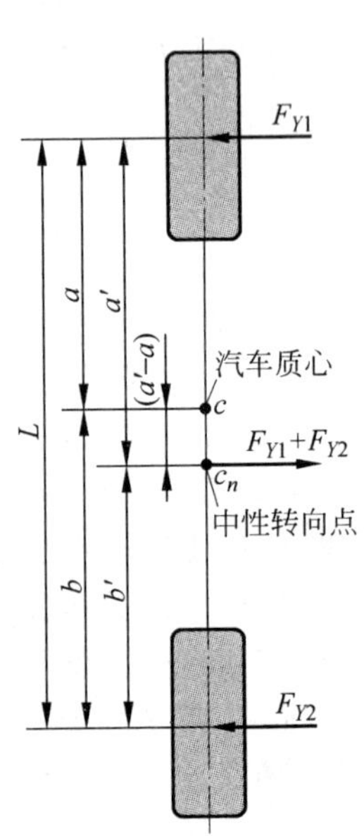

图 6-9　中性转向点位置的确定

特性。

当质心在中性转向点之前时，即 $a'>a$，S. M. 为正值，在质心位置上作用的侧向力引起前轮的侧偏角 α_1 大于后轮侧偏角 α_2 时，汽车具有不足转向特性。

当质心在中性转向点之后时，即 $a'<a$，S. M. 为正值，在质心位置上作用的侧向力引起后轮的侧偏角 α_2 大于前轮侧偏角 α_1，汽车具有过度转向特性。

6.2.3　前轮角阶跃输入下的瞬态响应

在稳态响应中，汽车的参数如质心侧偏角 β 以及横摆角速度 ω_γ 不随时间的变化而变化。与稳态响应相反，瞬态响应过程中，汽车的特征参数将随着时间的变化而变化。常用转向盘角阶跃输入下的瞬态响应来表征汽车的操作稳定性。图 6-10 为一辆等速行驶汽车在 $t=0$ 时，驾驶者急速转动转向盘至角度 δ_{sw0} 并维持此转角不变(即方向盘角阶跃输入)时的汽车瞬态响应曲线。在角阶跃输入的作用下，汽车横摆角速度经过一过渡过程后达到稳态横摆角速度 $\omega_{\gamma0}$。此过程即为汽车的瞬态响应过程，它具有以下几个特点：

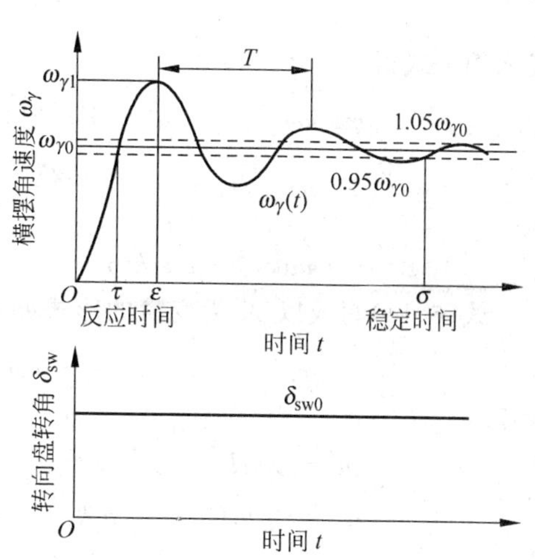

图 6-10　转向盘角阶跃输入下的汽车瞬态响应

(1) 时间上的滞后　汽车的横摆角速度不能立即达到稳态横摆角速度 $\omega_{\gamma0}$，而要经过时间 τ 后才能第一次达到 $\omega_{\gamma0}$。这一段滞后时间称为反应时间。反应时间短，则驾驶员感到转向响应迅速、及时，否则会觉得转向迟钝。

(2) 执行上的误差　最大横摆角速度 $\omega_{\gamma1}$ 常大于稳态值 $\omega_{\gamma0}$。$\omega_{\gamma1}/\omega_{\gamma0}\times100\%$ 称为超调量，它表示执行指令误差的大小。

(3) 横摆角速度的波动　在瞬态响应中，横摆角速度 ω_γ 以频率 ω 在 $\omega_{\gamma0}$ 值上下波动。波动的频率 ω 取决于汽车动力学系统的结构参数，它也是表征汽车操纵稳定性的一个重要参数。

(4) 进入稳态所经历的时间　横摆角速度达到稳态值 95%～105%之间的时间 σ 称为稳定时间，它表明进入稳态响应所经历的时间。

1. 前轮角阶跃输入下的横摆角速度瞬态响应

现在分析给汽车前轮一个角阶跃输入后，过渡过程中汽车的横摆角速度响应 $\omega_\gamma(t)$。将二自由度汽车运动微分方程式(6-6)重写如下：

$$(k_1+k_2)\beta+\frac{1}{u}(ak_1-bk_2)\omega_\gamma-k_1\delta=m(\dot{v}+u\omega_\gamma)$$

$$(ak_1-bk_2)\beta+\frac{1}{u}(a^2k_1+b^2k_2)\omega_\gamma-ak_1\delta=I_z\dot{\omega}_\gamma$$

由上述第二式得

$$\beta=\frac{I_z\dot{\omega}_\gamma-\frac{1}{u}(a^2k_1+b^2k_2)\omega_\gamma+ak_1\delta}{ak_1-bk_2}$$

求导数得

$$\dot{\beta}=\frac{I_z\ddot{\omega}_\gamma-\frac{1}{u}(a^2k_1+b^2k_2)\dot{\omega}_\gamma+ak_1\dot{\delta}}{ak_1-bk_2}$$

且

$$\dot{\beta}=\frac{\dot{v}}{u},\quad \beta=\frac{v}{u}$$

代入第一式得

$$\begin{aligned}&mI_zu\ddot{\omega}_\gamma-[m(a^2k_1+b^2k_2)+I_z(k_1+k_2)]\dot{\omega}_\gamma\\&+\left[mu(ak_1-bk_2)-\frac{(ak_1-bk_2)^2}{u}+\frac{(k_1+k_2)(a^2k_1+b^2k_2)}{u}\right]\omega_\gamma\\&=-muak_1\dot{\delta}+Lk_1k_2\delta\end{aligned}\tag{6-14}$$

式(6-14)写成以 ω_γ 为变量的形式如下：

$$m'\ddot{\omega}_\gamma+h\dot{\omega}_\gamma+c\omega_\gamma=b_1\dot{\delta}+b_0\delta\tag{6-15}$$

式中

$$\begin{aligned}m'&=muI_z\\h&=-[m(a^2k_1+b^2k_2)+I_z(k_1+k_2)]\\c&=mu(ak_1-bk_2)-\frac{(ak_1-bk_2)^2}{u}+\frac{(k_1+k_2)(a^2k_1+b^2k_2)}{u}\\&=mu(ak_1-bk_2)+\frac{L^2k_1k_2}{u}\\b_1&=-muak_1\\b_0&=Lk_1k_2\end{aligned}$$

式(6-15)是单自由度一般强迫振动微分方程式，通常写作

$$\ddot{\omega}_\gamma+2\omega_0\zeta\dot{\omega}_\gamma+\omega_0^2\omega_\gamma=B_1\dot{\delta}+B_0\delta\tag{6-16}$$

式中 $\omega_0^2=\frac{c}{m'}$，ω_0 为固有圆频率；$\zeta=\frac{h}{2\omega_0m'}$，为阻尼比；$B_1=\frac{b_1}{m'}$；$B_0=\frac{b_0}{m'}$。

汽车前轮角阶跃输入时，前轮转角的数学表达式为

$$\begin{cases}t<0, & \delta=0\\t\geqslant0, & \delta=\delta_0\\t>0, & \dot{\delta}=0\end{cases}$$

故当 $t>0$ 后，式(6-16)进一步简化为

$$\ddot{\omega}_\gamma+2\omega_0\zeta\dot{\omega}_\gamma+\omega_0^2\omega_\gamma=B_0\delta\tag{6-17}$$

这是二阶常系数齐次微分方程，其通解等于它的一个特解与对应的齐次微分方程的通解之和。显然其特解为

$$\omega_\gamma=\frac{B_0\delta_0}{\omega_0^2}=\frac{u/L}{1+Ku^2}\delta_0=\left.\frac{\omega_\gamma}{\delta}\right)_s\delta_0\tag{6-18}$$

即为稳态横摆角速度

$$\omega_{R0} = \left.\frac{\omega_R}{\delta}\right)_s \delta_0$$

对应的齐次方程式为

$$\ddot{\omega}_\gamma + 2\omega_0\zeta\dot{\omega}_\gamma + \omega_0^2\omega_\gamma = 0 \tag{6-19}$$

其通解可由如下的特征方程求得：

$$s^2 + 2\zeta\omega_0\dot{\omega}_\gamma + \omega_0^2 = 0 \tag{6-20}$$

根据 ξ 的数值，特征方程的根为

$$\begin{cases} \zeta < 1, & s = -\zeta\omega_0 \pm \omega_0\sqrt{1-\zeta^2}\,i\text{（一对共轭复根）} \\ \zeta = 1, & s = -\omega_0 \\ \zeta > 1, & s = -\zeta\omega_0 \pm \omega_0\sqrt{\zeta^2-1}\text{（两个不同实根）} \end{cases} \tag{6-21}$$

齐次方程的通解为

$$\begin{cases} \zeta < 1, & \omega_\gamma = C\mathrm{e}^{-\zeta\omega_0 t}\sin\left(\omega_0\sqrt{1-\zeta^2}\,t + \phi\right) \\ \zeta = 1, & \omega_\gamma = (C_1 + C_2 t)\mathrm{e}^{-\omega_0 t} \\ \zeta > 1, & \omega_\gamma = C_3\mathrm{e}^{-\zeta\omega_0 + \omega_0\sqrt{\zeta^2-1}t} + C_4\mathrm{e}^{-\zeta\omega_0 - \omega_0\sqrt{\zeta^2-1}t} \end{cases} \tag{6-22}$$

式中，C、ϕ、C_1、C_2、C_3、C_4 均为积分常数，可以根据运动的初始条件来确定。

$\xi>1$，称为大阻尼，横摆角速度响应 $\omega_\gamma(t)$ 是单调上升的。随着时间的增长，ω_γ 趋近于稳态横摆角速度 $\omega_{\gamma0}$；但当车速超过临界车速 u_{cr} 后，ω_γ 是发散的，趋于无穷大，此时汽车失去稳定性（在后面要作进一步论证）。$\xi=1$，称为临界阻尼，横摆角速度 $\omega_\gamma(t)$ 也是单调上升趋于 $\omega_{\gamma0}$。$\xi<1$ 称为小阻尼，横摆角速度 $\omega_\gamma(t)$ 是一条收敛于 $\omega_{\gamma0}$ 的减幅正弦曲线。由于正常的汽车都具有小阻尼的瞬态响应，所以下面只是讨论在角阶跃输入后，$\xi<1$ 时的横摆角速度 $\omega_\gamma(t)$ 的变化规律，并讨论结构参数对 $\omega_\gamma(t)$ 的影响。显然 $\xi<1$ 时横摆角速度为

$$\omega_\gamma(t) = \frac{B_0\delta_0}{\omega_0^2} + A_1\mathrm{e}^{-\zeta\omega_0 t}\cos\omega t + A_2\mathrm{e}^{-\zeta\omega_0 t}\sin\omega t$$

令 $\omega=\omega_0\sqrt{1-\zeta^2}$，上式可写为

$$\omega_\gamma(t) = \frac{B_0\delta_0}{\omega_0^2} + C\mathrm{e}^{-\zeta\omega_0 t}\sin(\omega t + \phi) \tag{6-23}$$

或

$$\omega_\gamma(t) = \frac{B_0\delta_0}{\omega_0^2} + A_1\mathrm{e}^{-\zeta\omega_0 t}\cos\omega t + A_2\mathrm{e}^{-\zeta\omega_0 t}\sin\omega t \tag{6-24}$$

下面确定积分常数 C、A_1、A_2。

运动的起始条件为：$t=0$ 时，$\omega_\gamma=0$；$v=0$，$\delta=\delta_0$。根据微分方程组(6-9)的第二式，还可以求得 $t=0$ 时，$\dot{\omega}_\gamma=-\dfrac{ak_1\delta_0}{I_z}=B_{1\delta_0}$。

由 $t=0$ 时，$\omega_\gamma=0$，求得式(6-24)中的一个积分常数为

$$A_1 = -\frac{B_0\delta_0}{\omega_0^2} \tag{6-25}$$

由 $t=0$ 时，$\dot{\omega}_\gamma=B_1\delta_0$，可求得另一积分常数为

$$A_2=\frac{B_0\delta_0}{\omega_0^2}\left(\frac{B_1}{B_0}\omega_0^2-\zeta\omega_0\right)\frac{1}{\omega}=\left.\frac{\omega_\gamma}{\delta}\right)_s\delta_0\left(\frac{-mua\omega_0}{Lk_2}-\zeta\right)\frac{1}{\sqrt{1-\zeta^2}} \tag{6-26}$$

而

$$\begin{aligned}C&=\sqrt{A_1^2+A_2^2}\\&=\left.\frac{\omega_\gamma}{\delta}\right)_s\delta_0\sqrt{\left[\left(\frac{-mua}{Lk_2}\right)^2\omega_0^2+\frac{2mua\zeta\omega_0}{Lk_2}+1\right]\frac{1}{1-\zeta^2}}\\&=\left.\frac{\omega_\gamma}{\delta}\right)_s\delta_0\sqrt{\left(\frac{-mua\omega_0}{Lk_2}-\zeta\right)^2\frac{1}{1-\zeta^2}+1}\end{aligned} \tag{6-27}$$

此外还有

$$\phi=\arctan\frac{A_1}{A_2}=\arctan\left(\frac{-\sqrt{1-\zeta^2}}{-\frac{mua\omega_0}{Lk_2}-\zeta}\right) \tag{6-28}$$

因此

$$\omega_\gamma(t)=\left.\frac{\omega_\gamma}{\delta}\right)_s\delta_0\left[1+\sqrt{\left[\left(\frac{-mua}{Lk_2}\right)^2\omega_0^2+\frac{2mua\zeta\omega_0}{Lk_2}+1\right]\frac{1}{1-\zeta^2}}\cdot e^{-\zeta\omega_0 t}\sin(\omega t+\phi)\right] \tag{6-29}$$

这就是给汽车前轮一个角阶跃输入时，汽车的横摆角速度稳态响应。由起始条件可知，在 $t=0$ 时，$\omega_\gamma=0$。由式(6-33)可知，$t=\infty$ 时，$e^{-\xi\omega_0 t}=0$，$\omega_\gamma(\infty)=\left.\frac{\omega_\gamma}{\delta}\right)_s\delta_0=\omega_{\gamma0}$，即横摆角速度最后趋于稳态横摆角速度 $\omega_{\gamma0}$。当时间 t 在零与无穷大之间时，$\omega_\gamma(t)$ 是衰减正弦函数。显然，阻尼比越大，衰减越快。

通常也用瞬态响应中的几个参数来表征响应品质的好坏，这些参数如下所示。

1）横摆角速度 ω_γ 波动时的固有(圆)频率 ω_0

由式(6-16)可知

$$\omega_0=\sqrt{\frac{c}{m'}}=\sqrt{\frac{mu(ak_1-bk_2)+\frac{L^2k_1k_2}{u}}{muI_z}}=\frac{L}{u}\sqrt{\frac{k_1k_2}{mI_z}(1+Ku^2)} \tag{6-30}$$

ω_0 值是评价汽车瞬态响应的一个重要参数。ω_0 值应高些为好。图 6-11 为一些欧洲及日本轿车的固有频率 f_0 与稳定性因数 K 值，固有频率 $f_0=\omega_0/2\pi$。可以看出，f_0 值在 1Hz 左右。欧洲高速公路允许的最高车速较高，所以轿车行驶车速高，其固有频率也较高，在 0.9Hz 以上。

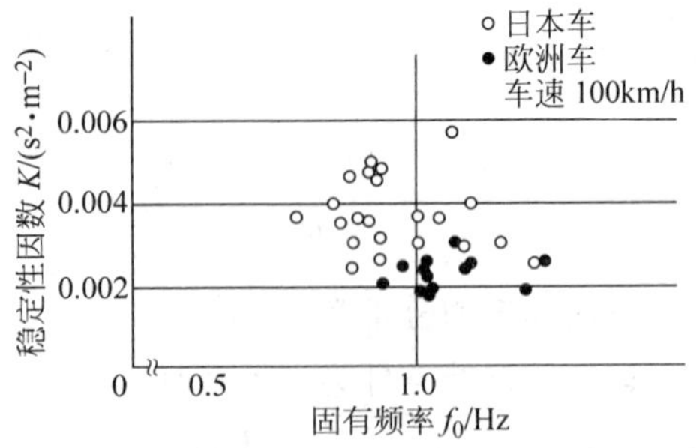

图 6-11　一些欧洲及日本轿车的 f_0 值与 K 值

2）阻尼比 ζ

由式(6-16)可知

$$\zeta=\frac{h}{2\omega_0 m'}=\frac{-[m(a^2k_1+b^2k_2)+I_z(k_1+k_2)]}{2mI_zL\sqrt{\frac{k_1k_2}{mI_z}(1+Ku^2)}}$$

$$= \frac{-m(a^2k_1+b^2k_2)-I_z(k_1+k_2)}{2L\sqrt{mI_zk_1k_2(1+Ku^2)}} \tag{6-31}$$

原联邦德国几所大学的汽车研究所通过大量试验，给出近代轿车的超调量为 $\omega_{\gamma\max}/\omega_{\gamma0}\times 100\%=112\%\sim165\%$，相应的试验工况为 31.3m/s(970mile/h)，$a_y=0.4g$。由此推算相应的阻尼比为 $\zeta=0.5\sim0.8$。

3）反应时间

反应时间是指角阶跃转向输入后，横摆角速度第一次达到稳定值 $\omega_{\gamma0}$ 所需的时间。在有的文献中，亦取达到 $0.9\omega_{\gamma0}$ 或 $0.63\omega_{\gamma0}$ 值所需的时间，但作为定性分析，并无本质差别。τ 是评价汽车瞬态响应的另一个重要参数。τ 值应小些为好。

将汽车横摆角速度响应式(6-23)重写如下：

$$\omega_\gamma(t)=\frac{B_0\delta_0}{\omega_0^2}+C\mathrm{e}^{-\zeta\omega_0 t}\sin(\omega t+\phi)$$

当 $t=\tau$ 时，$\omega_\gamma(\tau)=\dfrac{B_0\delta_0}{\omega_0^2}$，故

$$C\mathrm{e}^{-\zeta\omega_0 t}\sin(\omega t+\phi)=0$$

即

$$\sin(\omega t+\phi)=0$$

故

$$\tau=-\frac{\phi}{\omega}=\frac{\arctan\left(\dfrac{\sqrt{1-\zeta^2}}{-\dfrac{mua\omega_0}{Lk_2}-\zeta}\right)}{\omega_0\sqrt{1-\zeta^2}}$$

4）达到第一峰值 $\omega_{\gamma1}$ 的时间 ε

通常也用到达第一峰值 $\omega_{\gamma1}$ 的时间 ε 作为评定汽车瞬态横摆响应反应快慢的参数。ε 又称峰值反应时间。

对式(6-23)取导数有

$$\frac{\mathrm{d}\omega_\gamma(t)}{\mathrm{d}t}=C[-\zeta\omega_0\mathrm{e}^{-\zeta\omega_0 t}\sin(\omega t+\phi)+\omega\mathrm{e}^{-\zeta\omega_0 t}\cos(\omega t+\phi)]$$
$$=C\mathrm{e}^{-\zeta\omega_0 t}[-\zeta\omega_0\sin(\omega t+\phi)+\omega\cos(\omega t+\phi)]$$

当 $t=\varepsilon$ 时，$\dfrac{\mathrm{d}\omega_\gamma}{\mathrm{d}t}=0$，即

$$-\zeta\omega_0\mathrm{e}^{-\zeta\omega_0 t}\sin(\omega t+\phi)+\omega\mathrm{e}^{-\zeta\omega_0 t}\cos(\omega t+\phi)=0$$
$$\tan(\omega\varepsilon+\phi)=\frac{\omega}{\zeta\omega_0}$$

故

$$\varepsilon=\frac{\arctan\dfrac{\omega}{\zeta\omega_0}-\phi}{\omega}=\frac{\arctan\dfrac{\sqrt{1-\zeta^2}}{\zeta}}{\omega_0\sqrt{1-\zeta^2}}+\tau \tag{6-32}$$

原联邦德国几个大学的汽车研究所通过转向盘角阶跃试验得出如下统计数值：近代轿车的 $\varepsilon=0.94\sim1.72$s，T. B. 为 0.25～1.45s，相应的试验工况为 $u=31.3$m/s，$a_y=0.4g$。

Benz 中型货车装备不同轮胎时，在 $u=20\mathrm{m/s}, a_y=0.3g$ 的试验条件下，$\varepsilon=0.94\sim1.72\mathrm{s}$，T. B. $=2.06\sim4.76\mathrm{s}$，质心侧偏角 $\beta=2.05\sim3.03$。

上面推导出的 ω_0、ζ、τ、ε 等值的表达式，由于它们是从二自由度汽车模型的运动微分方程求得的，有很大的局限性，在数值上与实际有相当大的出入。

2. 瞬态响应的稳定条件

上节中讨论的瞬态响应，其横摆角速度为减幅正弦函数，最后趋于一稳定值，因此是稳定的，有很大的局限性，在数值上与实际有相当大的出入。

前轮转角阶跃输入下，二自由度汽车模型的运动微分方程式(6-17)的通解等于特解 $B_0\delta_0/\omega_0^2$ 与对应齐次微分方程通解之和。显然，汽车是否稳定取决于对应的齐次微分方程，即取决于汽车本身固有的特性。

式(6-20)～式(6-22)分别是对应的齐次微分方程的特征方程、特征根及其通解。从齐次微分方程的通解不难看出，当 $\xi\leqslant1$ 时，只要 $\zeta\omega_0$ 为正值，就收敛；否则发散而不稳定。

根据式(6-15)、式(6-16)可知

$$\zeta\omega_0=\frac{-\left[m(a^2k_1+b^2k_2)+(k_1+k_2)I_z\right]}{2muI_z}$$

式中，k_1、k_2 为负数，故 $\zeta\omega_0$ 恒为正值。因此，当 $\zeta\leqslant1$ 时，齐次微分方程的解均收敛而趋于零。

当 $\zeta>1$ 时，特征根必须为负值，齐次微分方程的解才收敛于零，即 $-\zeta\omega_0\pm\sqrt{(\zeta\omega_0)^2-\omega_0^2}$ 应为负值，才收敛。换言之，即 ω_0^2 应为正值，汽车的横摆角速度才收敛。由式(6-15)、式(6-16)可知

$$\omega_0^2=\frac{ak_1-bk_2}{I_z}+\frac{k_1k_2L^2}{mu^2I_z} \tag{6-33}$$

式中第一项是正值还是负值，是由汽车稳态响应决定的。因稳定性因数为

$$K=\frac{m}{L^2}\left(\frac{a}{k_2}-\frac{b}{k_1}\right)$$

故

$$ak_1-bk_2=\frac{Kk_1k_2L^2}{m} \tag{6-34}$$

即汽车具有不足转向特性时，$K>0$，$(ak_1-bk_2)>0$，式(6-33)中第一项为正；汽车为过多转向时，$K<0$，$(ak_1-bk_2)<0$，第一项为负。

式(6-33)中的第二项恒为正。当车速很低时，它是很大的值，因此不论第一项为正还是为负，ω_0^2 均为正值，即汽车横摆角速度 $\omega_\gamma(t)$ 收敛，汽车是稳定的。随着车速的增加，第二项越来越小。当汽车为过多转向而 ak_1-ak_2 为负值时，ω_0^2 就可能为负值，$\omega_\gamma(t)$ 发散，汽车是不稳定的。

过多转向汽车使 $\omega_0^2=0$ 的车速，称为临界速度 u_{cr}。当车速大于 u_{cr} 之后，$\omega_0^2<0$，汽车便是不稳定的。令式(6-33)等于零，可求得临界车速为

$$u_{cr}=\sqrt{-\frac{1}{K}} \tag{6-35}$$

它和稳态响应中的临界车速是一样的。

6.2.4 横摆角速度频率响应特性

一个线性系统，如输入一正弦函数，达到稳定状态时输出亦为具有相同频率的正弦函数，但两者的幅值不同，相位也要发生变化。输出、输入的幅值比是频率 f 的函数，记为 $A(f)$，称为幅频特性。相位差也是 f 的函数，记为 $\phi(f)$，称为相频特性。两者统称为频率特性。

在汽车操纵稳定性中，常以前轮转角 δ 或转向盘转角 δ_{sw} 为输入、汽车横摆角速度 ω_γ 为输出的汽车横摆角速度频率响应特性来表征汽车的动特性。

二自由度汽车模型的横摆角速度频率特性，可由其运动微分方程的傅里叶变换求得。

将式(6-16)重写如下：

$$\ddot{\omega}_\gamma + 2\omega_0\zeta\dot{\omega}_\gamma + \omega_0^2\omega_\gamma = B_1\dot{\delta} + B_0\delta$$

对上式进行傅氏变换，得

$$-\omega^2\omega_\gamma(\omega) + 2\omega_0\zeta \mathrm{j}\omega\omega_\gamma(\omega) + \omega_0^2\omega_\gamma(\omega) = B_1\mathrm{j}\omega\delta(\omega) + B_0\delta(\omega)$$

式中，$\omega_\gamma(\omega)$为 ω_γ 的傅里叶变换；$\delta(\omega)$为 δ 的傅里叶变换。

频率响应函数 $H(\mathrm{j}\omega)$为

$$\begin{aligned}
H(\mathrm{j}\omega)_{\omega_\gamma-\delta} &= \frac{\omega_\gamma(\omega)}{\delta(\omega)} = \frac{B_1\mathrm{j}\omega + B_0}{-\omega^2 + 2\omega_0\zeta\mathrm{j}\omega + \omega_0^2} \\
&= \frac{(B_1\mathrm{j}\omega + B_0)[(\omega_0^2 - \omega^2) - 2\zeta\omega_0\omega\mathrm{j}]}{[(\omega_0^2 - \omega^2) + 2\omega_0\zeta\mathrm{j}\omega][(\omega_0^2 - \omega^2) - 2\zeta\omega_0\omega\mathrm{j}]} \\
&= \frac{2B_1\zeta\omega_0\omega^2 + B_0(\omega_0^2 - \omega^2)}{(\omega_0^2 - \omega^2)^2 + 4\zeta^2\omega_0^2\omega^2} + \frac{B_1\omega(\omega_0^2 - \omega^2) - 2B_1\zeta\omega_0\omega}{(\omega_0^2 - \omega^2)^2 + 4\zeta^2\omega_0^2\omega^2}\mathrm{j} \\
&= B(\omega) + C(\omega)\mathrm{j}
\end{aligned}$$

幅频特性为

$$A(\omega) = \sqrt{[B(\omega)]^2 + [C(\omega)]^2} \tag{6-36}$$

相频特性为

$$\phi(\omega) = \arctan\frac{C(\omega)}{B(\omega)} \tag{6-37}$$

实际汽车的横摆角速度频率特性是通过转向盘角脉冲输入瞬态响应试验求得的。测定转向盘角脉冲输入瞬态响应可以只在较宽的试验跑道上进行，这是角脉冲输入试验的一个优点。若以转向盘角阶跃输入稳态响应表征汽车的动特性，则试验时需要很大的场地。所以近年来各国汽车研究所单位与工厂，常以横摆角速度频率响应特性来表征汽车的动特性。

幅频特性反映了驾驶员以不同频率输入指令时，汽车执行驾驶员指令失真的程度。幅频特性曲线(图 6-12)在低频区接近于一水平线，随着频率的增高，幅值比增加，至某一频率 f_r 时幅值比达到最大值，此时系统处于共振状态。频率再提高，幅值比逐渐减小。相频特性反映了汽车横摆角速度 ω_γ 滞后于转向盘转角的失真程度。从操作稳定性出发，希望幅频特性曲线能平些，共振频率高一点，通频带宽些，以保证不同工况下失真度较小，都有满意的操纵性能；同时希望相位差小些，以保证汽车有快速灵活的反应。

有人用横摆角速度频率特性上的 5 个参数评定汽车操纵稳定性，参看图 6-13，它们是：

(1) 频率为零时的幅值比，即稳态增益。

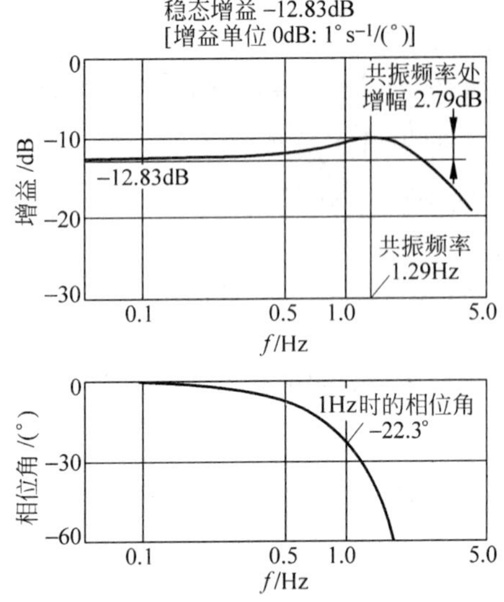

图 6-12　某轿车横摆角速度频率响应特性

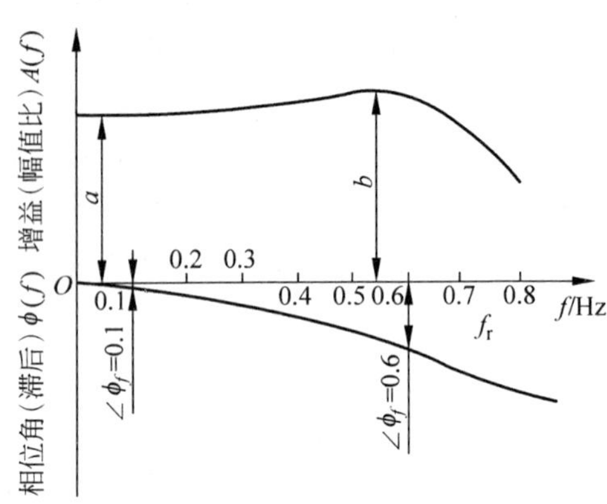

图 6-13　评价横摆角速度频率特性的 5 个参数

(2) 共振峰频率 f_r，f_r越高，操纵稳定性越好。

(3) 共振时的增幅比 b/a，增幅比 b/a 应小些。

(4) $f=0.1$Hz 时的相位滞后角 $\phi_f=0.1$，它代表缓慢转动转向盘时响应的快慢，这个数值应接近于零。

(5) $\phi_f=0.6$，$f=0.6$Hz 时的相位滞后角，它代表快速转动转向盘时响应的快慢，其数值应当小些。

6.3　汽车操纵稳定性与悬架的关系

6.3.1　汽车的侧倾

1. 车厢侧倾轴线

车厢相对地面转动时的瞬时轴线称为车厢侧倾轴线。该轴线通过车厢在前、后轴处横断面上的瞬时转动中心，这两个瞬时中心称为侧倾中心。

侧倾中心的位置取决于悬架的导向机构，可用图解法或试验法求得。用图解法求车厢的侧倾中心时常利用可逆原理即设车厢不动，让地面相对于车厢发生转动，求出地面相对于车厢的瞬时转动中心。显然，它就是车厢的侧倾中心。下面介绍车厢在几种不同悬架上的侧倾中心位置。分析时假定车轮是刚性的，且与地面无相对滑动。

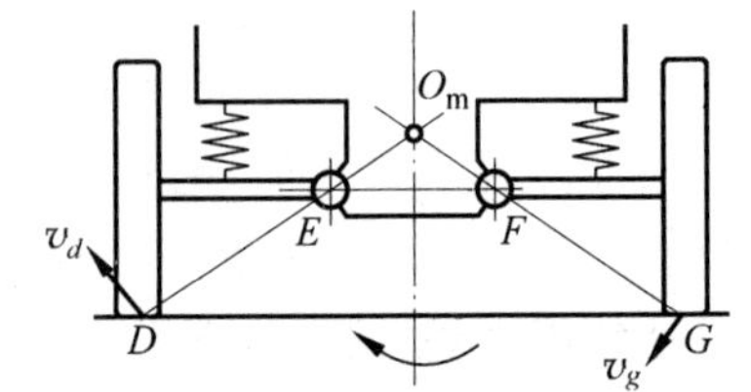

图 6-14　单横臂独立悬架上车厢的侧倾中心

1) 单横臂独立悬架上车厢的侧倾中心

图 6-14 为单横臂独立悬架的简图。设车厢不动，地面按顺时针方向相对车厢转动。地面与轮胎接触点 D、

G 的速度 v_d、v_g 必与 ED、FG 垂直。因此，ED、FG 延长线的交点 O_m 是地面绕车厢转动的瞬时中心。换言之，车厢在单横臂独立悬架上的侧倾中心就是 O_m 点。

2）双横臂独立悬架上车厢的侧倾中心

双横臂独立悬架左右两侧的导向杆系与车厢各为一个四连杆机构，见图 6-15，故车轮组件对车厢运动的瞬时中心为 O_l 及 O_r。因此，地面上 D、G 两点相对车厢的速度 $\boldsymbol{v}_d$、$\boldsymbol{v}_g$ 将如图 6-15(a)所示。地面相对车厢的瞬时转动中心，即为 $\boldsymbol{v}_d$、$\boldsymbol{v}_g$ 两矢量垂线的交点 O_m。它也就是车厢的侧倾中心。

从运动学的观点来看，图 6-15(b)上以 O_l、O_r 为铰接点的单横臂独立悬架可用来代替双横臂独立悬架，故可以称它为等效单横臂悬架。原则上，各种独立悬架都能找出等效单横臂悬架。

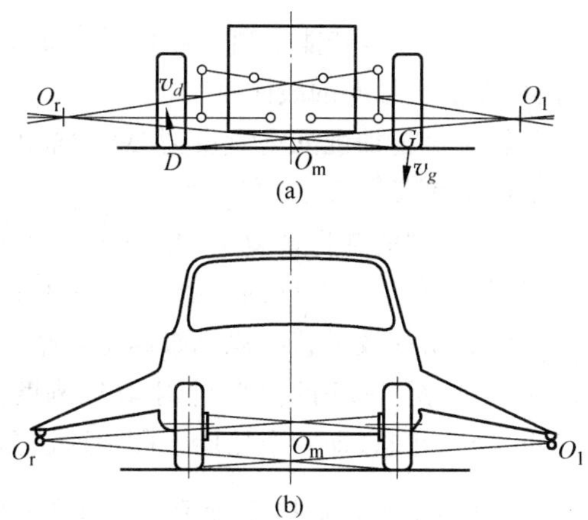

图 6-15　双横臂独立悬架上车厢的侧倾中心及双横臂独立悬架的等效单横臂悬架

随着车厢侧倾程度的增加，侧倾中心的位置发生变化。此外，在分析中没有考虑到导向杆系铰接点里装有橡胶衬套，以及侧倾中车厢碰到刚度不小的缓冲块的影响等情况，所以上面介绍的只是侧倾中心的近似位置。

2．悬架的侧倾角刚度

悬架的侧倾角刚度是指侧倾时(车轮保持在地面上)，单位车厢转脚下，悬架系统给车厢总的弹性恢复力偶矩。若令 T 为悬架系统作用于车厢的总弹性恢复力偶矩，ϕ_r 为车厢转角，则悬架的侧倾角刚度为

$$K_{\phi_r} = \frac{\mathrm{d}T}{\mathrm{d}\phi_r}$$

可以通过悬架的线刚度来计算侧倾角刚度。下面先介绍悬架线刚度的确定法。

1）悬架的线刚度

悬架的线刚度指的是车轮保持在地面上而车厢作垂直运动时，单位车厢位移下，悬架系统给车厢的总弹性恢复力。

具有非独立悬架的汽车车厢作垂直位移时所受到的弹性恢复力，就是弹簧直接作用于

车厢的弹性力。所以，悬架的线刚度就等于两个弹簧线刚度之和。参看图 6-16，若一个弹簧的线刚度为 K_s，则悬架的线刚度为 $K_l=2K_s$。

具有独立悬架的汽车车厢作垂直位移时，在垂直方向上车厢受到的随位移而变的力包括两部分：一个是弹簧直接作用于车厢的弹性力在垂直方向的分量；另一个是导向杆系约束反力在垂直方向的分量。若把一侧悬架（包括车轮在内）作为隔离体，可以看到，车厢作用于悬架的随位移而变化的力（包括弹簧力与导向杆系铰接点受到的力）在垂直方向的分量的大小，等于地面对轮胎的随车厢位移而变化的垂直反作用力 F_z 与汽车一侧的非悬挂质量重力 $G_u/2$ 之差 F'_z 与汽车一侧的非悬挂质量重力 $G_u/2$ 之差 $F'_z-G_u/2$ 的大小。换言之，悬架作用于车厢的弹性力就等于 $F'_z-G_u/2$。所以，若能求出车厢作微元垂直位移 Δs_t 时地面作用于轮胎的微元反作用力 $\Delta F'$，就可以求出悬架的线刚度。

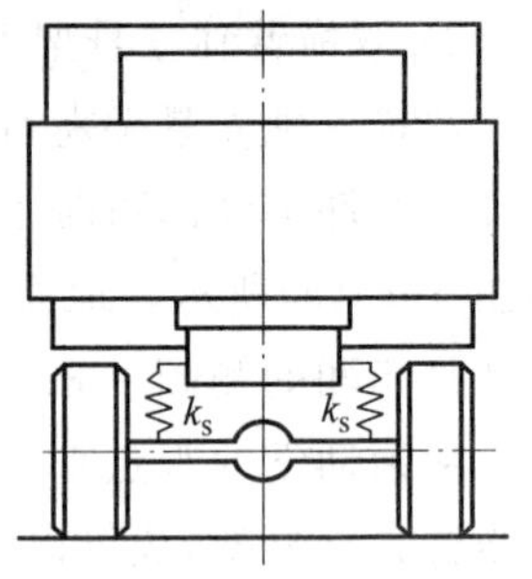

图 6-16　非独立悬架的线刚度

实际上，常设车厢不动，在轮胎上施加微元垂直反力 $\Delta F'_z$，求出轮胎接地面的微元垂直位移 Δs_t，进而求得一侧悬架的线刚度 $F'_z/\Delta s_t$。

由此还可以看出，车厢上一侧受到的弹性恢复力，相当于一个上端固定于车厢、下端固定于轮胎接地点且垂直于地面，具有悬架线刚度的螺旋弹簧施加于车厢的弹性力。这个相当的弹簧称为等效弹簧。后面要利用等效弹簧的概念来确定悬架的侧倾角刚度。

下面以单横臂独立悬架为例，见图 6-17 的左半侧，求其线刚度。

设车厢不动，汽车处于静止受力状态，即一个轮胎上的地面法向反作用力为 F'_z，其大小为 $\frac{1}{2}(G_s+G_u)$，G_s 为悬挂质量重力，G_u 为非悬挂质量重力；再在轮胎上加一向上的微元力 $\Delta F'_z$，由此引起车轮在垂直方向的微元位移 Δs_t 和弹簧沿其中心线方向的微元位移 Δs_s。弹簧力也相应增加了 ΔQ，$\Delta Q=K_s+\Delta s_s$，K_s 为弹簧刚度，由图可知

$$\frac{\Delta s_s}{m}=\frac{\Delta s_t}{n}$$

式中，m 为弹簧中心至横臂铰接点的距离；n 为横臂长。

另外根据力矩平衡有

$$\Delta F'_z n=\Delta Q m=K_s\Delta s_s m$$

故

$$\Delta F'_z=K_s\Delta s_s\frac{m}{n}=K_s\Delta s_t\left(\frac{m}{n}\right)^2$$

即一侧悬架刚度为

$$\frac{\Delta F'_z}{\Delta s_t}=K_s\left(\frac{m}{n}\right)^2$$

整个悬架的线刚度为

$$K_l=2K_s\left(\frac{m}{n}\right)^2$$

对于复杂的独立悬架，可以用虚位移原理求线刚度。仍以单横臂独立悬架为例。当汽车处于静止的受力状况时，按虚位移原理可以列出（参看图 6-17 中汽车的右半侧）

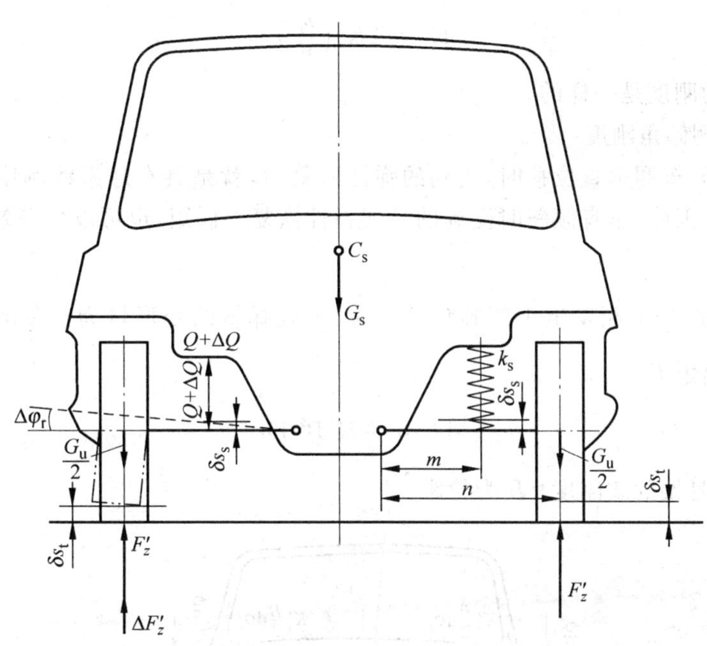

图 6-17　单横臂独立悬架线刚度的确定

$$\left(F'_z-\frac{G_u}{2}\right)\delta s_t - Q\delta s_s = 0$$

式中，δs_t 为地面法向反作用力作用点的虚位移；δs_s 为单横臂上弹簧力作用点的虚位移。

在地面法向反作用力作用点处再施加一微元力 $\Delta F'_z$，相应地弹簧力也增加了 ΔQ，按虚位移原理又可列出

$$\left(F'_z-\frac{G_u}{2}+\Delta F'_z\right)\delta s_t - (Q+\Delta Q)\delta s_s = 0$$

因此有

$$\Delta F'_z\delta s_t = \Delta Q\delta s_s$$

$$\Delta F'_z = \Delta Q\,\frac{\delta s_s}{\delta s_t}$$

$$\frac{K_l}{2}\Delta s_t = K_s\Delta s_s\,\frac{\delta s_s}{\delta s_t}$$

$$K_l = 2K_s\,\frac{\Delta s_s}{\Delta s_t}\,\frac{\delta s_s}{\delta s_t}$$

在微元力 $\Delta F'_z$ 的作用下，δs_s 与 Δs_t 均很小，即

$$\frac{\Delta s_s}{\Delta s_t} = \frac{\delta s_s}{\delta s_t}$$

故悬架线刚度

$$K_l = 2K_s\left(\frac{\delta s_s}{\delta s_t}\right)^2 \tag{6-38}$$

实际上，上面的分析没有牵涉到独立悬架的具体结构，因此式(6-38)对任何独立悬架均适用。利用式(6-38)，可求得单横臂独立悬架的线刚度为

$$K_l = 2K_s\left(\frac{m}{n}\right)^2$$

这与上面求得的刚度是一样的。

2）悬架的侧倾角刚度

上面已谈到，车厢垂直位移时，受到的弹性恢复力，就是具有悬架线刚度的等效弹簧所产生的弹性力。因此，车身倾斜时受到的悬架弹性恢复力偶矩，也可以用等效弹簧的概念来进行分析。

参看图 6-18，当车厢发生小侧倾角 $\mathrm{d}\phi_r$ 时，等效弹簧的变形量为 $\pm\frac{B}{2}\mathrm{d}\phi_r$，故车厢受到的弹性恢复力偶矩为

$$\mathrm{d}T = \frac{1}{2}K_l'B^2\mathrm{d}\phi_r$$

式中，K_l'为一侧悬架的线刚度；B 为轮距。

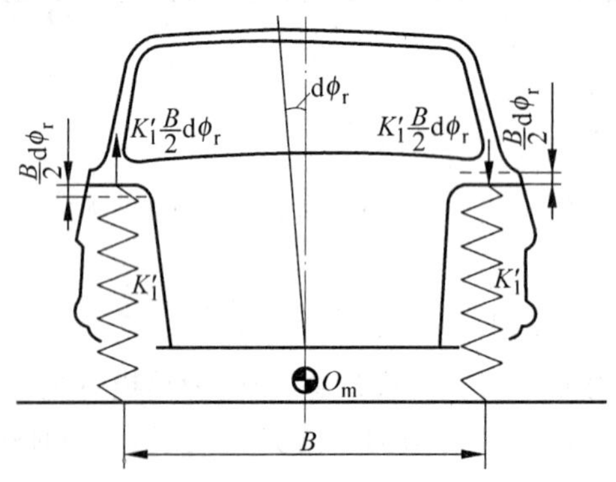

图 6-18　利用等效弹簧概念计算悬架侧倾角刚度

故悬架侧倾角刚度为

$$K_{\phi r} = \frac{1}{2}K_l'B^2 \tag{6-39}$$

若已知悬架的线刚度，即可算出该悬架的侧倾角刚度，例如，单横臂独立悬架侧倾角刚度为

$$K_{\phi r} = \frac{1}{2}K_s\left(\frac{Bm}{n}\right)^2 \tag{6-40}$$

一般轿车及客车常装有横向稳定杆，它是影响悬架侧倾角刚度的一个重要零件。若已知杆端的线刚度，可用类似方法求出其侧倾角刚度。

应指出，上面的计算只适用于小侧倾角，而且在分析中没有考虑导向杆系中铰接点处弹性衬套的影响。实际轿车的前侧倾角刚度为 300～1200N・m/(°)，后侧倾角刚度为 180～700N・m/(°)。

3. 车厢的侧倾角

车厢在侧向力作用下绕侧倾轴线的转角为车厢侧倾角。

车厢侧倾角 ϕ_r 是和汽车操纵稳定性及平顺性有关的一个重要参数，侧倾角的数值影响到汽车的横摆角速度稳态响应和横摆角速度瞬态响应。侧倾角本身也是评定汽车操纵稳定

性的一个重要指标。过大的侧倾角使驾驶员感到不稳定、不安全。对平顺性而言，侧倾过大的汽车，乘客感到不舒适。侧倾角过小，悬架的侧倾角刚度大，汽车一侧车轮遇到凸起或凹坑时，车厢内会感受到冲击，平顺性较差。

汽车作稳态圆周行驶时，车厢侧倾角取决于侧倾力矩 $M_{\phi r}$ 与悬架总的角刚度 $\sum K_{\phi r}$，即

$$\phi_r = \frac{M_{\phi r}}{\sum K_{\phi r}} \tag{6-41}$$

侧倾力矩主要由下列三部分组成。

1）悬挂质量离心力引起的侧倾力矩 $M_{\phi r \mathrm{I}}$

汽车作匀速圆周行驶时，悬挂质量 m_s 的离心力为

$$F_{sy} = m_s \frac{u^2}{R} = a_y G_s$$

式中，a_y 为侧向加速度，单位为 $9.8\mathrm{m/s^2}$，即 g；G_s 为悬挂质量重力，N。

参看图 6-19，可得 F_{sy} 引起的侧倾力矩为

$$M_{\phi r \mathrm{I}} = F_{sy} h$$

式中，h 为悬挂质量的质心至侧倾轴线的距离。

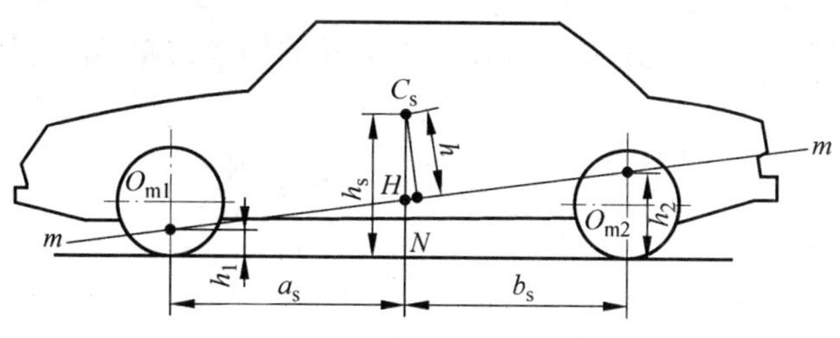

图 6-19 侧倾力矩的确定

若车厢前后侧倾中心至地面的距离分别为 h_1、h_2，车厢（悬挂质量）的质心至前后轴的距离为 a_s 及 b_s，则

$$h \approx h_s - \overline{HN} = h_s - \frac{h_1 b_s + h_2 a_s}{L}$$

用实验法测定悬挂质量质心的位置比较困难。一般是测定整车的质心位置和非悬挂部分的质量，在假设前后非悬挂质量的质心在车轮中心的条件下，可用计算方法求出悬挂质量的质心，在此不再详述。

2）侧倾后，悬挂质量重力引起的侧倾力矩 $M_{\phi r \mathrm{II}}$

车厢侧倾后，悬挂质量的质心偏出距离 e，见图 6-20。因此，其重力引起的侧倾力矩为

$$M_{\phi r \mathrm{II}} = G_s e \approx G_s h \phi_r$$

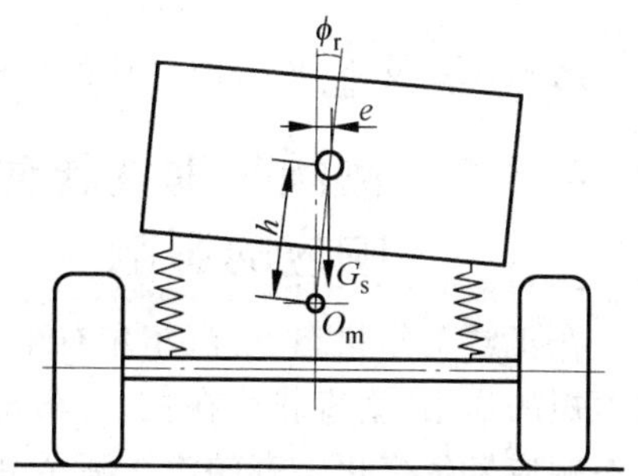

图 6-20 侧倾时悬挂质量重力引起的侧倾力矩

3）独立悬架中，非悬挂质量的离心力引起的侧倾力矩 $M_{\phi r \mathrm{II}}$

为了简化受力状态的分析，在讨论非悬挂质量引起的侧倾力矩时，把汽车的重力相应的地面反作用力构成的平衡力系，与悬挂质量的离心力及相应的地面

反作用力构成的平衡力系,都从整个受力状态中分离出去,不予考虑,好像在汽车上只作用有非悬挂质量所引起的离心力。下面讨论由此而产生的侧倾力矩。

以单横臂独立悬架为例,其受力状态如图 6-21 所示。可设非悬挂质量的质心通过车轴轴向,即质心离地面高度等于车轮半径 r。整个非悬挂质量产生的离心力为 F_{uy},此力由地面侧向反作用力来平衡。并设作用于每侧轮胎的地面侧向反作用力为总的地面侧向反作用力的一半,即 $\Delta F=F_{uy}/2$。取悬架机构的右侧为隔离体。离心力及地面侧向反作用力形成力偶矩$(F_{uy}/2)r$,力图使非悬架质量翻转。由于铰链 F 与地面的约束,产生反作用力 F_r 及 ΔF_z。从力矩平衡可知

$$F_r=\frac{F_{uy}}{2}\frac{r}{\overline{NG}}$$

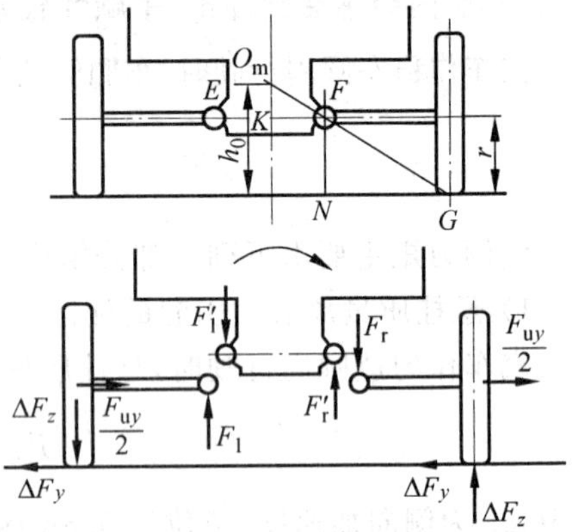

图 6-21 单横臂独立悬架中非悬挂质量离心力引起的侧倾力矩

在车厢上将作用一个大小相等、方向相反的 F_r'。同理,在另一侧铰链 E 上亦作用力F_1',两力所形成的力偶矩,就是使车厢绕侧倾中心 O_m 转动的 $M_{\phi r\text{III}}$,但其方向与悬挂质量离心力所引起的侧倾力矩 $M_{\phi r\text{I}}$ 相反。参看图 6-21,可得

$$M_{\phi r\text{III}}=-F_r'\overline{EF}=-F_{uy}r\frac{\overline{KF}}{\overline{NG}}$$

而

$$\frac{\overline{KF}}{\overline{NG}}=\frac{h_0-r}{r}$$

故

$$M_{\phi r\text{III}}=-F_{uy}(h_0-r)$$

找出其他各种独立悬架的等效单横臂独立悬架后,可以用类似的方法求得其非悬挂质量离心力构成的侧倾力矩。

因此,汽车作稳态圆周运动时,其侧倾力矩为

$$M_{\phi r}=M_{\phi r\text{I}}+M_{\phi r\text{II}}+M_{\phi r\text{III}} \tag{6-42}$$

悬架总的侧倾角刚度 $\sum K_{\phi r}$ 等于前后悬架及横向稳定杆的侧倾角刚度之和。

已知 $M_{\phi r}$ 及 $\sum K_{\phi r}$,即可求得车厢侧倾角。

6.3.2 侧倾时垂直载荷在左右车轮上的重新分配及其对稳态响应的影响

在正常工作状态下,汽车左右车轮的垂直载荷大体上是相等的。但曲线行驶时,由于侧倾力矩的作用,垂直载荷在左、右车轮上是不相等的。这将影响轮胎的侧偏特性,导致汽车稳态响应发生变化。有的汽车甚至会从不足转向变为过多转向。

由于作用于车轮的垂直载荷的大小等于地面对车轮的垂直反作用力的大小,所以下面分析作用于汽车前、后轴左、右侧车轮的地面垂直反作用力,来确定左、右侧车轮垂直载荷的

重新分配。

在分析左、右侧车轮地面垂直反作用力时，可把汽车简化为如图 6-22 所示的模型。工字形车架代表车厢（悬挂质量），M_s 为车厢质量。工字形车架由前、后铰链连接于侧倾轴线 $m_{01}m_{02}$ 上，经由弹性元件支承于刚性的前、后轴上。在讨论时，把静止状态下汽车的重力及相应的四个车轮的地面垂直反作用力作为一个平衡力系分离出去，单独讨论侧倾力矩作用下左、右侧车轮的地面垂直反作用力。

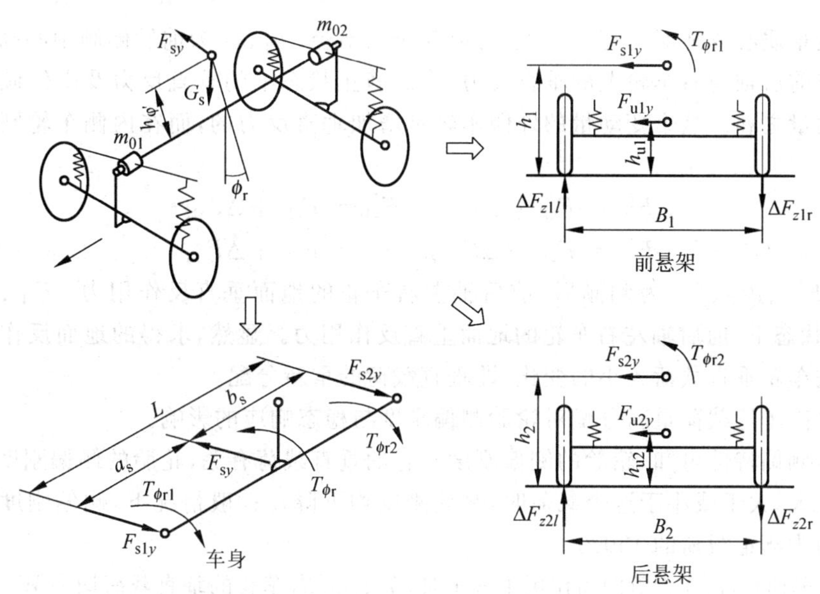

图 6-22　分析左右侧车轮垂直载荷重新分配时等效的汽车简化模型

车厢上作用的离心力 F_{sy}，按其质心所在的位置分配到前后悬架的侧倾中心 m_{01} 及 m_{02} 上，并由前后铰链处的侧向反作用力 F_{s1y}、F_{s2y} 所平衡，图 6-22，即

$$F_{sy}=F_{s1y}+F_{s2y}$$

$$F_{s1y}=F_{sy}\frac{b_s}{L}$$

$$F_{s2y}=F_{sy}\frac{a_s}{L}$$

侧倾角 ϕ_r 由式(6-41)求出。前后悬架作用于车厢的恢复力矩为

$$T_{\phi r1}=K_{\phi r1}\phi_r$$

$$T_{\phi r2}=K_{\phi r2}\phi_r$$

式中，$K_{\phi r1}$、$K_{\phi r2}$ 为前后悬架的侧倾角刚度。

把等效模型前后轴作为隔离体，可列出下式，并求出左右车轮垂直反力的变动量：

$$\Delta F_{z1l}B_1=F_{sy}\frac{b_s}{L}h_1+T_{\phi r1}+F_{u1y}h_{u1}$$

而

$$\Delta F_{z1r}=-\Delta F_{z1l}$$

同理有

$$\Delta F_{z2l}B_2 = F_{sy}\frac{a_s}{L}h_2 + T_{\phi r2} + F_{u2y}h_{u2}$$

而

$$\Delta F_{z2r} = -\Delta F_{z2l}$$

式中，ΔF_{z1l}、ΔF_{z1r}、ΔF_{z2l}、ΔF_{z2r}为前后轴左右车轮垂直反力的变动量；F_{u1y}、F_{u2y}为前后轴非悬挂质量m_{u1}、m_{u2}产生的离心力，在匀速圆周行驶时分别等于$m_{u1}\frac{u^2}{R}$及$m_{u2}\frac{u^2}{R}$；h_{u1}、h_{u2}为前后非悬挂质量质心离地面的高度，一般可取为车轮半径；h_1、h_2为前后侧倾中心高度。

作用在前后轴左右车轮上的垂直反力，将是静止状态下的垂直反力及由侧倾引起的垂直反力变动量之和。这个变动量的外侧车轮是增加垂直反力的，而在内侧车轮则是减少垂直反力的。

$$F'_{z1l} = F_{z1l} + \Delta F_{z1l}, \quad F'_{z1r} = F_{z1r} + \Delta F_{z1r}$$

$$F'_{z2l} = F_{z2l} + \Delta F_{z2l}, \quad F'_{z2r} = F_{z2r} + \Delta F_{z2r}$$

式中，F'_{z1l}、F'_{z1r}、F'_{z2l}、F'_{z2r}为侧倾后，前后轴左右车轮的地面垂直反作用力；F_{z1l}、F_{z1r}、F_{z2l}、F_{z2r}为静止状态下，前后轴左右车轮的地面垂直反作用力。显然，求得的地面反作用力大小的变化就是车轮垂直载荷大小的变化，即垂直载荷的重新分配。

下面讨论车轮载荷重新分配对轮胎侧偏刚度与稳态响应的影响。

由轮胎侧偏特性可知，轮胎的侧偏刚度与它的垂直载荷有关，轮胎的侧偏刚度在某一载荷下达到最大，大于或小于这个载荷时，侧偏刚度均下降。一般情况下，侧偏刚度最大时的垂直载荷约为额定载荷的150%。

就一根车轴而言，在无侧向力作用于汽车时，车轴左、右车轮的垂直载荷均为W_0(图6-23)，每个车轮的侧偏刚度均为K_0。在有侧向力作用于汽车和地面有相应的侧向反作用力F_Y作用于两轮胎时，若设左、右车轮垂直载荷没有发生变化，则相应的侧偏角为$\alpha_0 = \frac{F_Y}{2k_0}$。

实际上，在侧向力作用下，左右车轮垂直载荷均发生变化。内侧车轮减少ΔW，外侧车轮增加ΔW，两个车轮的侧偏刚度为K_l、K_r。由于左右车轮的侧偏角相等，故有

$$F_Y = K_l\alpha + K_r\alpha$$

或

$$\alpha = \frac{F_Y}{K_l + K_r}$$

若令$K'_0 = \frac{K_l + K_r}{2}$，$K'_0$为垂直载荷重新分配后每个车轮的平均侧偏刚度，则两个车轮的侧偏角为

$$\alpha = \frac{F_Y}{2K'_0} \tag{6-43}$$

由图6-23可知，平均侧偏刚度K'_0即为梯形$abcd$中线ef的高度。显然$K_0 > K'_0$，即$\alpha > \alpha_0$。进一步分析可知左右车轮垂直载荷差别越大，平均侧偏刚度越小。

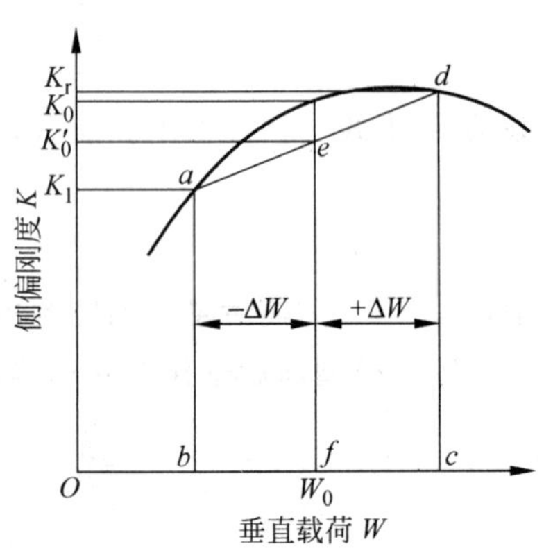

图6-23 左右车轮垂直载荷再分配时轮胎的侧偏刚度

由此可知，在侧向力作用下，若汽车前轴左右车轮垂直载荷变动量较大，汽车趋于增加不足转向量；若

后轴左右车轮垂直载荷变动量较大，汽车趋于减少不足转向量。汽车前轴及后轴左右车轮载荷变动量取决于：前后悬架侧倾角刚度、悬挂质量、非悬挂质量、质心位置以及前后悬架侧倾中心位置等一系列参数的数值。

6.3.3 侧倾外倾——侧倾时车轮外倾角的变化

车厢侧倾时，因悬架形式不同，车轮外倾角的变化有三种情况：保持不变，沿地面侧向反作用力作用方向倾斜，沿地面侧向反作用力作用方向的相反方向倾斜。车轮外倾角的变化会引起外倾侧向力或者说引起轮胎侧偏角的改变。在6.2节中已介绍过轮胎既有外倾角又有侧偏角时，地面侧向反作用力为

$$F_Y = F_{Y\alpha} + F_{Y\gamma}$$

因而

$$\alpha = \frac{1}{K}(F_Y - F_{Y\gamma}) = \frac{F_Y}{K} - \gamma\frac{K_\gamma}{K} \tag{6-44}$$

即 F_Y 为正值而外倾角为负值时，外倾角的作用是使侧偏角的代数值增大、绝对值减小；若外倾角为正值时，使侧偏角的代数值减小、绝对值增大。换言之，当车轮外倾倾斜的方向与地面侧向反作用力一致时，侧偏角绝对值减小；反之则增大。因此，悬架的车轮外倾角变化规律将影响汽车的稳态与瞬态响应。前面还提到过，随着外倾角的增加，轮胎的侧向附着性能降低。所以，外倾角的变化还同时影响汽车极限侧向加速度。若要保持高的极限性能，急速转弯行驶时承受大部分垂直载荷的外侧车轮应尽量垂直于地面，使轮胎胎面花纹与地面保持良好的接触。在悬架设计中应恰当控制、设置这种车厢侧倾外倾角。

车厢侧倾车轮相对于地面的外倾角可以认为是由两部分组成的，即车轮相对于车厢的外倾角和车厢相对于地面的侧倾角。因此，一般用下述方法来确定车轮对地面的外倾角：先假设车厢不动，令地面向相反方向转过一车厢侧倾角 ϕ_r。这样便可根据不同悬架导向杆系的运动学关系，找出车轮与车厢的相对运动转角，然后让地面与汽车一起回转一个侧倾角 ϕ_r，此时，地面回到原来的状态，便可确定外倾角的数值。

图6-24所示为用上述方法对上下横臂长度相等且平行的双横臂独立悬架进行分析的步骤。

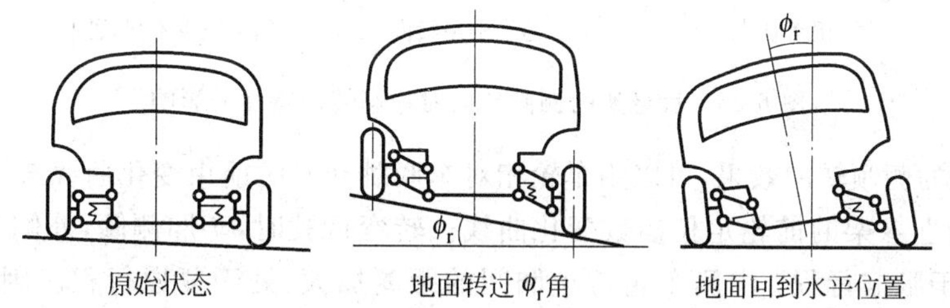

图6-24 侧倾时上下横臂长度相等且平行的双横臂独立悬架车轮外倾角的确定

汽车在不平整地面上直线行驶时，由于侧倾外倾角的缘故，车轮的上下跳动使车轮外倾角不断变化，会产生相应的外倾角侧向力的变化而影响到汽车直线行驶稳定性。所以，侧倾外倾角的设置要兼顾到横摆角速度响应与直线行驶稳定性两个方面。

车厢侧倾引起的车轮外倾角的变化可由下式计算：

$$\gamma = \frac{\partial \gamma}{\partial \phi_r}\phi_r \tag{6-45}$$

式中，$\frac{\partial \gamma}{\partial \phi_r}$为车厢侧倾引起的外倾角变化率，(°)/(°)，称为侧倾外倾系数。

为了说明这种外倾变化对汽车稳态响应的作用，在其数值后带一括号，在括号内写入“不足”或“过多”两字。若外倾的变化使汽车不足转向量增加，则在数值后写作(不足)；若外倾的变化使汽车不足转向量减少或过多转向量增加，则写作(过多)。

轿车前侧倾外倾系数$\left(\frac{\partial \gamma}{\partial \phi_r}\right)_1$为0.61°/(°)～0.88°/(°)(不足)，后侧倾外倾系数$\left(\frac{\partial \gamma}{\partial \phi_r}\right)_2$为0°/(°)～0.86°/(°)(过多)。

6.3.4 侧倾转向

在侧向力作用下车厢发生侧倾，由车厢侧倾所引起的前转向轮绕主销的转动、后轮绕垂直于地面轴线的转动，即车轮转向角的变动，称为侧倾转向。对于后轴，即非转向轴而言，它是指车厢侧倾时由于悬架导向杆系的运动学关系所产生的车轮转向角；对于前轴，即转向轴而言，侧倾转向还包括悬架导向杆系与转向杆系相互作用的运动学关系所产生的车轮转向角的变动量。后者可以看做悬架导向杆系与转向杆系在运动学上不协调而发生干涉的结果，所以它也称为“侧倾干涉转向”。

发生侧倾转向时，非独立悬架的车轴亦发生绕垂直轴线的转动，所以侧倾转向也称为轴转向。从运动学的观点来看，车轴及车轮绕垂直于地面的轴线转动的效果与轮胎发生(弹性)侧偏角后的效果是一样的，所以侧倾转向又称为运动学侧偏。随着前、后侧倾转向的方向与数值的不同，汽车的不足转向量可能增加或减少。图6-25表明了后悬架的侧倾转向对稳态转向特性的影响。

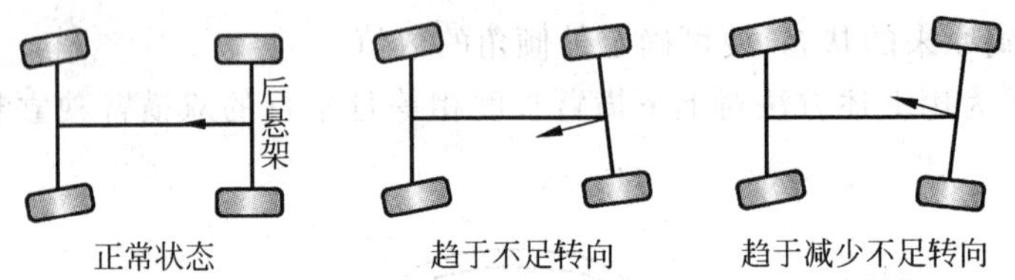

图6-25　后悬架的侧倾转向对稳态转向特性的影响

独立悬架的侧倾转向效果，可以用车轮相对车厢跳动时的前束变化曲线来说明。图6-26为一双横臂独立悬架的前轮定位参数变化曲线。转弯行驶时，车厢侧倾，外侧车轮与车厢的距离缩小，处于胀缩行程；内侧车轮与车厢间的距离加大，处于复原行程。因此，装有此独立悬架的汽车，外侧车轮的前束减小，车轮向外转动，内侧车轮的前束增加，车轮向汽车纵向中心线方向转动。侧倾转向增加了不足转向量，这种侧倾转向称为不足侧倾转向。

但是具有侧倾转向效应的汽车在直线行驶时，路面不平引起车轮相对于车厢的跳动也会使车轮产生一定的转向角，从而影响汽车直线行驶稳定性，所以近代轿车趋于减少侧倾转向量。

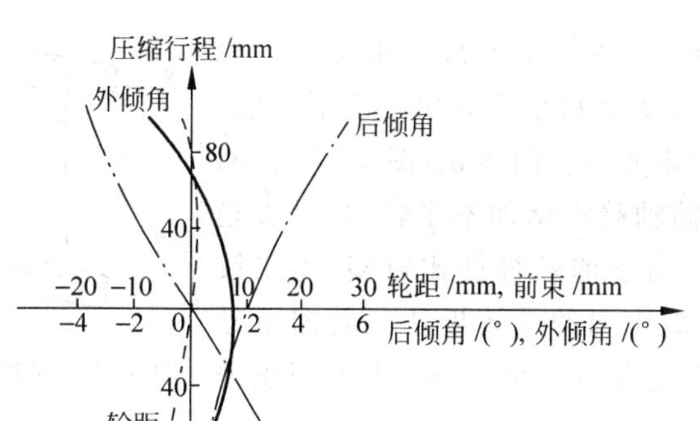

图 6-26 一双横臂独立悬架前轮定位参数的变化曲线

车轮的侧倾转向角与车厢侧倾角的关系可以用下式表示：

$$\delta = \phi_r \frac{\partial \delta}{\partial \phi_r} \tag{6-46}$$

式中，$\frac{\partial \delta}{\partial \phi_r}$称为侧倾转向系数。轿车的前侧倾转向系数$\left(\frac{\partial \delta}{\partial \phi_r}\right)_1$为 0.20°/(°)(不足)～0.10°/(°)(过多)，后侧倾转向系数$\left(\frac{\partial \delta}{\partial \phi_r}\right)_2$为 0.13°/(°)(不足)～0.06°/(°)(过多)。应再次说明，前转向轮与转向杆系相联结，因此$\left(\frac{\partial \delta}{\partial \phi_r}\right)_1$的数据包含“侧倾干涉转向”的作用在内。

6.3.5 变形转向——悬架导向装置变形引起的车轮转向角

悬架导向杆系各元件在各种力、力矩作用下发生的变形，引起车轮绕主销或垂直于地面轴线的转动，称为变形转向，其转角叫做变形转向角。变形转向角若有增加不足转向趋势，叫做不足变形转向角；若有增加过多转向趋势，则叫做过多变形转向角。每 kN 侧向力产生的变形转向角称为侧向力变形转向系数，以符号$\frac{\partial \delta}{\partial F_y}$来表示。

和侧倾转向一样，变形转向也是一种使车辆具有恰当不足转向量的有效手段。一般希望转弯行驶时承受主要载荷的外侧车轮有合适的不足变形转向角，即前轮有减少前束的变形转向角，后轮有增加前束的变形转向角。

可用下式估算侧向力变形转向角：

$$\delta_c = \frac{F_y}{1000} \frac{\partial \delta}{\partial F_y} \tag{6-47}$$

式中，δ_c 为变形转向角，(°)；$\frac{\partial \delta}{\partial F_y}$为侧向力变形转向系数，(°)/kN。

轿车前悬架侧向力变形转向系数$\left(\frac{\partial \delta}{\partial F_y}\right)_1$为 0.60°/kN(不足)～0.22°/kN(过多)，后悬架的$\left(\frac{\partial \delta}{\partial F_y}\right)_2$为 0.02°/kN(不足)～0.22°/kN(过多)。应当说明的是，前转向轮与转向拉杆相连接，因此$\left(\frac{\partial \delta}{\partial F_y}\right)_1$的数值包含了转向系的变形效应。

由轮胎力学特性可知，各轮胎上都作用有回正力矩。在回正力矩作用下，悬架和车轮有扭转变形。前、后轴车轮均发生回正力矩变形转向角 δ_a（图 6-27）。回正力矩作用的结果，使前轴趋于增加不足转向，后轴趋于减少不足转向。一般由于前轴杆件比较多，连接铰链比较多，汽车回正力矩作用的总效果往往趋向不足转向。在估算回正力矩变形转向角 δ_a 时，引入回正力矩系数 N_a 及回正力矩变形转向系数 $\frac{\partial\delta}{\partial T}$ 的概念。前者是指轮胎每一度侧偏角引起的回正力矩的大小，后者是指 100N·m 回正力矩所引起的变形转向角，而

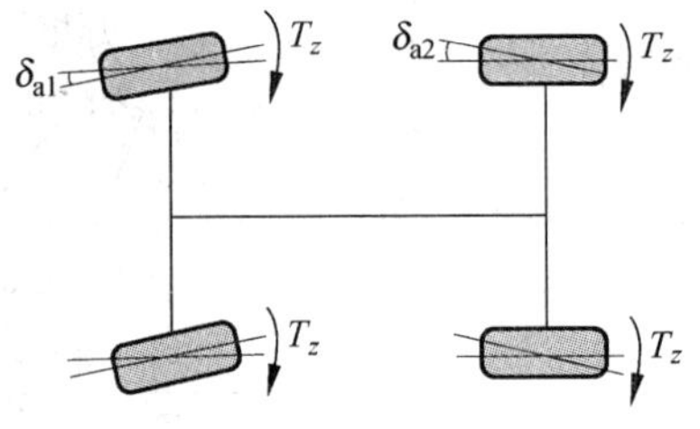

图 6-27　回正力矩引起的变形转向角

$$\delta_a = \frac{1}{100}\alpha N_a \frac{\partial\delta}{\partial T} \tag{6-48}$$

轿车的前回正力矩变形转向系数 $\frac{\partial\delta}{\partial T_1}$（前轮不在中间位置时）为 0.40°/(100N·m)～1.6°/(100N·m)（不足），后回正力矩变形转向系数 $\frac{\partial\delta}{\partial T_2}$ 为 0°/(100N·m)～0.25°/(100N·m)（过多）。

前悬架的回正力矩变形转向具有很强的非线性，前轮在中间位置施加力矩较小时的回正力矩变形转向系数要比前轮不在中间位置时大得多，上面得出的数值是指前轮不在中间位置时的数值。

6.3.6　变形外倾——悬架导向装置引起的外倾角的变化

受到侧向力的独立悬架杆系的变形会引起车轮外倾角的变化，从而影响到汽车的稳态与瞬态响应。

侧向力引起的变形外倾角变化率 $\frac{\partial\gamma}{\partial F_y}$ 称为侧向力变形外倾系数，其单位为(°)/kN。轿车的前侧向力变形外倾系数 $\left(\frac{\partial\gamma}{\partial F_y}\right)_1$ 为 0.24°/kN～0.75°/kN（不足），后侧向力变形外倾系数 $\left(\frac{\partial\gamma}{\partial F_y}\right)_2$ 为 0.20°/kN～0.82°/kN（过多）。

6.4　汽车的侧翻

汽车侧翻是指汽车在行驶过程中绕其纵轴线转动 90°或更大的角度，以致车身与地面相接触的一种极其危险的侧向运动。有很多因素可能引起汽车的侧翻，包括汽车结构、驾驶员和道路条件等。汽车侧翻大体上可分为两大类，一类是曲线运动引起的侧翻（maneuver induced rollover），另一类是绊倒侧翻（tripped rollover）。前者指汽车在道路（包括侧向坡道）上行驶时，由于汽车的侧向加速度超过一定限值，使得汽车内侧车轮的垂直反力为零而引起的侧翻；后者是指汽车行驶时产生侧向滑移，与路面上的障碍物侧向撞击而将其“绊倒”。本节只讨论前者。

6.4.1　刚性汽车的准静态侧翻

“刚性汽车”是指忽略汽车悬架及轮胎的弹性变形，“准静态”指汽车的稳态转向。在侧

倾平面内，刚性汽车稳态转向模型如图 6-28 所示。假设道路的侧向坡道角 β 很小，即 $\sin\beta\approx\beta$，$\cos\beta\approx1$，于是有

$$ma_yh_g-mg\beta h_g+F_{zi}B-\frac{1}{2}mgB=0 \tag{6-49}$$

$$\frac{a_y}{g}=\frac{\frac{1}{2}B+\beta h_g-\frac{F_{zi}}{mg}B}{h_g}=\left(\frac{1}{2}-\frac{F_{zi}}{mg}\right)\frac{B}{h_g}+\beta \tag{6-50}$$

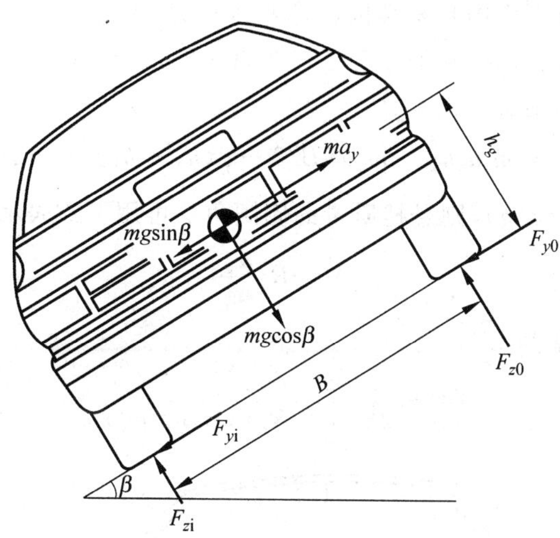

图 6-28　侧倾平面内刚性汽车的模型

汽车在水平路面上直线行驶时($\beta=0$，$a_y=0$)时，内侧车轮的垂直反力 $F_{zi}=mg/2$。当 $a_y\neq0$ 时，若要仍保持 $F_{zi}=mg/2$ 不变，则道路的侧向坡道角 $\beta=a_y/g$，高速公路拐弯的坡道角就是根据此原理来设计的。

由式(6-50)可知，随着侧向加速度 a_y 的增大，F_{zi} 逐渐减小。当 F_{zi} 减小到零时，汽车在侧倾平面内不能保持平衡，从而开始侧翻。汽车开始侧翻时所受的侧向加速度 g 称为侧翻阈值(rollover threshold)，可由下式给出：

$$\frac{a_y}{g}=\frac{B}{h_g}+\beta \tag{6-51}$$

显然，当坡道角 $\beta=0$ 时，侧翻阈值为 $B/2h_g$，此值常用来预估汽车的抗侧翻能力，因为它只需要轮距 B 和质心高度 h_g 两个结构参数，应用起来十分方便。但由于忽略了悬架及轮胎的弹性，且这里仅考虑汽车的准静态情况，所以预估值偏高。表 6-4 列出了几种汽车的侧翻阈值。

表 6-4　几种汽车侧翻阈值的范围

车 辆 类 型	质心高度/cm	轮距/cm	侧翻阈值/g
跑车	46～51	127～154	1.2～1.7
微型轿车	51～58	127～154	1.1～1.5
豪华轿车	51～61	154～165	1.2～1.6
轻型客货两用车	76～89	165～178	0.9～1.1
客货两用车	76～102	165～178	0.8～1.1
中型货车	114～140	165～190	0.6～0.8
重型货车	154～216	178～183	0.4～0.6

在良好路面上，轮胎的附着系数可达到0.8，即侧向加速度 a_y 达到 $0.8g$ 时，汽车开始侧滑。由表6-4可知，中、重型火车在尚未达到侧滑时，即已开始侧翻；而对轿车和轻型货车而言，似乎是尚未侧翻即已侧滑。然而事故统计表明，此类汽车在侧翻时有时并未产生侧滑，这就需要对汽车侧翻问题作进一步探讨。

6.4.2 带悬架汽车的准静态侧翻

图6-29给出了侧倾平面内带悬架的汽车物理模型，车厢用悬挂质量 m_s 表示。车厢的侧倾引起汽车质心位置的偏移，从而改变了汽车自重的抗侧翻能力，使得侧倾阈值减小。若忽略车桥的质量和侧倾，则有

$$\sum M_0 = m_s a_y h_g - m_s g[B/2 - \varphi(h_g - h_r)] + F_{zi}B = 0 \tag{6-52}$$

若引入侧倾率 R_ϕ(rad/g)，则悬挂质量的侧倾角 ϕ 可用下式表示：

$$\phi = R_\phi \frac{a_y}{g} \tag{6-53}$$

当 $F_{zi}=0$ 时，得侧倾阈值为

$$\frac{a_y}{g} = \frac{B}{2h_g}\frac{1}{1+R_\phi(1-h_r/h_g)} \tag{6-54}$$

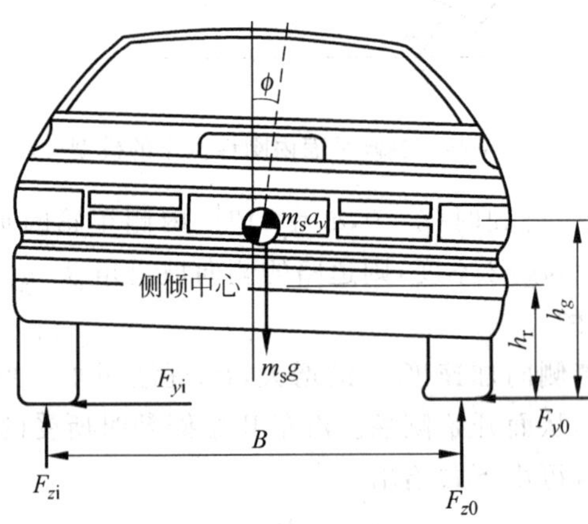

图6-29 侧倾平面内带悬架的汽车物理模

某轿车的 $h_r/h_g=0.5$，$R_\phi=0.1$，与刚性汽车相比，阈值减小了5%。另外，当汽车受侧向力作用时，外侧轮胎产生弹性变形，从而轮胎接地中心向内偏移，轮距 B 减小，这使得侧翻阈值又减小约5%。

6.4.3 汽车的瞬态侧翻

前面讨论了汽车的准静态侧翻，而准静态假设只有当侧向加速度变化较慢时才是合理的。为了解侧向加速度变化较快时汽车的侧翻，必须研究汽车的侧倾响应。

图6-30所示为一种最简单的汽车侧倾物理模型。此模型与前面讲述过的带悬架的汽车模型相似，不过这里车厢用悬挂质量 m_s 和侧倾转动惯量 I_s 来表示。该模型对阶跃输入的响应类似于有阻尼单自由度系统对阶跃输入的响应。汽车的侧倾角在初次达到稳态值之后

有一个超调量，说明汽车在具有比准静态下更小的侧向加速度时，内侧车轮就可能离开地面，即汽车的瞬态侧倾阈值比准静态时的力小。对于轿车和多用途车辆，阶跃转向时的侧倾阈值比 $B/(2h_g)$ 低约 30%，而货车则低约 50%。

超调量的大小取决于侧倾阻尼。图 6-31 给出了计算得到的侧倾阈值随临界阻尼比的变化曲线。无阻尼时，侧倾阈值最小；随着阻尼比的增加，侧倾阈值也增大，但增大的速率逐渐减小。

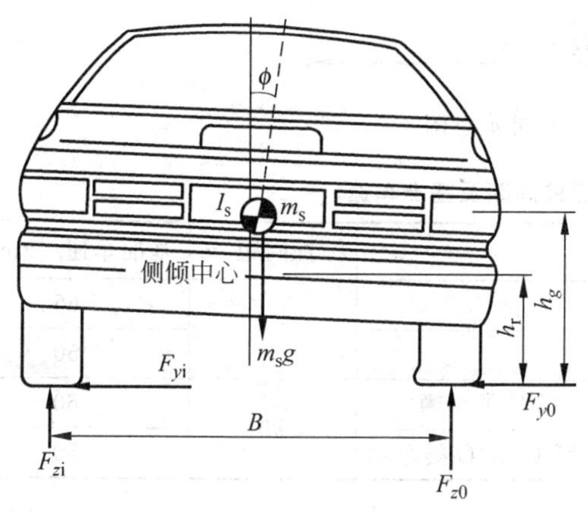

图 6-30 汽车侧倾物理模型

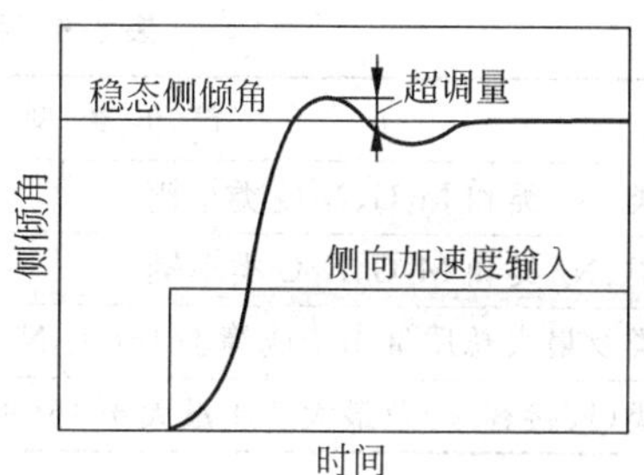

图 6-31 阶跃输入下的侧倾响应

6.5 汽车操纵稳定性的路上试验

汽车操纵稳定性试验主要在汽车试验场的专用场地上进行。依照最新的 GB/T 6323—2014《汽车操纵稳定性试验方法》，规定了汽车操纵稳定性蛇行试验方法、转向瞬态响应试验方法、转向回正性试验方法、转向轻便性试验方法、稳态回转试验、转向盘中心区操纵稳定性试验方法等。

汽车操纵稳定性蛇行试验方法、转向瞬态响应试验方法、转向回正性试验方法、转向轻便性试验方法适用于 M 类、N 类、G 类车辆，稳态回转试验方法适用于二轴的 M 类、N 类、G 类车辆，转向盘中心区操纵稳定性试验方法适用于 M_1、N_1 类车辆，其他类型汽车可参照执行。

试验所需要的主要仪器有车速仪、转向盘力矩测量仪、转向盘转角测量仪、汽车操纵稳定性测试仪、秒表和多通道数据采集设备。

试验前，测定车轮定位参数。对转向系、悬架系进行检查、调整和紧固，按规定进行润滑。试验场地应为干燥、平坦而清洁的，用水泥混凝土或沥青铺装的路面，任意方向的坡度不应大于 2%，对于转向盘中心区域操纵稳定性试验，坡度不应大于 1%。风速不应大于 5m/s，大气温度在 0～40℃范围内。

6.5.1 蛇行试验

在试验场地上按图 6-32 和表 6-5 的规定，布置 10 根桩。接通仪器电源，使之预热到正常的工作温度，在正式实验前练习5个往返。试验车以近基准车速二分之一的稳定车速直线行驶，在进入试验区段之前，记录各测量变量的零线，然后蛇行通过试验路段，同时记录各测量变量的时间历程曲线及通过有效标桩区的时间，提高车速，共进行10次，最高车速不超过80km/h。

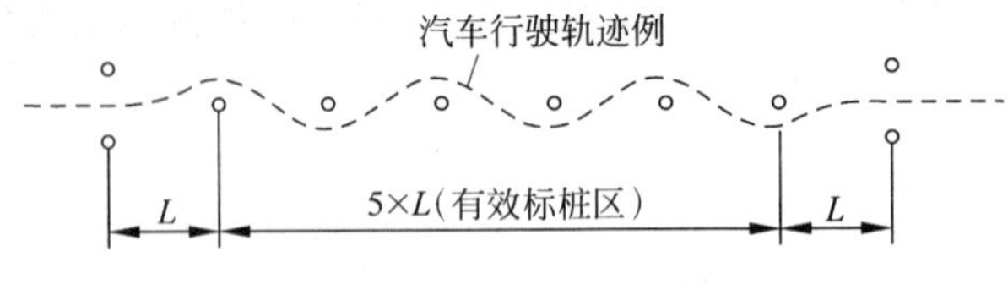

图 6-32　蛇行布桩示意图

表 6-5　蛇行试验标桩间距及基准车速

汽车类型	标桩间距/m	基准车速/(km/h)
M_1 类、N_1 类和 M_1G、N_1G 类车辆	30	65
M_2 类、N_2 类和 M_2G、N_2G 类车辆		50
M_3 类及最大总质量小于或等于15t的 N_3 类和 M_3G、N_3G 类车辆	50	60
M_3 类(铰接客车)及最大总质量大于15t的 N_3 类和 M_3G、N_3G 类车辆		50

6.5.2　转向瞬态响应试验(转向盘转角阶跃)

接通仪器电源，使之达到正常工作温度。在停车状态下记录车速零线。试验中转向盘转角的预选位置(输入角)，按稳态侧向加速度值1～3m/s² 确定，从侧向加速度1m/s² 做起，每间隔0.5m/s² 进行一次试验。

汽车以试验车速直线行驶，先按输入方向轻轻靠紧转向盘，消除转向盘自由行程并开始记录各测量变量的零线，经过0.2～0.5s，以最快的速度转动方向盘，使其达到预选好的位置并固定数秒钟，停止记录，记录过程中保持车速不变。试验按左右两个方向进行。

6.5.3　转向瞬态响应试验(转向盘转角脉冲输入)

汽车以试验车速直线行驶，使其横摆角速度为(0°±0.5°)/s。作一标记，记下转向盘中间位置(直线行驶位置)。然后给转向盘一个三角脉冲转角输入(图6-33)。试验时向左(或向右)转动转向盘，并迅速转回原处(允许及时修正)保持不动，记录全部过程，直至汽车回复到直线行驶位置。转向盘转角输入脉宽为0.3～0.5s，其最大转角应使本试验过渡过程中最大侧向加速度为4m/s²。转动转向盘时应尽量使其转角的超调量达到最小。记录时间内，保持油门开度不变。试验至少按左、右方向转动转向盘(转角脉冲输入)各三次。每次输入的时间间隔不得少于5s。

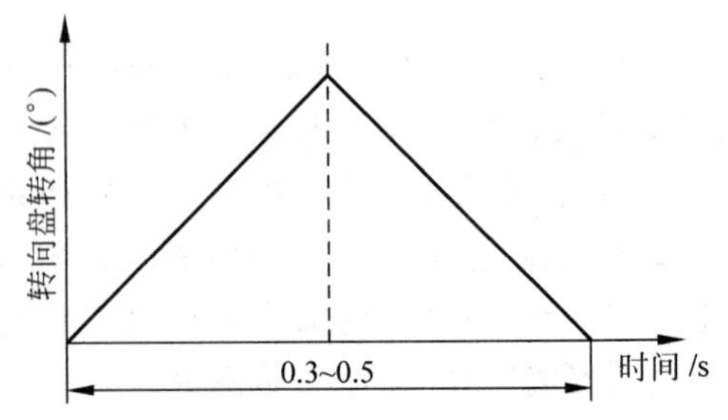

图 6-33　方向盘转角示意图

6.5.4 转向回正性能试验

1. 低速回正性能试验

在试验场地上用明显的颜色画出半径为 15m 的圆周，试验前试验汽车沿半径为 15m 的圆周、以侧向加速度达 3m/s^2 的相应车速，行驶 500m，使轮胎升温。接通仪器电源，使其达到正常工作温度。试验汽车直线行驶，记录各测量变量零线，然后调整转向盘转角，使汽车沿半径为(15±1)m 的圆周行驶，调整车速，使侧向加速度达到(4±0.2)m/s^2，固定转向盘转角，稳定车速并开始记录，待 3s 后，驾驶员突然松开转向盘并做一标记(建议用一微动开关和一个信号通道同时记录)，至少记录松手后 4s 的汽车运动过程。记录时间内油门开度保持不变。对于侧向加速度达不到(4±0.2)m/s^2 的汽车，按试验汽车所能达到的最高侧向加速度进行试验，应在试验报告中加以说明。试验按向左转与向右转两个方向进行，每个方向三次。

2. 高速回正性能试验

对于最高车速超过 100km/h 的汽车，要进行本项试验。试验车速按被试汽车最高车速的 70%并四舍五入为 10 的整数倍。接通仪器电源，使其达到正常的工作温度。试验汽车沿试验路段以试验车速直线行驶，记录各测量变量的零线。随后驾驶员转动转向盘使侧向加速度达到(2±0.2)m/s^2，待稳定并开始记录后，驾驶员突然松开转向盘并做一标记(建议用一微动开关和一个信号通道同时记录)，至少记录松手后 4s 内的汽车运动过程。记录时间内油门开度保持不变。

6.5.5 转向轻便性试验

在试验场地上，画出颜色鲜明的双扭线路径(见图 6-34)，双扭线轨迹的极坐标方程为

$$l = d\sqrt{\cos 2\psi} \tag{6-55}$$

轨迹上任意点的曲率半径 R 按下式确定：

$$R = \frac{d}{3\sqrt{\cos 2\psi}} \tag{6-56}$$

当 $\varphi=0°$时，双扭线顶点的曲率半径为最小值，即

$$R_{\min} = \frac{d}{3} \tag{6-57}$$

双扭线的最小曲率半径(单位：m)应按试验汽车前外轮的最小转弯半径(单位：m)乘 1.1 倍，并据此画出双扭线，在双扭线最宽处，顶点和中点(即节点)的路径两侧各放置两个标桩，共计放置 16 个标桩(见图 6-34)。标桩与试验路径中心线的距离，为车宽一半加 50cm，或按转弯通道圆宽二分之一加 50cm。

试验开始之前可操纵汽车沿双扭线路径行驶若干周，熟悉路径和相应操作。随后，使汽车沿双扭线中点 O 处的切线方向作直线滑行，并停车于 O 点处，停车后注意观察车轮是否处于直行位置，否则应转动转向盘进行调整。然后双手松开转向盘，记录转向盘中间位置和作用力矩的零线。试验时，驾驶员操纵转向盘，使汽车以(10±2)km/h 的车速沿双扭线行

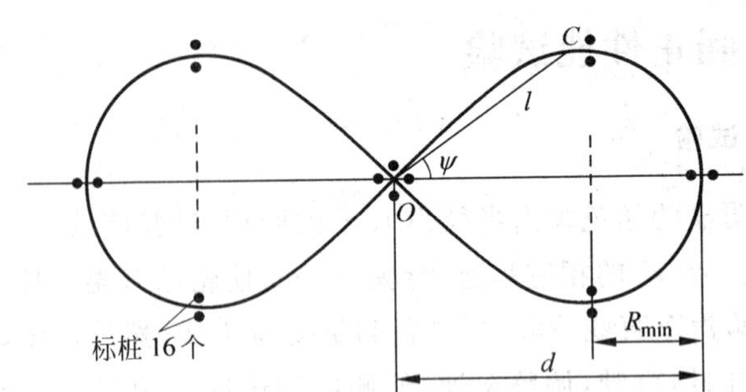

图 6-34　标桩放置示意图

驶，待车速稳定后，开始记录转向盘转角和作用力矩，并记录行驶车速作为监督参数。汽车沿双扭线绕行一周至记录起始位置，即完成一次试验，全部试验应进行三次。在测量记录的过程中，驾驶员应保持车速稳定和平稳地转动转向盘，不应同时松开双手，并且在行驶中不准撞倒标桩。

6.5.6　稳态回转试验

在试验场地上，用明显颜色画出半径为 15m 或 20m 的圆周。接通仪器电源，使之预热到正常工作温度。试验开始之前，汽车应以侧向加速度为 $3m/s^2$ 的相应车速沿画定的圆周行驶 500m 以使轮胎升温。驾驶员操纵汽车以最低稳定速度沿所画圆周行驶，待安装于汽车纵向对称面上的车速传感器在半圈内都能对准地面所画圆周时，固定转向盘不动，停车并开始记录，记下各变量的零线。然后，汽车起步，缓缓连续而均匀地加速(纵向加速度不超过 $0.25m/s^2$)，直至汽车的侧向加速度达到 $6.5m/s^2$(或受发动机功率限制而所能达到的最大侧向加速度、或汽车出现不稳定状态)为止。记录整个过程。试验按向左转和向右转两个方向进行，每个方向试验三次。每次试验开始时车身应处于正中位置。

6.5.7　转向盘中间位置操纵稳定性试验

本项试验为在平直道路上进行的开环试验，试验的初始状态为等速直线行驶，试验标准车速为 100km/h，也可以以 100km/h 车速为基准，提高或降低试验车速(车速间隔为 20km/h)；本项试验要求转向盘输入为振荡型转角输入，首选输入形式为正弦波，也可以采用其他输入(如三角形波输入)。转向盘输入频率的基准值为 0.2Hz，频率偏差不应超过±10%。输入转角的幅值应足以使车辆的侧向加速度峰值达到基准值，允许的峰值偏差为±10%。为获取侧向加速度 $1m/s^2$ 时良好的试验数据，并保证车辆及其子系统运行范围超出迟滞区，侧向加速度峰值的基准值应为 $2m/s^2$。当然也可以采用较小的值或不超过 $4m/s^2$ 的其他值。整个试验过程中，转向盘转角幅度和通过中间位置时角速度应尽量保持一致。在保障车辆的纵向速度在要求的范围之内前提下，加速踏板位置的变动应尽可能小。用于数据分析的数据段内纵向车速变动量不应当超过名义值的±3%。

在整个试验过程当中记录传感器信号，如果条件允许，所记录信号应包括初始驾驶状态下的传感器信号。为了保证所需要的数据不受仪器使用的影响，数据记录应当在全部试验结束之后持续到 1s 以上。

思考题与练习题

6-1　何为汽车的操纵稳定性，其性能如何在时域和频域中进行评价？具体说明有几种形式可以判定和表征汽车的稳态转向特性。

6-2　举出三种表示汽车稳态转向特性的方法，并说明汽车重心前后位置和内、外轮负荷转移如何影响稳态转向特性。

6-3　汽车的稳态响应有哪几种类型？表征稳态响应的具体参数有哪些，它们彼此之间的关系如何(要求有必要的公式和曲线)？

6-4　某种汽车的质心位置、轴距和前后轮胎的型号已定。按照二自由度操纵稳定性模型，其稳态转向特性为过多转向，试找出5种改善其转向特性的方法。

6-5　试用有关计算公式说明汽车质心位置对主要描述和评价汽车操纵稳定性、稳态响应指标的影响。

6-6　汽车表征稳态响应的参数有哪几个？分别加以说明。

6-7　用何参数来评价汽车前轮角阶跃输入下的瞬态特性？试加以说明。

6-8　什么是线刚度？如何计算单横臂独立悬架的线刚度？

6-9　试述汽车瞬态响应的稳定条件。

6-10　转向时汽车左右轮的垂直载荷变化对车轮侧偏特性有何影响？

6-11　汽车在前轴增加一横向稳定杆后不足转向量有何变化？为什么？

6-12　试述汽车侧翻的评价指标。

6-13　一轿车(每个)前轮胎的侧偏刚度为－38142N/rad，外倾刚度为－37485N/rad。若轿车向左转弯，将使两前轮均产生正的外倾角，其大小为2°。设侧偏刚度与外倾刚度均不受左、右轮载荷转移的影响，试求由外倾角引起的前轮侧偏角。

6-14　6450N轻型客车在试验中发现过多转向和中性转向现象，工程师们在前悬架上加装前横向稳定杆以提高前悬架的侧倾刚度，结果汽车的转向特性变为不足转向。试分析其理论根据(要求由必要的公式和曲线)。

6-15　二自由度轿车模型的有关参数如下：

总质量	$m=2120\text{kg}$
绕 Oz 轴转动惯量	$I_z=4105\text{kg}\cdot\text{m}^2$
轴距	$L=3.048\text{m}$
质心至前轴距离	$a=1.463\text{m}$
质心至后轴距离	$b=1.585\text{m}$
前轮总侧偏刚度	$k_1=63743\text{N/rad}$
后轮总侧偏刚度	$k_2=-113205\text{N/rad}$
转向系总传动比	$i=22$

试求：

(1) 稳定性因数 K、特征车速 u_{ch}。

(2) 稳态横摆角速度增益曲线$\left.\frac{\omega_\gamma}{\delta}\right)_s$-$u_a$、车速 $u=22.35\text{m/s}$ 时的转向灵敏度$\frac{\omega_\gamma}{\delta_{sw}}$。

(3) 静态储备系数 S. M.，侧向加速度为 0.4g 时的前、后轮侧偏角绝对值之差 $\alpha_1-\alpha_2$ 与转弯半径的比值 R/R_0（$R_0=15$m）。

(4) 车速 $u=30.56$m/s 时，瞬态响应的横摆角速度波动的固有（圆）频率 ω_0、阻尼比 ζ、反应时间 τ 与峰值反应时间 ε。

6-16　已知某 4×2 小客车前、后单胎，总质量 2010kg，轴距 L 为 3.2m，其轴荷分配前轴为 53.5%，每个前轮胎侧偏刚度 k_1 为 −38142N/rad，每个后轮胎侧偏刚度 k_2 为 −37485N/rad。试确定该车是哪种稳态转向特性。如果该车以 36km/h 车速、方向盘转向角为 330°作定向圆周行驶时，求此时汽车的横摆角速度 ω_r（转向系总传动比 $i=22$）。（悬架侧倾的影响不予考虑）

汽车行驶平顺性

7.1 概述

汽车行驶时，会由于干扰力的作用而产生振动。引起振动的振源主要有两个：一个是由路面不平引起的随机干扰力。这种干扰力的变化规律与路面的几何形状相关，还与行驶车速、车轮直径、轮胎的弹性等相关。另一个是由发动机力矩不均匀造成的干扰力矩，以及发动机旋转质量、往复运动质量不平衡引起的惯性干扰力和力矩等产生的较高频率的规则振动。

汽车的行驶平顺性，是指汽车能够吸收行驶时所产生的各种冲击和振动的能力，从而保持汽车在行驶过程中产生的振动和冲击环境对乘员舒适性的影响在一定界限之内。它是评价汽车使用性能的一项重要指标。平顺性主要根据乘员主观感觉的舒适性来评价，对于载货汽车还包括保持货物完好的性能。

汽车的平顺性可由图7-1所示的“路面-汽车-人”系统的框图来分析。路面不平度和车速形成了对汽车系统的“输入”，此“输入”经过由轮胎、悬架、坐垫等弹性、阻尼元件和悬挂、非悬挂质量构成的振动系统的传递，得到振动系统的“输出”是悬挂质量或进一步经座椅传至人体的加速度，此加速度通过人体对振动的反应——舒适性来评价汽车的平顺性。当振动系统的“输出”作为优化的目标时，通常还要综合考虑车轮与路面间的动载和悬架弹簧的动挠度，它们分别影响行驶安全性和撞击悬架限位的概率。

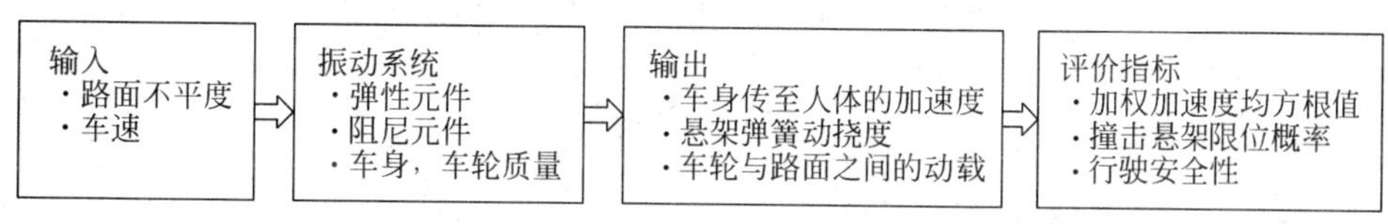

图7-1 “路面-汽车-人”系统的框图

研究平顺性的主要目的就是控制汽车振动系统的动态特性，使振动的“输出”在给定工况的“输入”下不超过一定界限，以保持乘员的舒适性。本章主要内容包括：人体对振动的反应和平顺性的评价、路面不平度的统计特性、汽车振动系统的简化和系统频响特性以及汽车平顺性的测试。本章讨论的平顺性(ride)主要指路面不平引起的汽车振动，频率范围为

0.5～25Hz。

7.2 人体对振动的反应和平顺性的评价

7.2.1 人体对振动的反应

机械振动对人体的影响，取决于振动的频率、强度、作用方向和持续时间，而且每个人的心理和身体素质不同，故对振动的敏感程度有很大差异。尽管 20 世纪 30 年代以来在这一方面进行了许多试验研究工作，但难以得到公认的评价方法和指标。直到 1974 年，国际标准化组织(ISO)在综合大量有关人体全身振动研究成果的基础上，制定了国际标准 ISO 2631《人体承受全身振动评价指南》。1997 年公布了 ISO 2631-1：1997(E)《人体承受全身振动评价——第一部分：一般要求》，此标准对于评价长时间作用的随机振动和多输入点多轴向振动环境对人体的影响时，能与主观感觉更好地符合。许多国家都参照它进行汽车平顺性评价，我国对相应标准进行了修订，公布了 GB/T 4970—2009《汽车平顺性随机输入行驶试验方法》。

ISO 2631-1：1997(E)标准规定了图 7-2 所示的人体坐姿受振模型。在进行舒适性评价时，它除了考虑座椅支承面处输入点 3 个方向的线振动，还考虑该点 3 个方向的角振动，以及座椅靠背和脚支承面两个输入点各 3 个方向的线振动，共 3 个输入点 12 个轴向的振动。

此标准仍认为人体对不同频率振动的敏感程度不同，在图 7-3 上给出了各轴向 0.5～80Hz 的频率加权函数(渐进线)，又考虑不同输入点、不同轴向的振动对人体影响的差异，还给出了各轴向振动的轴加权系数 k。表 7-1 给出了三个输入点 12 个轴向，分别选用哪一个频率加权函数和相应轴加权系数 k，并列出了一辆 European 小轿车在城市公路上行驶时，实测的各轴向加权加速度均方根值 a_w，然后算出总的加权加速度均方根值 a_v。

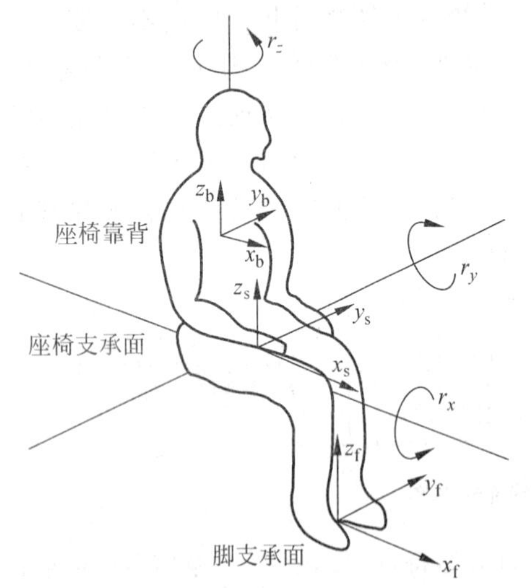

图 7-2 人体坐姿受振模型

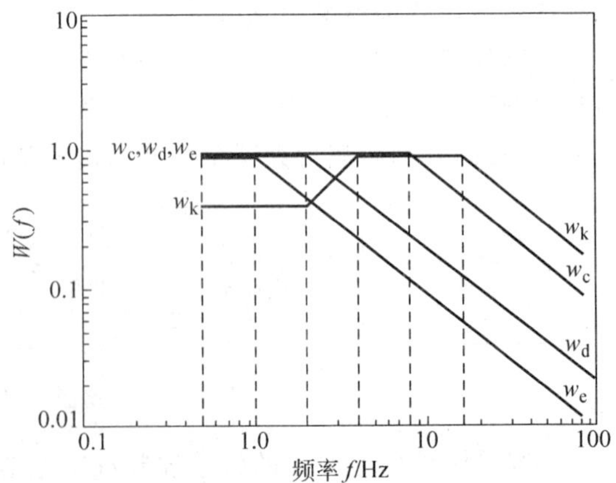

图 7-3 各轴向频率加权函数(渐近线)

表 7-1 频率加权函数、轴加权系数 k 和在 European 小轿车上振动测试的结果

位 置	坐标轴名称	频率加权函数	轴加权系数 k	加权加速度均方根值 $a_w/(m \cdot s^{-2})$	峰值系数 $a_w(t)/a_w$
座椅支承面	x_s	w_d	1.00	0.080	5.0
	y_s	w_d	1.00	0.114	4.7
	z_s	w_k	1.00	0.407	5.5
	r_x	w_e	0.63	0.106	4.9
	r_y	w_e	0.40	0.085	5.0
	r_z	w_e	0.20	0.011	4.5
靠背	x_b	w_c	0.80	0.212	4.3
	y_b	w_d	0.50	0.087	4.4
	z_b	w_d	0.40	0.140	4.9
脚	x_f	w_k	0.25	0.090	5.4
	y_f	w_k	0.25	0.093	5.1
	z_f	w_k	0.40	0.319	6.2
$a_v = \left(\sum a_{vj}^2\right)^{1/2}$				0.628	

由表 7-1 中各轴向的轴加权系数可以看出，椅面输入点 x_s、y_s、z_s 三个线振动的轴加权系数 $k=1$，是 12 个轴向中人体最敏感的，其余各轴向的轴加权系数均小于 0.8。另外，ISO 2631-1：1997(E)标准还规定，当评价振动对人体健康的影响时，就考虑 x_s、y_s、z_s 这三个轴向，且 x_s、y_s 两个水平轴向的轴加权系数取 $k=1.4$，比垂直轴向更敏感。标准还规定靠背水平轴向 x_b、y_b 可以由椅面 x_s、y_s 水平轴向代替，此时轴加权系数取 $k=1.4$。因此，我国在修订相应标准 GB/T 4970—2009《汽车平顺性试验方法》时，评价汽车平顺性就考虑椅面 x_s、y_s、z_s 这三个轴向。

椅面垂直轴向 z_s 的频率加权函数 w_k 最敏感频率范围标准规定为 4～12.5Hz，在 4～8Hz 这个频率范围，人的内脏器官产生共振，而 8～12.5Hz 频率范围的振动对人的脊椎系统影响很大。椅面水平轴向 x_s、y_s 的频率加权函数 w_d 最敏感频率范围为 0.5～2Hz，在 3Hz 以下，水平振动比垂直振动更敏感，且汽车车身部分系统在此频率范围产生共振，故应对水平振动给予充分重视。

7.2.2 平顺性的评价方法

GB/T 4970—2009《汽车平顺性试验方法》在 ISO 2631-1：1997(E)标准的基础上，对汽车平顺性评价进行了修订，增加了辅助评价方法，引入峰值系数和振动剂量值概念，同时增加了振动对人体舒适性感觉影响的评价。

1. 脉冲输入评价方法

1) 基本评价方法

当振动波形峰值系数(加权加速度时间历程 $a_w(t)$ 的峰值与加权加速度均方根值 a_w 的比值)小于 9 时，脉冲输入行驶试验用座椅坐垫上方、座椅靠背、乘员(或驾驶员)脚步地板和车厢地板最大(绝对值)加速度响应 $\ddot{z}_{max}$ 与车速 v 的关系评价。最大(绝对值)加速度响应

$\ddot{z}_{max}$（单位 m/s²）按下式进行计算：

$$\ddot{z}_{max}=\frac{1}{n}\sum_{j=1}^{n}\ddot{z}_{maxj} \tag{7-1}$$

式中，n 为脉冲试验有效试验次数，$n\geqslant5$；$\ddot{z}_{max}$ 为最大（绝对值）加速度响应，$\ddot{z}_{maxj}$ 为第 j 次试验结果最大（绝对值）加速度响应，二者的单位均为 m/s²。

2）峰值系数及振动剂量值的计算

当峰值系数＞9 时，用基本评价方法不能完全描述振动对人体的影响，还应采用辅助评价方法，即采用振动剂量值来评价，它能更好地估计偶尔遇到过大的脉冲引起的高峰值系数振动对人体的影响。振动剂量值 VDV（单位 $m/s^{1.75}$）为

$$\mathrm{VDV}=\left[\int_0^T a_w^4(t)\,\mathrm{d}t\right]^{\frac{1}{4}} \tag{7-2}$$

式中，$a_w(t)$ 为加权加速度时间历程，m/s²；T 为作用时间（从汽车前轮接触凸块到汽车驶过凸块且冲击响应消失时间段），s。

2. 随机输入行驶评价指标的计算

对乘员（或驾驶员）人体及脚部地板处的振动用加权加速度均方根 $\bar{a}_w$ 评价，并分别用 $\bar{a}_{wx}$、$\bar{a}_{wy}$、$\bar{a}_{wz}$ 表示前后方向、左右方向和垂直方向振动的加权均方根值。人体及脚部地板处振动也可用综合总加权加速度均方根值 $\bar{a}_v$ 来表示。货车车厢的振动用加速度均方根值评价。随机输入行驶平顺性以评价指标与车速的关系曲线作为基本评价方法。根据需要，也可以只用常用车速的评价指标来评价。

1）单轴加权加速度均方根值

加权加速度均方根值是按振动方向并根据人体对振动频率的敏感程度而进行加权计算的，是人体振动评价指标。单轴加权加速度均方根可以用两种方法计算。

（1）由等带宽频率分析得到的加速度自功率谱密度函数 $G_a(f)$ 计算 $\bar{a}_w$

根据随机过程理论，某一时域信号的均方根值等于其功率谱密度函数在整个频率范围内积分的开方值。先按照下式计算 1/3 倍频带宽加速度均方根值：

$$\bar{a}_j=\left[\int_{f_{uj}}^{f_{ij}} G_a(f)\,\mathrm{d}f\right]^{\frac{1}{2}} \tag{7-3}$$

式中，$\bar{a}_j$ 为中心频率 f_j 的第 j（$j=1,2,\cdots,23$）个 1/3 倍频带加速度均方根值，m/s²；f_{ij}、f_{uj} 分别是 1/3 倍频带的中心频率 f_j 的上、下频率（见 GB/T 4970—2009 附表 A.2），Hz；$G_a(f)$ 为加速度自功率谱密度函数，m²/s³。

然后根据下式计算加权加速度均方根值 $\bar{a}_w$：

$$\bar{a}_w=\sqrt{\sum_{j=1}^{23}(\omega_j a_j)^2} \tag{7-4}$$

式中，ω_j 为 1/3 倍频带的加权系数，见表 7-1。

（2）记录加速度时间历程计算加权加速度均方根值 $\bar{a}_w$

对于记录的加速度时间历程，通过符合表 7-1 规定的频率加权滤波网络得到加权加速度时间历程 $a_w(t)$，通过下式计算：

$$\bar{a}_w = \left[\frac{1}{T}\int_0^T a_w^2(t)\mathrm{d}t\right]^{\frac{1}{2}} \tag{7-5}$$

2）总加权加速度均方根值$\bar{a}_v$

座椅坐垫上方、座椅坐垫靠背及驾驶室地板点的加权加速度均方根值由下式计算：

$$\bar{a}_{vj} = (k_x^2\bar{a}_{wx}^2 + k_y^2\bar{a}_{wy}^2 + k_z^2\bar{a}_{wz}^2)^{1/2} \tag{7-6}$$

式中，$\bar{a}_{wx}$、$\bar{a}_{wy}$、$\bar{a}_{wz}$表示前后方向、左右方向和垂直方向振动的加权均方根值，$\mathrm{m/s^2}$；k_x、k_y、k_z为各轴加权系数；$j=1,2,3$分别表示座椅坐垫上方、座椅坐垫靠背及驾驶室地板三个位置。

根据求出的各轴向加权加速度方均根值，可以计算出总加权加速度均方根值

$$\bar{a}_v = \left(\sum \bar{a}_{vj}{}^2\right)^{1/2}$$

有些"人体振动测量仪"还采用加权振级L_{aw}对车辆舒适性进行评价，它与加权加速度方均根$\bar{a}_w$可由下式换算：

$$L_{aw} = 20\lg(\bar{a}_w/a_0) \tag{7-7}$$

式中，a_0为参考加速度均方根值，$a_0=10^{-6}\mathrm{m/s^2}$。

表7-2给出了加权振级L_{aw}和加权加速度均方根值a_w与人的主观感觉之间的关系。

表7-2 L_{aw}和a_w与人的主观感觉之间的关系

加权加速度均方根值$\bar{a}_w$/($\mathrm{m/s^2}$)	加权振级L_{aw}/dB	人的主观感觉
<0.315	110	没有不舒适
0.315～0.63	110～116	有一些不舒服
0.5～1.0	114～120	相当不舒服
0.8～1.6	118～124	不舒服
1.25～2.5	112～128	很不舒服
>2.0	126	极不舒服

7.3 路面不平度的统计特性

当把汽车近似作为线性系统处理时，掌握了输入的路面不平度功率谱以及车辆系统的频响函数，就可以求出各响应物理量的功率谱，用来分析振动系统参数对各响应物理量的影响和评价平顺性。

7.3.1 路面不平度的功率谱密度

通常把路面相对基准平面的高度q沿道路走向长度I的变化$q(I)$称为路面纵断面曲线或不平度函数，如图7-4所示。

在测量不平度时，可以用水准仪或专门的路面计来得到路面纵断面上的不平度值。对测量得到的大量路面不平度随机数据，通常在计算机上进行处理，得到路面不平度的功率谱密度$G_q(n)$或方差σ_q^2等统计特性参数。

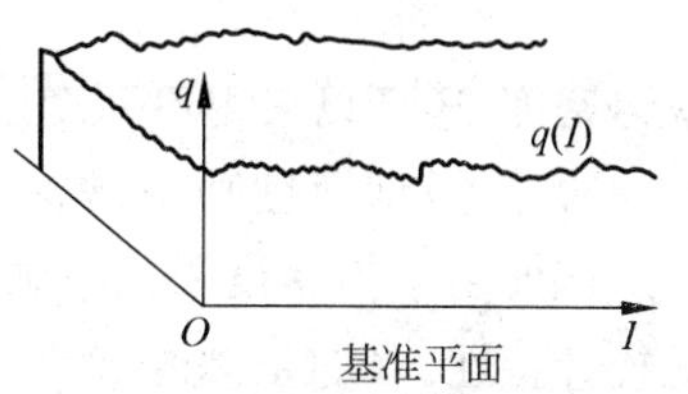

图7-4 路面纵断面曲线

作为车辆振动输入的路面不平度，主要采用路面功率谱密度描述其统计特性。这反映在1984年国际标准化组织在文件ISO/TC 108/SC2N67中提出的"路面不平度表

示方法草案”和国内由长春汽车研究所起草制定的 GB 7031《车辆振动输入——路面平度表示》标准之中，两个文件均建议路面功率谱密度 $G_q(n)$ 用下式作为拟合表达式：

$$G_q(n) = G_q(n_0)\left(\frac{n}{n_0}\right)^{-W} \tag{7-8}$$

式中，n 为空间频率(m^{-1})，它是波长 λ 的倒数，表示每米长度中包括几个波长；n_0 为参考空间频率，$n_0=0.1m^{-1}$；$G_q(n_0)$ 为参考空间频率 n_0 下的路面功率谱密度值，称为路面不平度系数，单位为 $m^2/m^{-1}=m^3$；W 为频率指数，为双对数坐标上斜线的斜率，它决定路面功率谱密度的频率结构。

式(7-8)在双对数坐标上为一斜线，对实测路面功率谱密度拟合时，为了减少误差，在不同空间频率范围可以选用不同的拟合系数进行分段拟合，但不应超过 4 段。

国际标准化组织还提出了按路面功率谱密度把路面的不平程度分为 8 级。表 7-3 规定了各级路面不平度系数 $G_q(n_0)$ 的几何平均值，分级路面谱的频率指数 $W=2$。表上还同时列出了 $0.011m^{-1}<n<2.83m^{-1}$ 范围路面不平度相应的均方根值 $q_{rms}(\sigma_q)$ 的几何平均值。

表 7-3　路面不平度 8 级分类标准

路面等级	$G_q(n_0)/10^{-6}m^3$ ($n_0=0.1m^{-1}$) 几何平均值	$\sigma_q/10^{-3}m$ ($0.011m^{-1}<n<2.83m^{-1}$) 几何平均值
A	16	3.81
B	64	7.61
C	256	15.23
D	1024	30.45
E	4096	60.90
F	16384	121.81
G	65536	243.61
H	262144	487.22

由图 7-5 可以看出，路面功率谱密度 $G_q(n)$ 随空间频率 n 的提高或波长 λ 的减小而变小。而当 $W=2$ 时，$G_q(n)$ 与 λ^2 成正比，$G_q(n)$ 是不平度幅值的均方值谱密度，故，$G_q(n)$ 又与不平度幅值的平方成正比，所以不平度幅值 q_0 大致与波长 λ 成正比。图上影线面积为原联邦德国 1983 年公路路面谱分布范围，可以看出主要集中在 A 级，部分延伸到 B、C 级之内。据统计，我国高等级公路路面谱也基本上在 A、B、C 三级范围之内，只是 B、C 级路面占的比重比较大。

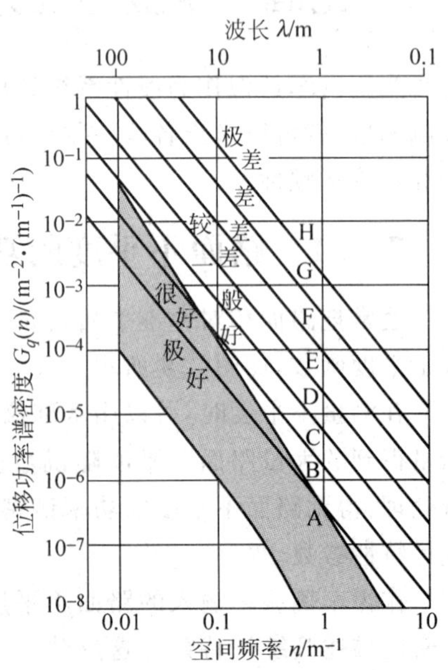

图 7-5　路面不平度分级图

上述路面功率谱密度 $G_q(n)$ 指的是垂直位移功率谱密度，还可以来用不平度函数 $q(I)$ 对纵向长度 I 的一阶导数，即速度功率谱密度 $G_q(n)$ 和二阶导数，即加速度功率谱密度 $G_q(n)$ 来补充描述路面不平度的统计特性。$G_q(n)$ (单位为 $1/m^{-1}=m$) 和 $G_q(n)$ (单位为 $m^{-2}/m^{-1}=m^{-1}$) 与 $G_q(n)$ 的关系如下：

$$G_{\dot{q}}(n) = (2\pi n)^2 G_q(n) \tag{7-9}$$

$$G_{\ddot{q}}(n) = (2\pi n)^4 G_q(n) \tag{7-10}$$

当频率指数 $W=2$ 时，将式(7-8)表达的 $G_q(n)$ 代入式(7-9)得到

$$G_{\dot{q}}(n) = (2\pi n_0)^2 G_q(n_0) \tag{7-11}$$

可以看出，此时路面速度功率谱密度幅值在整个频率范围为一常数，即为一"白噪声"，幅值大小只与不平度系数 $G_q(n_0)$ 有关。以后将可以看到，用它来计算分析会带来一定方便。

7.3.2 空间频率功率谱密度 $G_q(n)$ 化为时间频率功率谱密度 $G_q(f)$

对汽车振动系统的输入除了路面不平度，还要考虑车速这个因素。根据车速 u，将空间频率功率谱密度 $G_q(n)$ 换算为时间频率功率谱密度 $G_q(f)$。

当汽车以一定车速 u(m/s)驶过空间频率 $n(\mathrm{m}^{-1})$的路面不平度时输入的时间频率 $f(\mathrm{s}^{-1})$是 n 与 u 的乘积，即

$$f = un \tag{7-12}$$

式(7-12)的关系表示在图 7-6 上，时间频率带宽 Δf 与相应空间频率带宽 Δn 的关系为

$$\Delta f = u\Delta n \tag{7-13}$$

可以看出，当空间频率 n 或带宽 Δn 一定时，时间频率 f 与带宽 Δf 随车速 u 成正比变化。功率谱密度的定义是单位频带内的"功率"(均方值)，故空间频率功率谱密度可以表示为

$$G_q(n) = \lim_{\Delta n \to 0} \frac{\sigma_{q\text{-}\Delta n}^2}{\Delta n} \tag{7-14}$$

式中，$\sigma_{q\text{-}\Delta n}^2$ 为路面功率谱密度在频带 Δn 内包含的"功率"。

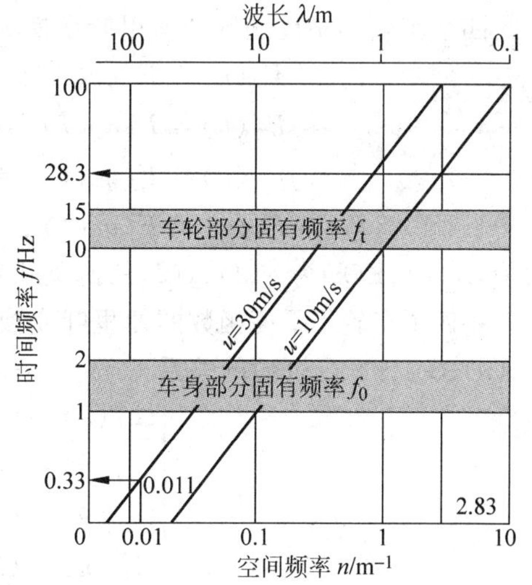

图 7-6 不同车速下，时间频率与空间频率的关系

在某一车速 u 下，与空间频带 Δn 相应的时间频带 Δf 内所包含的不平度垂直位移 q 的谐量成分相同，其"功率"仍为 $\sigma_{q\text{-}\Delta n}^2$，因此换算的时间频率功率谱密度可表示为

$$G_q(f) = \lim_{\Delta f \to 0} \frac{\sigma_{q\text{-}\Delta n}^2}{\Delta f}$$

将式(7-8)、式(7-9)代入上式，得到 $G_q(n)$ 与 $G_q(f)$ 的换算式

$$G_q(f) = \frac{1}{u} G_q(n) \tag{7-15}$$

7.3.3 路面对四轮汽车的输入功率谱密度

四轮汽车的示意图如图 7-7 所示。$x(I)$、$y(I)$表示左、右两个轮迹的不平度，I 是路面长度坐标。$x(I)$、$y(I)$的自谱、互谱分别为 $G_{xx}(n)$、$G_{yy}(n)$、$G_{xy}(n)$和 $G_{yx}(n)$。四个车轮所遇到的不平度函数用 $q_1(I)$、$q_2(I)$、$q_3(I)$和 $q_4(I)$表示。两个前轮遇到的不平度为 $q_1(I)=$

$x(I)$，$q_3(I)=y(I)$；后轮由于滞后距离 L，所以 $q_2(I)=x(I-L)$，$q_4(I)=y(I-L)$，L 是汽车的轴距。

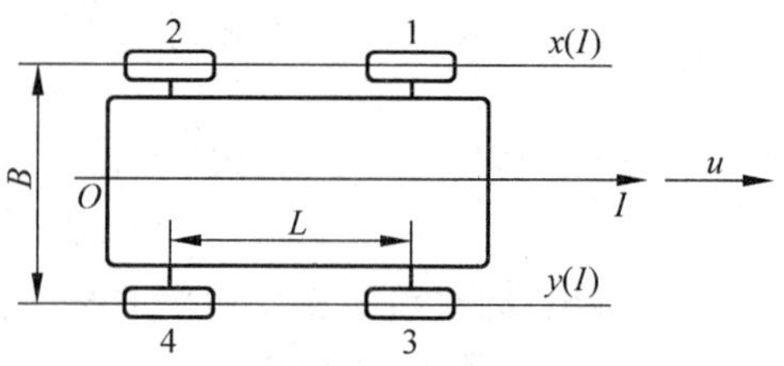

图 7-7　四轮汽车示意图

在分析汽车有 q_1、q_2、q_3 和 q_4 四个输入的振动传递时，要掌握四个车轮输入的自谱和四个车轮彼此间的互谱共 16 个谱量 $G_{ik}(n)(i,k=1,2,3,4)$，其中 12 个互谱两两共轭。谱量 $G_{ik}(n)$ 可按下式计算：

$$G_{ik}(n)=\lim_{T\to\infty}\frac{1}{T}F_i^*(n)F_k(n)$$

式中，$F_i(n)$、$F_k(n)$为 $q_i(I)$、$q_k(I)$的傅里叶变换；$F_i^*(n)$、$F_k^*(n)$为 $F_i(n)$、$F_k(n)$的共轭复数；T 为长度 I 的分析区间。

四个车轮不平度函数的傅里叶变换为

$$F_1(n)=F[q_1(I)]=F[x(I)]=X(n)$$
$$F_2(n)=F[q_2(I)]=F[x(I-L)]=X(n)\mathrm{e}^{-\mathrm{j}2\pi nL}$$
$$F_3(n)=F[q_3(I)]=F[y(I)]=Y(n)$$
$$F_4(n)=F[q_4(I)]=F[y(I-L)]=Y(n)\mathrm{e}^{-\mathrm{j}2\pi nL}$$

式中，$X(n)$、$Y(n)$为 $x(I)$、$y(I)$的傅里叶变换，记为 $F[x(I)]$、$F[y(I)]$。

将四个车轮不平度函数的傅里叶变换代入谱量 $G_{ik}(n)$计算公式，算出各谱量和 $G_{xx}(n)$、$G_{yy}(n)$、$G_{xy}(n)$、$G_{yx}(n)$的关系

$$\begin{cases}G_{11}(n)=G_{22}(n)=G_{xx}(n)\\G_{33}(n)=G_{44}(n)=G_{yy}(n)\\G_{12}(n)=G_{21}^*(n)=G_{xx}(n)\mathrm{e}^{-\mathrm{j}2\pi nL}\\G_{34}(n)=G_{43}^*(n)=G_{yy}(n)\mathrm{e}^{-\mathrm{j}2\pi nL}\\G_{14}(n)=G_{41}^*(n)=G_{xy}(n)\mathrm{e}^{-\mathrm{j}2\pi nL}\\G_{32}(n)=G_{23}^*(n)=G_{yx}(n)\mathrm{e}^{-\mathrm{j}2\pi nL}\\G_{13}(n)=G_{31}^*(n)=G_{xy}(n)\\G_{42}(n)=G_{24}^*(n)=G_{yx}(n)\end{cases}\tag{7-16}$$

两个轮迹之间不平度的统计特性，用它们之间的互功率谱密度函数或相干函数来描述。互谱密度一般为复数，用指数形式表示时，左、右轮迹间的互谱可以表示为

$$G_{xy}(n)=|G_{xy}(n)|\mathrm{e}^{-\mathrm{j}\phi_{xy}(n)}\tag{7-17}$$

式中，$|G_{xy}(n)|$为 $x(I)$、$y(I)$的互振幅谱；$\phi_{xy}(n)$为 $x(I)$、$y(I)$的相位谱。

互振幅谱表示两个轮迹 $x(I)$与 $y(I)$中频率为 n 的分量线性相关(幅值成比例，相位一致)的程度，并与 $x(I)$和 $y(I)$的自谱的大小有关。相位谱 $\phi_{xy}(n)$可以近似地看作两个轮迹中频率为 n 的分量之间平均的相位差。

两个轮迹的相干函数为

$$\mathrm{coh}_{xy}^2(n)=\frac{|G_{xy}(n)|^2}{G_{xx}(n)G_{yy}(n)}\tag{7-18}$$

相干函数$\mathrm{coh}_{xy}^2(n)$在频域内描述了 $x(I)$与 $y(I)$中频率为 n 的分量之间线性相关的程

度。$\mathrm{coh}_{xy}^{2}(n)=1$ 时，表明 $x(I)$ 与 $y(I)$ 中频率为 n 的分量之间幅值比和相位差保持不变，即完全线性相关。$\mathrm{coh}_{xy}^{2}(n)=0$ 时，表明 $x(I)$ 与 $y(I)$ 中频率为 n 的分量之间幅值比和相位差是随机变化的。

左、右两个车辙不平度的幅值和相位的差异，引起汽车侧倾角振动。侧倾角位移功率谱 $G_\theta(n)$ 与垂直位移功率谱 $G_q(n)$ 的比值与相干函数 $\mathrm{coh}_{xy}^{2}(n)$ 有以下关系：

$$G_\theta(n)/G_q(n)=\frac{2}{B^2}[1-\mathrm{coh}_{xy}^{2}(n)] \tag{7-19}$$

7.4　汽车振动系统的简化

汽车是一个复杂的振动系统，应根据所分析的问题进行简化。图 7-8 为一个把汽车车身质量看作为刚体的立体模型。汽车的悬挂（车身）质量为 m_2，它由车身、车架及其上的总成所构成。该质量绕通过质心的横轴 y 的转动惯量为 I_y，悬挂质量通过悬架弹簧和减振器与车轴、车轮相连接。车轮、车轴构成的非悬挂（车轮）质量为 m_1。车轮再经过具有一定弹性和阻尼的轮胎支承在不平的路面上。在讨论平顺性时，这一立体模型的车身质量主要考虑垂直、俯仰、侧倾 3 个自由度，4 个车轮质量有 4 个垂直自由度，共 7 个自由度。

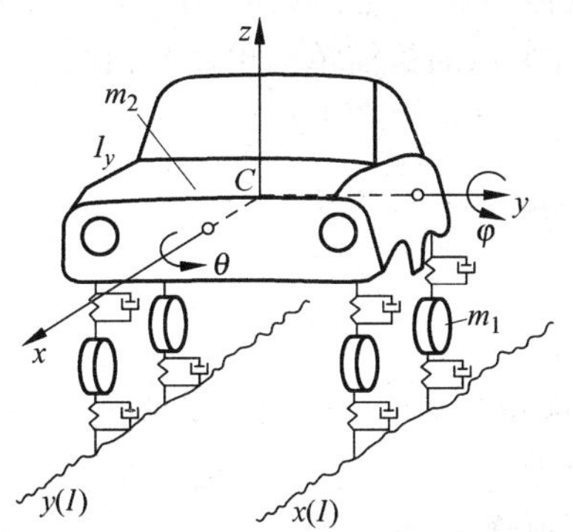

图 7-8　四轮汽车简化的立体模型

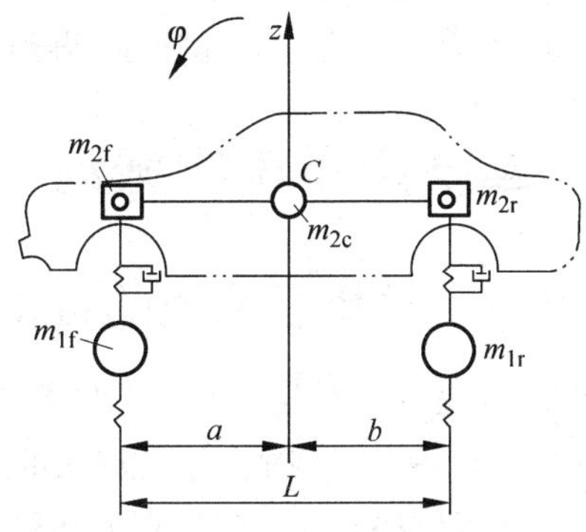

图 7-9　双轴汽车简化的平面模型

当汽车对称于其纵轴线且左、右车辙的不平度函数 $x(I)=y(I)$，此时汽车车身只有垂直振动 z 和俯仰振动 φ，这两个自由度的振动对平顺性影响最大。图 7-9 为汽车简化成 4 个自由度的平面模型。在这个模型中，又因轮胎阻尼较小而予以忽略，同时把质量为 m_2、转动惯量为 I_y 的车身按动力学等效的条件分解为位于前轴上、后轴上及质心 C 上的三个集中 m_{2f}、m_{2r}及 m_{2c}。这三个质量由无质量的刚性杆连接，它们的大小由下述三个条件决定：

(1) 总质量保持不变：

$$m_{2f}+m_{2r}+m_{2c}=m_2 \tag{7-20}$$

(2) 质心位置不变：

$$m_{2f}a-m_{2r}b=0 \tag{7-21}$$

(3) 转动惯量 I_y 的值保持不变：

$$I_y=m_2\rho_y^2=m_{2f}a^2+m_{2r}b^2 \tag{7-22}$$

式中，ρ_y 为绕横轴 y 的回转半径；a、b 为车身质量部分的质心至前、后轴的距离。

由式(7-20)、式(7-21)和式(7-22)得出三个集中质量分别为

$$\begin{cases} m_{2f} = m_2 \dfrac{\rho_y^2}{aL} \\ m_{2r} = m_2 \dfrac{\rho_y^2}{bL} \\ m_{2c} = m_2 \left(1 - \dfrac{\rho_y^2}{ab}\right) \end{cases} \tag{7-23}$$

式中，L 为轴距。

通常，令 $\varepsilon = \dfrac{\rho_y^2}{ab}$，并称为悬挂质量分配系数。由式(7-23)可以看出，当 $\varepsilon=1$ 时，联系质量 $m_{2c}=0$。据统计，大部分汽车的 $\varepsilon=0.8\sim1.2$，即接近 1。在 $\varepsilon=1$ 的情况下，前、后轴上方车身部分的集中质量 m_{2f}、m_{2r} 的垂直方向运动是相互独立的。在 $\varepsilon=1$ 的情况下，当前轮遇到路面不平度而引起振动时，质量 m_{2f} 运动，而质量 m_{2r} 不运动；反之亦然。因此，在这种特殊情况下，可以分别讨论图 7-9 上 m_{2f} 和前轮轴以及 m_{2r} 和后轮轴所构成的两个双质量系统的振动。

在远离车轮部分固有频率 f_t(10～15Hz)的较低激振频率范围(如 5Hz 以下)，轮胎动变形很小，忽略其弹性与车轮质量，得到分析车身垂直振动的最简单的单质量系统。

7.5 单质量系统的振动

7.5.1 单质量系统的自由振动

图 7-10 是分析车身振动的单质量系统模型，它由车身质量 m_2 和弹簧刚度 K、减振器阻尼系数为 C 的悬架组成。q 是输入的路面不平度函数。

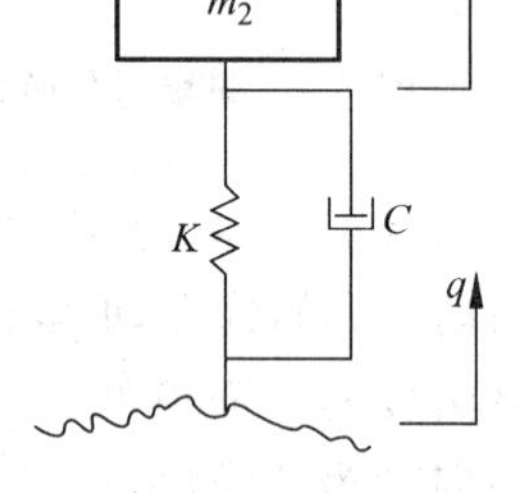

图 7-10　车身单质量系统模型

车身垂直位移坐标 z 的原点取在静力平衡位置，根据牛顿第二定律，得到描述系统运动的微分方程为

$$m_2 \ddot{z} + C(\dot{z} - \dot{q}) + K(z - q) = 0 \tag{7-24}$$

此方程的解是由自由振动齐次方程的解与非齐次方程的特解之和组成。

令 $2n = \dfrac{C}{m_2}$，$\omega_0^2 = \dfrac{K}{m_2}$，则齐次方程为

$$\ddot{z} + 2n\dot{z} + \omega_0^2 z = 0 \tag{7-25}$$

式中的 ω_0 称为系统固有圆频率，而阻尼对运动的影响取决于 n 和 ω_0 的比值 ζ，ζ 称为阻尼比：

$$\zeta = \frac{n}{\omega_0} = \frac{C}{2\sqrt{m_2 K}} \tag{7-26}$$

汽车悬架系统阻尼比 ζ 的数值通常在 0.25 左右，属于小阻尼，此时微分方程的解为

$$z = A\mathrm{e}^{-nt} \sin\left(\sqrt{\omega_0^2 - n^2}\, t + \alpha\right) \tag{7-27}$$

这个解说明，有阻尼自由振动时，质量 m_2 以有阻尼固有频率 $\omega_r = \sqrt{\omega_0^2 - n^2}$ 振动，其振幅按

e^{-nt}衰减，如图 7-11 所示。

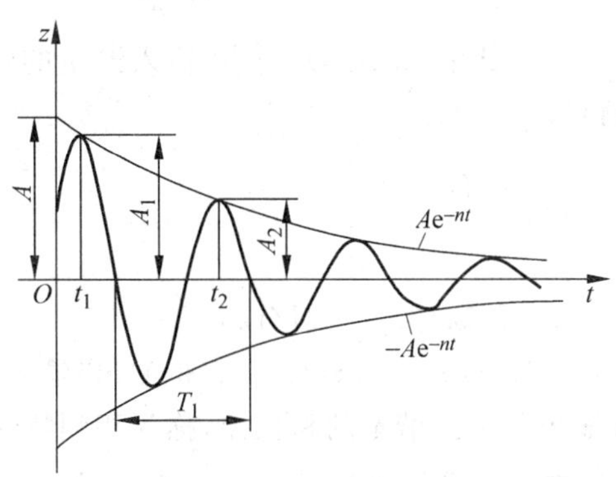

图 7-11 衰减振动曲线

阻尼比 ζ 对衰减振动有两方面影响。

(1) 与有阻尼固有频率 ω_r 有关

$$\omega_r = \sqrt{\omega_0^2 - n^2} = \omega_0 \sqrt{1-\zeta^2} \tag{7-28}$$

由式(7-28)可知，ζ 增大，ω_r 下降。当 $\zeta=1$ 时 $\omega_r=0$，此时运动失去振荡特征。汽车悬架系统阻尼比 ζ 大约为 0.25，ω_r 比 ω_0 只下降了 3%左右，在工程上可以近似认为 $\omega_r \approx \omega_0$，车身部分振动的固有圆频率 ω_0(rad/s)、固有频率 f_0(s^{-1}或 Hz)为

$$\omega_0 = \sqrt{\frac{K}{m_2}} \tag{7-29}$$

$$f_0 = \frac{\omega_0}{2\pi} = \frac{1}{2\pi}\sqrt{\frac{K}{m_2}} \tag{7-30}$$

(2) 决定振幅的衰减程度

图 7-11 中两个相邻的振幅 A_1 与 A_2 之比称为减幅系数 d，其表达式为

$$d = \frac{A_1}{A_2} = \frac{Ae^{-nt_1}}{Ae^{-n(t_1+T_1)}} = e^{nT_1} = e^{\frac{2\pi\zeta}{\sqrt{1-\zeta^2}}} \tag{7-31}$$

对式(7-31)取自然对数得

$$\ln d = \frac{2\pi\zeta}{\sqrt{1-\zeta^2}} \tag{7-32}$$

可以由实测的衰减振动曲线得到减幅系数 d。由下式求出阻尼比：

$$\zeta = \frac{1}{\sqrt{1+4\pi^2/\ln^2 d}} \tag{7-33}$$

7.5.2 单质量系统的频率响应特性

现在讨论在激励 q 的作用下，单质量系统运动微分方程式(7-24)的解，通解部分由于阻尼作用随时间减小，稳态条件下系统的响应 z 由特解确定，它取决于激励 q 和系统的频率响应特性。

由输出、输入谐量复振幅 $\boldsymbol{z}$ 与 $\boldsymbol{q}$ 的比值或 $z(t)$与 $q(t)$的傅里叶变换 $Z(\omega)$与 $Q(\omega)$的值，可以求出系统的频率响应函数，记为

$$H(\mathrm{j}\omega)_{z\text{-}q}=\frac{\boldsymbol{z}}{\boldsymbol{q}}=\frac{Z(\omega)}{Q(\omega)} \tag{7-34}$$

式中，振幅 $\boldsymbol{q}=q_0\mathrm{e}^{\mathrm{j}\varphi_1}$；$\boldsymbol{z}=z_0\mathrm{e}^{\mathrm{j}\varphi_2}$。其中，$z_0$、$q_0$ 为输出、输入谐量的幅值；φ_2、φ_1 为输出、输入谐量的相角。代入式(7-34)得

$$H(\mathrm{j}\omega)_{z\text{-}q}=\frac{z_0}{q_0}\mathrm{e}^{\mathrm{j}(\varphi_2-\varphi_1)}$$

写成指数形式为

$$H(\mathrm{j}\omega)_{z\text{-}q}=|H(\mathrm{j}\omega)|_{z\text{-}q}\mathrm{e}^{\mathrm{j}\varphi(\omega)}$$

比较以上两式可以看出，$|H(\mathrm{j}\omega)|_{z\text{-}q}=z_0/q_0$。它是输出、输入谐量的幅值比，称为幅频特性。$\varphi(\omega)=\varphi_2-\varphi_1$ 表示输出与输入谐量的相位差，称为相频特性。

对式(7-34)进行傅里叶变换或将各复振幅代入该式，即令 $z=\boldsymbol{z}$，$q=\boldsymbol{q}$，$\dot{z}=\mathrm{j}\omega\boldsymbol{z}$，$\dot{q}=\mathrm{j}\omega\boldsymbol{q}$，$\ddot{z}=-\omega^2\boldsymbol{z}$，得复数方程

$$\boldsymbol{z}(-m_2\omega^2+\mathrm{j}C\omega+K)=\boldsymbol{q}(\mathrm{j}C\omega+K)$$

并由此得频响函数

$$H(\mathrm{j}\omega)_{z\text{-}q}=\frac{\boldsymbol{z}}{\boldsymbol{q}}=\frac{K+\mathrm{j}C\omega}{(-m_2\omega^2+K)+\mathrm{j}C\omega}$$

将频率比 $\lambda=\omega/\omega_0$（$\omega_0=\sqrt{K/m_2}$）和阻尼比 $\zeta=C/(2\sqrt{Km_2})$代入上式，得

$$H(\mathrm{j}\omega)_{z\text{-}q}=\frac{1+2\mathrm{j}\zeta\lambda}{1-\lambda^2+2\mathrm{j}\zeta\lambda} \tag{7-35}$$

此式的模为幅频特性，即

$$|H(\mathrm{j}\omega)|_{z\text{-}q}=\left|\frac{\boldsymbol{z}}{\boldsymbol{q}}\right|=\left[\frac{1+(2\zeta\lambda)^2}{(1-\lambda^2)^2+(2\zeta\lambda)^2}\right]^{\frac{1}{2}} \tag{7-36}$$

图 7-12 为用双对数坐标画出的式(7-34)所示的幅频特性 $\left|\frac{\boldsymbol{z}}{\boldsymbol{q}}\right|$。用双对数坐标画幅频特性时，首先确定其低频段和高频段的渐近线。

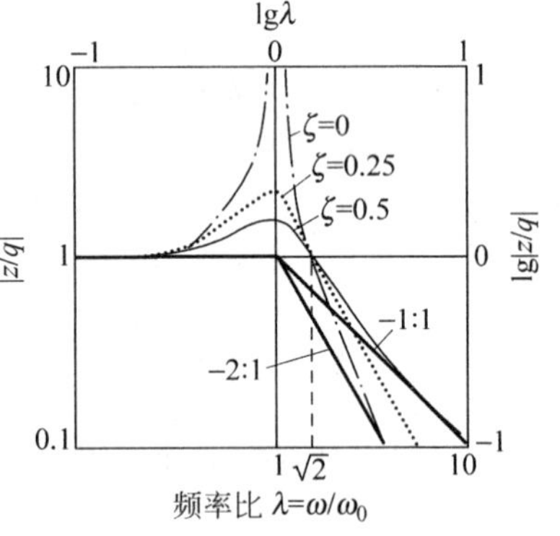

图 7-12 单质量系统输入与位移输出的幅频特性

当 $\lambda\ll1$ 时（低频段），$|\boldsymbol{z}/\boldsymbol{q}|\to1$，$\lg|\boldsymbol{z}/\boldsymbol{q}|=0$ 渐近线为一水平线，其斜率为 0∶1。渐近线的“频率指数”等于 0。当 $\lambda\gg1$ 时（高频段），分析阻尼比 $\zeta=0$，$\zeta=0.5$ 两种情况。

（1）$\zeta=0$ 时，$|\boldsymbol{z}/\boldsymbol{q}|\to\frac{1}{\lambda^2}$，$\lg|\boldsymbol{z}/\boldsymbol{q}|=-2\lg\lambda$，渐近线的斜率为−2∶1，“频率指数”等于−22。

（2）$\zeta=0.5$ 时，$|\boldsymbol{z}/\boldsymbol{q}|\to\left[\frac{\lambda^2}{\lambda^2(\lambda^2+1)}\right]^{\frac{1}{2}}\to\frac{1}{\lambda}$，$\lg|\boldsymbol{z}/\boldsymbol{q}|=-\lg\lambda$，渐近线斜率为−1∶1，“频率指数”为−1。

可以看出，在双对数坐标上，渐近线的斜率与其“频率指数”相等。

低频和高频段渐近线交点的频率比，由低、高频段两个渐近线方程的解得到。$\zeta=0$，$\zeta=0.5$ 时，交点分别要满足 $-2\lg\lambda=0$ 和 $-\lg\lambda=0$，于是交点频率比均为 $\lambda=1$。下面确定在交点频率比 $\lambda=1$，即共振时的幅值。

$\lambda=1$ 时，

$$|z/q|_{\omega=\omega_0}=\sqrt{1+\frac{1}{4\zeta^2}}$$

$\zeta=0$ 时，

$$|z/q|_{\omega=\omega_0}=\infty$$

$\zeta=0.5$ 时，

$$|z/q|_{\omega=\omega_0}=\sqrt{2}$$

确定了渐近线和交点频率比下的幅值，就可以画出频率特性曲线。

现在对图 7-12 上的幅频特性 $|z/q|$ 分成三个频段加以讨论：

(1) 低频段($0\leqslant\lambda\leqslant0.75$)。在这一频段，$|z/q|$ 略大于 1，不呈现明显的动态特性，阻尼比对这一频段的影响不大。

(2) 共频段($0.75\leqslant\lambda\leqslant\sqrt{2}$)。在这一频段，$|z/q|$ 出现峰值，将输入位移放大，加大阻尼比 ζ 可使共振峰明显下降。

(3) 高频段($\lambda\geqslant\sqrt{2}$)。在 $\lambda=\sqrt{2}$ 时，$|z/q|=1$，与 ζ 无关；在 $\lambda>\sqrt{2}$ 时，$|z/q|<1$，对输入位移起衰减作用，阻尼比 ζ 减小对减振有利。

7.5.3　单质量系统对路面随机输入的响应

车身加速度 $\ddot{z}$ 是评价汽车平顺性的主要指标，另外悬架弹簧的动挠度 f_d 与其限位行程 $[f_d]$ 有关。它们配合不当时会增加撞击限位的概率，使平顺性变坏。车轮与路面间的动载 F_d 影响车轮与路面的附着效果，与行驶安全性有关。在进行平顺性分析时，要在路面随机输入下对汽车振动系统这三个振动响应量进行统计计算，以综合评价和选择悬挂系统的设计参数。

由于我们讨论时将汽车振动系统近似为线性系统，且当分析简化模型，路面只经过一个车轮对系统输入时，振动响应的功率谱密度 $G_x(f)$ 与路面位移输入的功率谱密度 $G_q(f)$ 有如下简单关系：

$$G_x(f)=|H(f)|_{x\text{-}q}^2G_q(f) \tag{7-37}$$

式中，$|H(f)|_{x\text{-}q}$ 为系统响应 x 对输入 q 的频率响应函数 $H(f)_{x\text{-}q}$ 的模，即幅频特性。

由于振动响应量 $\ddot{z}$、f_d、F_d 取正、负值的概率相同，所以其均值近似为零。因此，这些量的统计特征值——方差等于均方值，并可由其功率谱密度对频率积分求得：

$$\sigma_x^2=\int_0^\infty G_x(f)\mathrm{d}f=\int_0^\infty|H(f)|_{x\text{-}q}^2G_q(f)\mathrm{d}f \tag{7-38}$$

式中，σ_x 为标准差。均值为零时，它就等于均方根值。进行平顺性分析时，通常根据路面不平度系数与车速确定的路面输入谱 $G_q(f)$ 和由悬挂系数参数求出的频率响应函数 $H(f)_{x\text{-}q}$，按式(7-37)、式(7-38)计算振动响应的功率谱 $G_x(f)$ 和标准差(均方根值)σ_x。由此可以分析悬挂系统参数对振动响应的影响，也可以反过来根据平顺性评价指标来优化悬挂系统设计参数。

1. 车身加速度功率谱密度 $G_{\ddot{z}}(\omega)$ 的计算分析

将响应量 $\ddot{z}$ 代入式(7-37)，得到 $G_{\ddot{z}}(\omega)$ 的计算公式

$$G_{\ddot{z}}(\omega)=|H(\mathrm{j}\omega)|^{2}_{\ddot{z}\text{-}q}G_q(\omega)$$

路面输入除采用位移功率谱密度 $G_q(\omega)$，还可以采用速度功率谱密度 $G_{\dot{q}}(\omega)$ 和加速度功率谱密度 $G_{\ddot{q}}(\omega)$，它们与相应的幅频特性 $|H(\mathrm{j}\omega)|_{\ddot{z}\text{-}\dot{q}}$、$|H(\mathrm{j}\omega)|_{\ddot{z}\text{-}\ddot{q}}$ 的平方相乘，同样可以得到车身加速度功率谱密度 $G_{\ddot{z}}(\omega)$。

另外，为了分析方便，对输入 q、$\dot{q}$、$\ddot{q}$ 与输出 $\ddot{z}$ 之间功率谱密度的关系式等号两边都开方，得输入与输出均方根值谱之间的关系如下：

$$\sqrt{G_{\ddot{z}}(\omega)}=\begin{cases}|H(\mathrm{j}\omega)|_{\ddot{z}\text{-}q}\sqrt{G_q(\omega)}\\|H(\mathrm{j}\omega)|_{\ddot{z}\text{-}\dot{q}}\sqrt{G_{\dot{q}}(\omega)}\\|H(\mathrm{j}\omega)|_{\ddot{z}\text{-}\ddot{q}}\sqrt{G_{\ddot{q}}(\omega)}\end{cases}\tag{7-39}$$

对三种不同形式路面功率谱密度表达式——式(7-8)、式(7-9)和式(7-10)开方，得相应的均方根值谱

$$\begin{cases}\sqrt{G_q(\omega)}=(2\pi/\omega)\sqrt{G_q(n_0)n_0^2u}\\\sqrt{G_{\dot{q}}(\omega)}=2\pi\sqrt{G_q(n_0)n_0^2u}\\\sqrt{G_{\ddot{q}}(\omega)}=2\pi\omega\sqrt{G_q(n_0)n_0^2u}\end{cases}\tag{7-40}$$

可以看出，速度谱 $\sqrt{G_{\dot{q}}(\omega)}$ 为“白噪声”，斜率为 0∶1；位移谱 $\sqrt{G_q(\omega)}=\sqrt{G_{\dot{q}}(\omega)}/\omega$，斜率为−1∶1，加速度谱 $\sqrt{G_{\ddot{q}}(\omega)}=\sqrt{G_{\dot{q}}(\omega)}\,\omega$，斜率为+1∶1。

相应三个幅频特性为

$$\begin{cases}|H(\mathrm{j}\omega)|_{\ddot{z}\text{-}q}=\left|\dfrac{\ddot{z}}{q}\right|=\left|\dfrac{z\omega^2}{q}\right|=\omega^2\left|\dfrac{z}{q}\right|\\|H(\mathrm{j}\omega)|_{\ddot{z}\text{-}\dot{q}}=\left|\dfrac{\ddot{z}}{\dot{q}}\right|=\left|\dfrac{z\omega^2}{q\omega}\right|=\omega\left|\dfrac{z}{q}\right|\\|H(\mathrm{j}\omega)|_{\ddot{z}\text{-}\ddot{q}}=\left|\dfrac{\ddot{z}}{\ddot{q}}\right|=\left|\dfrac{z\omega^2}{q\omega^2}\right|=\left|\dfrac{z}{q}\right|\end{cases}\tag{7-41}$$

与 $|\ddot{z}/\dot{q}|$ 相比，以 $|\ddot{z}/q|$ 的渐近线斜率加 1，$|\ddot{z}/\ddot{q}|$ 的斜率减 1，它们与相应的均方根路谱相乘后，得到的响应均方根谱 $\sqrt{G_{\ddot{z}}(\omega)}$ 完全相同。

由图 7-13 可以看出，由于路面速度谱 $\sqrt{G_{\dot{q}}(\omega)}$ 为一“白噪声”，响应的均方根值谱 $\sqrt{G_{\ddot{z}}(\omega)}$ 为响应量 $\ddot{z}$ 对速度输入 $\dot{q}$ 的幅频特性 $|H(\mathrm{j}\omega)|_{\ddot{z}\text{-}\dot{q}}$ 乘以常数 $\sqrt{G_{\dot{q}}(\omega)}$，$\sqrt{G_{\ddot{z}}(\omega)}$ 与 $|H(\mathrm{j}\omega)|_{\ddot{z}\text{-}\dot{q}}$ 的图形完全相同，只是在双对数坐标上移动 $\lg\sqrt{G_{\dot{q}}(\omega)}$。这里得到一个重要启示，可以应用响应量对速度输入的幅频特性来定性分析响应的均方根值谱。下面就用这个方法分析固有圆频率 ω_0、阻尼比 ζ 对车身加速度 $\ddot{z}$ 的影响。

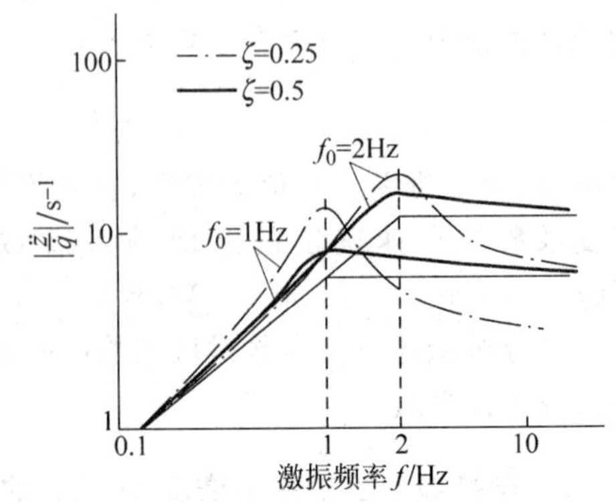

图 7-13 $\ddot{z}$-$\dot{q}$ 的幅频特性曲线

在图 7-13 上画出固有圆频率 $\omega_0=2\pi\mathrm{rad/s}$，$4\pi\mathrm{rad/s}$，阻尼比 $\zeta=0.25$，0.5 四种情况下的 $|\ddot{z}/\dot{q}|$ 曲线。

由图 7-13 的曲线可以看出，随固有圆频率 ω_0 提高，$|\ddot{z}/\dot{q}|$ 在共振和高频段都成比例提高，在共振时，将 $\omega=\omega_0$ 代入式(7-41)得

$$\left|\frac{\ddot{z}}{\dot{q}}\right|_{\omega=\omega_0}=\omega_0\sqrt{1+\frac{1}{4\zeta^2}} \tag{7-42}$$

即在共振点，由于车身加速度的均方根值谱 $\sqrt{G_{\ddot{z}}(\omega)}$ 正比于 $|\ddot{z}/\dot{q}|$，所以它与固有圆频率 ω_0 成正比。共振时，ζ 增大而 $|\ddot{z}/\dot{q}|$ 减小，高频段 ζ 增大 $|\ddot{z}/\dot{q}|$ 也增大，故 ζ 对共振与高频段的效果相反，综合考虑，ζ 取值 0.2～0.4 比较适合。

2. 车轮与路面间相对动载 F_d/G 功率谱的计算分析

对于单质量系统，车轮与路面间的动载 F_d 由车身 m_2 的惯性力确定，即

$$F_d=m_2\ddot{z} \tag{7-43}$$

F_d 与车轮作用于路面的静载 G(悬挂部分的重力 $G=m_2g$)之比值称为相对动载。将 $G=m_2g$ 代入式(7-43)，得相对动载

$$\frac{F_d}{G}=\frac{\ddot{z}}{g}$$

可见，对单质量系统，F_d/G 与 $\ddot{z}$ 只相差系数 $1/g$，因此振动系数参数 ω_0、ζ 对 F_d/G-$\dot{q}$ 幅频特性的影响，从变化趋势来看完全一样，不再重复。

3. 悬架弹簧动挠度 f_d 对 $\dot{q}$ 的幅频特性

图 7-14 中，由车身平衡位置起，悬架允许的最大压缩行程就是其限位行程 $[f_d]$。弹簧动挠度 f_d 与限位行程 $[f_d]$ 应适当配合，否则会增加行驶中撞击限位的概率，使平顺性变坏。

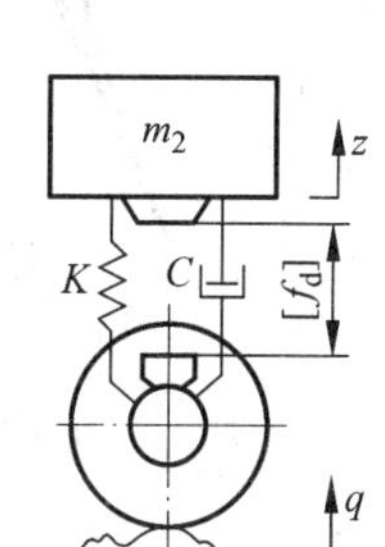

图 7-14 限位行程 $[f_d]$ 的示意图

悬架弹簧动挠度的复振幅 $f_d=z-q$，因此 f_d 对 q 的频率响应函数为

$$\frac{f_d}{q}=\frac{z-q}{q}=\frac{z}{q}-1$$

将式(7-35)代入上式，得

$$\frac{f_d}{q}=\frac{\lambda^2}{1-\lambda^2+2\mathrm{j}\zeta\lambda}$$

f_d 对 q 幅频特性为

$$\left|\frac{f_d}{q}\right|=\left[\frac{\lambda^4}{(1-\lambda^2)^2+(2\zeta\lambda)^2}\right]^{\frac{1}{2}} \tag{7-44}$$

其图形如图 7-15 所示。在低频段，当 $\lambda\ll 1$ 时，$|f_d/q|\to\lambda^2$ 动挠度大致按斜率+2∶1 关系随频率变化。在高频段，当 $\lambda\gg 1$ 时，$|f_d/q|\to 1$，此时车身位移 $z\to 0$，弹簧变形与路面输入趋于相等。当 $\lambda\to 1$ 时，产生共振，$|f_d/q|_{\omega=\omega_0}=\frac{1}{2\zeta}$。当阻尼比 ζ 不同时，$|f_d/q|_{\omega=\omega_0}$ 趋于以下值：

$$|f_d/q|_{\omega=\omega_0}=\begin{cases}\to\infty, & \zeta=0\\ \to 1, & \zeta=0.5\end{cases}$$

可以看出悬架系统对于车身位移 z 来说，是将高频输入衰减的低通滤波器；对于动挠度 f_d 来说，是将低频输入衰减的高通滤波器。阻尼比 ζ 对 $|f_d/q|$ 只在共振区起作用，而且当 $\zeta=0.5$ 时已不呈现峰值。

f_d 对 $\dot{q}$ 幅频特性 $|f_d/\dot{q}|$ 是 $|f_d/q|$ 乘以 $1/\omega$，即

$$|f_d/\dot{q}|=\frac{1}{\omega}|f_d/q|$$

在图 7-16 上画出固有圆频率 $\omega_0=2\pi\text{rad/s}, 4\pi\text{rad/s}$，阻尼比 $\zeta=0.25, 0.5$ 四种情况下的 $|f_d/\dot{q}|$ 曲线。可以看出，随固有圆频率 ω_0 下降，$|f_d/\dot{q}|$ 在共振与低频段均与 ω_0 成反比而提高。在共振时

$$|f_d/\dot{q}|_{\omega=\omega_0}=\frac{1}{2\zeta\omega_0} \tag{7-45}$$

由此式可以看出，在共振点动挠度的均方根值谱 $\sqrt{G_{fd}(\omega_0)}$（因为 $\sqrt{G_{fd}(\omega_0)}$ 与 $|f_d/\dot{q}|_{\omega=\omega_0}$ 成正比）与固有圆频率 ω_0 以及阻尼比 ζ 两者成反比。

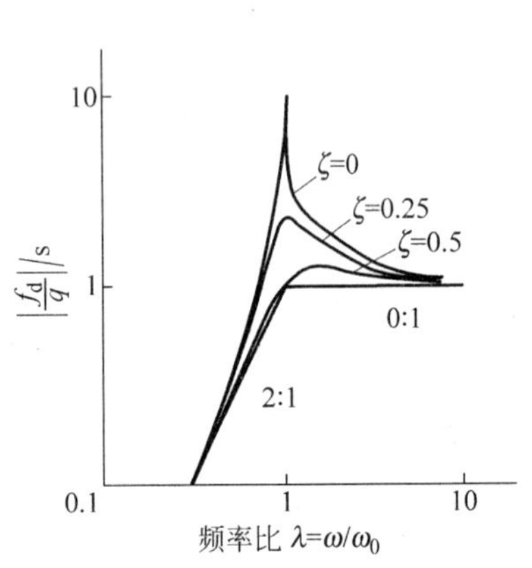

图 7-15　f_d-q 幅频特性曲线

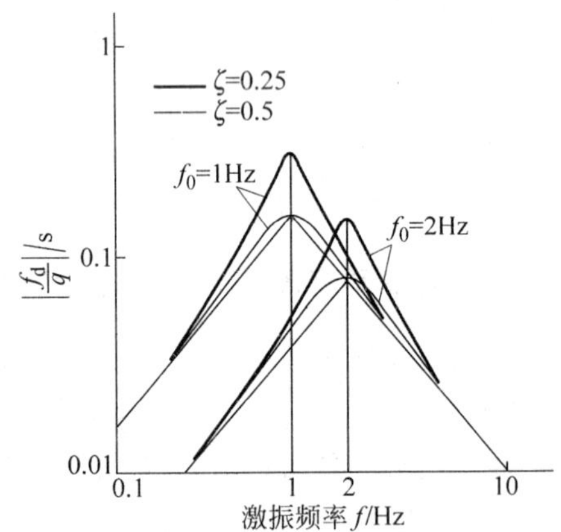

图 7-16　f_d-$\dot{q}$ 的幅频特性曲线

4. 悬架系统固有频率 f_0 与阻尼比 ζ 的选择

以上分析说明，降低固有频率 f_0 可以明显减小车身加速度，这是改善平顺性的一个基本措施。但随着 f_0 降低，动挠度 f_d 增大，$[f_d]$ 也就必须与固有频率 f_0 成反比相应增大，而限位行程 $[f_d]$ 受结构布置限制不能太大，所以降低 f_0 是有限度的。

目前大多数汽车悬架系统的固有频率 f_0、静挠度 f_s、限位行程 $[f_d]$ 和阻尼比 ζ 的实用范围见表 7-4。

表 7-4　悬架系统 f_0、f_s、$[f_d]$ 值的实用范围

车　型	f_0/Hz	f_s/cm	$[f_d]$/cm	ζ
轿车	1.2～1.1	15～30	7～9	0.2～0.4
货车	2～1.5	6～11	6～9	
大客车	1.8～1.2	7～15	5～8	
越野汽车	2～1.3	6～13	7～13	

轿车舒适性要求高，而行驶的路面相对货车和越野车比较好，悬架动挠度 f_d 引起的撞击限位概率很小，故其车身部分固有频率 f_0 选择得比较低，以减小车身加速度，一般是在1～1.5Hz 范围。反之，货车和越野车行驶的路面较差，为减少撞击限位的概率，车身固有频率 f_0 较高，一般选择在 1.5～2Hz 范围。在固有频率 f_0 比较低、行驶路面又比较差(例如某些越野车)时，动挠度 f_d 会相当大。为了减少撞击限位的概率，此时阻尼比 ζ 应取偏大值。

7.6 车身与车轮双质量系统的振动

7.6.1 运动方程与振型分析

对于图 7-9 所示的双轴汽车 4 个自由度的振动模型，当悬挂质量分配系数 $\varepsilon=\rho_y^2/ab$ 的数值接近 1 时，前后悬挂系统的垂直振动几乎是独立的。于是可以简化为图 7-17 所示的两个自由度振动系统。这个系统除了具有上一节讨论过的车身部分的动态特性外，还能反映车轮部分在 10～15Hz 范围产生高频共振时的动态特性，它对平顺性和车轮的接地性有较大影响，更接近汽车悬挂系统的实际情况。图中，m_2 为悬挂质量(车身质量)；m_1 为非悬挂质量(车轮质量)；K 为弹簧刚度；C 为减振器阻尼系数；K_t 为轮胎刚度。

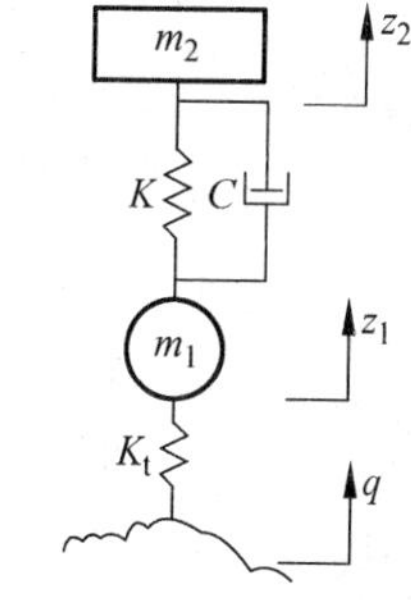

图 7-17 车身与车轮两个自由度振动系统

车轮与车身垂直位移坐标为 z_1、z_2，坐标原点选在各自的平衡位置，其运动方程为

$$\begin{cases} m_2\ddot{z}_2 + C(\dot{z}_2 - \dot{z}_1) + K(z_2 - z_1) = 0 \\ m_1\ddot{z}_1 + C(\dot{z}_1 - \dot{z}_2) + K(z_1 - z_2) + K_t(z_1 - q) = 0 \end{cases} \tag{7-46}$$

无阻尼自由振动时，运动方程变成

$$\begin{cases} m_2\ddot{z}_2 + K(z_2 - z_1) = 0 \\ m_1\ddot{z}_1 + K(z_1 - z_2) + K_t z_1 = 0 \end{cases} \tag{7-47}$$

由运动方程可以看出，m_2 与 m_1 的振动是相互耦合的。若 m_1 不动($z_1=0$)，则得

$$m_2\ddot{z}_2 + Kz_2 = 0$$

这相当于只有车身质量 m_2 的单自由度无阻尼自由振动。其固有圆频率 $\omega_0=\sqrt{K/m_2}$。

同样，若 m_2 不动($z_2=0$)，相当于车轮质量 m_1 作单自由度无阻尼振动，于是可得

$$m_1\ddot{z}_1 + (K + K_t)z_1 = 0$$

车轮部分固有圆频率

$$\omega_t = \sqrt{(K + K_t)/m_1} \tag{7-48}$$

ω_0 与 ω_t 是双质量系统，只有单独一个质量振动时的部分频率(偏频)。

在无阻尼自由振动时，设两个质量以相同的圆频率 ω 和相角 φ 作简谐振动，振幅为 z_{10}、z_{20}，则其解为

$$z_1 = z_{10}e^{j(\omega t+\varphi)}, \quad z_2 = z_{20}e^{j(\omega t+\varphi)}$$

将上面两个解代入微分方程组(7-47)得

$$-z_{20}\omega^2+\frac{K}{m_2}z_{20}-\frac{K}{m_2}z_{10}=0 \tag{7-49}$$

$$-z_{10}\omega^2-\frac{K}{m_1}z_{20}+\frac{K+K_t}{m_1}z_{10}=0 \tag{7-50}$$

将 $\omega_0^2=K/m_2$，$\omega_t^2=(K+K_t)/m_1$ 代入式(7-49)和式(7-50)，可得

$$(\omega_0^2-\omega^2)z_{20}-\omega_0^2z_{10}=0$$

$$-\frac{K}{m_1}z_{20}+(\omega_t^2-\omega^2)z_{10}=0$$

此方程组有非零解的条件是 z_{10} 和 z_{20} 的系数行列式为零，即

$$\begin{vmatrix} \omega_0^2-\omega^2 & -\omega_0^2 \\ -\dfrac{K}{m_1} & \omega_t^2-\omega^2 \end{vmatrix}=0$$

或

$$\begin{gathered}(\omega_0^2-\omega^2)(\omega_t^2-\omega^2)-\omega_0^2K/m_1=0\\ \omega^4-(\omega_t^2+\omega_0^2)\omega^2+\omega_0^2\omega_t^2-\omega_0^2K/m_1=0\end{gathered} \tag{7-51}$$

式(7-52)称为系统的频率方程或特征方程，它的两个根为双质量系统主频率 ω_1 和 ω_2 的平方

$$\omega_{1,2}^2=\frac{1}{2}(\omega_t^2+\omega_0^2)\mp\sqrt{\frac{1}{4}(\omega_t^2+\omega_0^2)^2-\frac{KK_t}{m_2m_1}} \tag{7-52}$$

车身与车轮两个自由度系统的主振型如图 7-18 所示。在强迫振动情况下，激振频率 ω 接近 ω_1 时产生低频共振，按一阶主振型振动，车身质量 m_2 的振幅比车轮质量 m_1 的振幅大将近 10 倍，所以主要是车身 m_2 在振动，称为车身型振动。当激振频率 ω 接近 ω_2 时产生高频共振，按二阶主振型振动，此时车轮质量 m_1 的振幅比车身质量 m_2 的振幅大将近 100 倍(实际由于存在阻尼不会相差这么多)，称为车轮型振动。此时，由于车身基本不动，所以可将两个自由度系统简化为图 7-19 所示车轮部分的单质量系统，来分析车轮部分在高频共振区的振动。

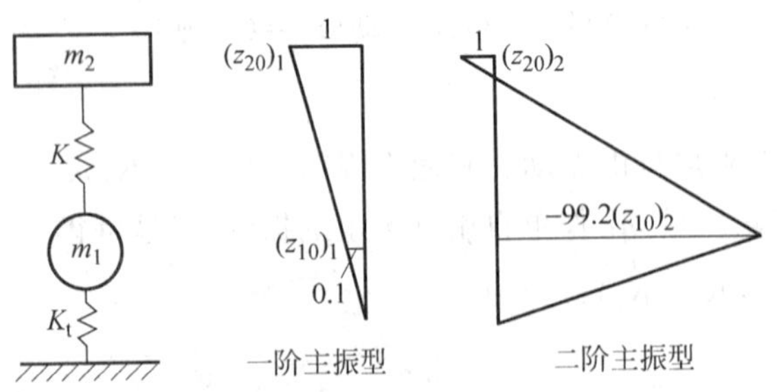

图 7-18 车身与车轮两个自由度系统的主振型

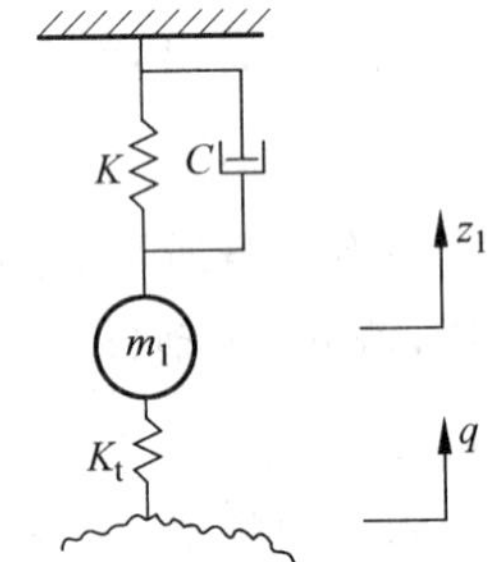

图 7-19 车轮部分单质量系统

此时，质量 m_1 的运动方程为

$$m_1\ddot{z}_1+C\dot{z}_1+(K+K_t)z_1=K_tq$$

将各复振幅代入上式，得

$$-\omega^2 m_1 z_1 + \mathrm{j}\omega C z_1 + (K + K_t) z_1 = K_t q$$

车轮位移 z_1 对 q 的频率响应函数为

$$z_1/q = \frac{K_t}{-\omega^2 m_1 + (K + K_t) + \mathrm{j}\omega C}$$

将上式的分子、分母除以 $K+K_t$，并把车轮部分固有频率 ω_t、车轮部分阻尼比 ζ_t 代入上式，则得

$$z_1/q = \frac{K_t/(K + K_t)}{1 - (\omega/\omega_t)^2 + \mathrm{j}2\zeta_t\omega/\omega_t}$$

其幅频特性为

$$|z_1/q| = \frac{K_t/(K + K_t)}{\sqrt{[1 - (\omega/\omega_t)^2]^2 + (2\zeta_t\omega/\omega_t)^2}} \tag{7-53}$$

在高频共振 $\omega=\omega_t$ 时，车轮加速度均方根值谱 $\sqrt{G_{\ddot{z}_1}(\omega_t)}$ 正比于幅频特性

$$\left|\frac{\ddot{z}_1}{\dot{q}}\right|_{\omega=\omega_t} = \frac{\omega_t K_t/(K + K_t)}{2\zeta_t} \tag{7-54}$$

式中，车轮部分固有频率

$$\omega_t = \sqrt{(K + K_t)/m_1}$$

车轮部分阻尼比

$$\zeta_t = C/2\sqrt{(K + K_t)m_1} \tag{7-55}$$

可见，降低轮胎刚度 K_t 能使 ω_t 下降和 ζ_t 加大，这是减少车轮部分高频共振时加速度的有效方法；降低非悬挂质量 m_1 使 ω_t 和 ζ_t 都加大，车轮部分高频共振时的加速度基本不变，但车轮部分动载 $m_1\ddot{z}_1$ 下降，对降低相对动载 F_d/d 有利。

7.6.2 双质量系统的传递特性

先求双质量系统的频率响应函数，将有关各复振幅代入式(7-46)，得

$$z_2(-\omega^2 m_2 + \mathrm{j}\omega C + K) = z_1(\mathrm{j}\omega C + K) \tag{7-56}$$

$$z_1(\omega^2 m_1 + \mathrm{j}\omega C + K + K_t) = z_2(\mathrm{j}\omega C + K) + qK_t \tag{7-57}$$

令 $A_1=\mathrm{j}\omega C+K$，$A_2=-\omega^2 m_2+\mathrm{j}\omega C+K$，$A_3=-\omega^2 m_1+\mathrm{j}\omega C+K+K_t$，由式(7-56)得 z_2-z_1 的频率响应函数

$$\frac{z_2}{z_1} = \frac{\mathrm{j}\omega C + K}{-\omega^2 m_2 + \mathrm{j}\omega C + K} = \frac{A_1}{A_2} \tag{7-58}$$

幅频特性 $|z_2/z_1|$ 与式(7-36)表示的单质量系统的幅频特性 $|z/q|$ 完全一样。将式(7-56)代入式(7-57)得 z_1-q 的频率响应函数

$$\frac{z_1}{q} = \frac{A_2 K_t}{A_3 A_2 - A_1^2} = \frac{A_2 K_t}{N} \tag{7-59}$$

式中，$N=A_3A_2-A_1^2$。

式(7-59)的分子、分母分别进行复数运算，然后求模，得幅频特性 $|z_1/q|$：

$$\left|\frac{z_1}{q}\right| = \gamma\left[\frac{(1-\lambda^2)^2 + 4\zeta^2\lambda^2}{\Delta}\right]^{\frac{1}{2}} \tag{7-60}$$

式中

$$\Delta=\left[(1-(\omega/\omega_0)^2)\left(1+\gamma-\frac{1}{\mu}(\omega/\omega_0)^2\right)-1\right]^2$$
$$+4\zeta^2(\omega/\omega_0)^2\left[\gamma-\left(\frac{1}{\mu}+1\right)(\omega/\omega_0)^2\right]^2 \tag{7-61}$$

其中，$\gamma=K_t/K$ 为刚度比；$\mu=m_2/m_1$ 为质量比。

由图 7-20 所示车轮部分单质量系统，找出幅频特性的近似式，见式(7-53)，记为 $|z_1/q|'$，它比式(7-60)简单，便于定性分析。将幅频特性 $|z_1/q|$ 与 $|z_1/q|'$ 曲线同时表示在图 7-20 上。

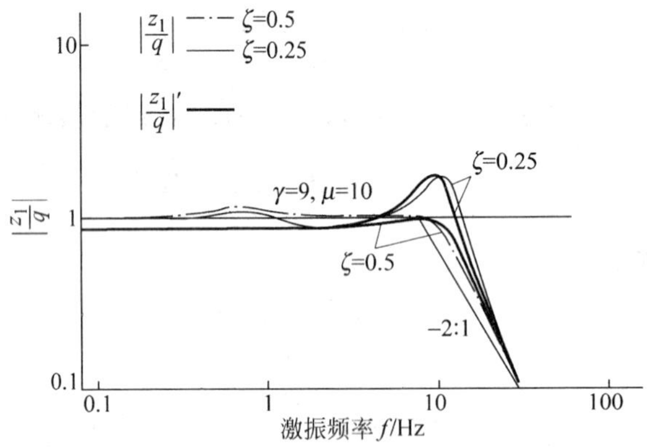

图 7-20　车轮部分 z_1-q 的幅频特性

可以看出，$|z_1/q|$ 与 $|z_1/q|'$ 曲线相当接近，在 $\omega\leqslant\omega_0$ 的低频区，$|z_1/q|\to1$，而 $|z_1/q|'\to K_t/(K+K_t)$，两者略有差别。在 $\omega\geqslant\omega_t$ 的高频区，渐近线的斜率为 $-2:1$，车轮部分将高频输入加以滤波。当 $\omega=\omega_t$ 时，产生高频共振，在 ζ_t 比较小时，会出现尖峰。

下面综合分析车身与车轮双质量系统的传递特性。车身位移 z_2 对路面位移 q 的频率响应函数，由式(7-58)及式(7-59)两个环节的频率响应函数相乘得到：

$$\frac{z_2}{q}=\frac{z_2}{z_1}\frac{z_1}{q}=\frac{A_1}{A_2}\frac{A_2K_t}{N}=\frac{A_1K_t}{N} \tag{7-62}$$

z_2-q 的幅频特性 $|z_2/q|$ 为两个环节幅频特性相乘：

$$\left|\frac{z_2}{q}\right|=\left|\frac{z_2}{z_1}\right|\left|\frac{z_1}{q}\right|=\gamma\left[\frac{1+4\zeta^2\lambda^2}{(1-\lambda^2)^2+4\zeta^2\lambda^2}\right]^{\frac{1}{2}}\times\left[\frac{(1-\lambda^2)^2+4\zeta^2\lambda^2}{\Delta}\right]^{\frac{1}{2}}$$
$$=\gamma\left[\frac{1+4\zeta^2\lambda^2}{\Delta}\right]^{\frac{1}{2}} \tag{7-63}$$

图 7-21(a)为幅频特性 $|z_2/q|$，它由图 7-21(b)幅频特性 $|z_2/z_1|$ 与图 7-21(c)幅频特性 $|z_1/q|$ 相乘得到。在双对数坐标上，变为两个幅频特性曲线叠加。叠加后幅频特性的“频率指数”为两个环节“频率指数”之和，故叠加后的渐近线的斜率为两个相乘幅频特性渐近线斜率之和。

幅频特性 $|z_2/q|$ 在 $f=f_0$ 和 $f=f_t=\omega_t/2\pi$ 处有低、高两个共振峰，路面输入 q 在 $f\geqslant\sqrt{2}f_0$ 时由悬架衰减，在 $f\geqslant f_t$ 时又进一步被轮胎衰减。

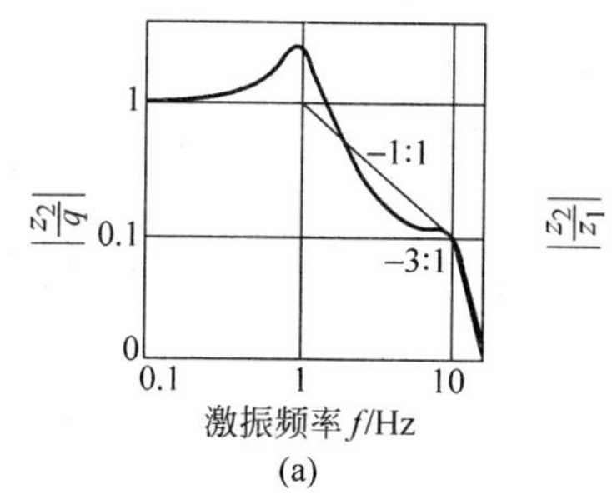

(a)

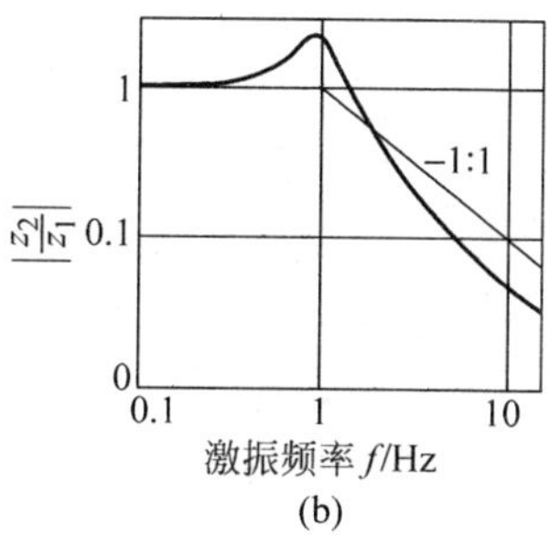

(b)

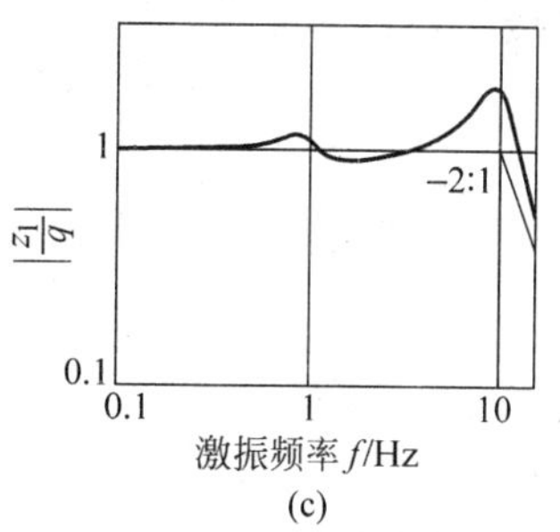

(c)

图 7-21 双质量系统的传递特性

7.6.3 车身加速度、悬架弹簧动挠度和车轮相对动载的幅频特性

1. 车身加速度 $\ddot{z}_2$ 对 $\dot{q}$ 的幅频特性

$$|H(\mathrm{j}\omega)|_{\ddot{z}\text{-}\dot{q}}=\left|\frac{\ddot{z}_2}{\dot{q}}\right|=\omega\left|\frac{z_2}{q}\right|$$

将式(7-63)代入上式，得

$$\left|\frac{\ddot{z}_2}{\dot{q}}\right|=\omega\gamma\left[\frac{1+4\zeta^2\lambda^2}{\Delta}\right]^{\frac{1}{2}} \tag{7-64}$$

图 7-22 上实线所示为双质量系统在 $f_0=1\mathrm{Hz}$，质量比 $\mu=10$，刚度比 $\gamma=9$，$\zeta=0.25$、0.5 两种情况下的 $|\ddot{z}_2/\dot{q}|$ 曲线。由 f_0、ζ、μ、γ 这 4 个参数可按下式确定车轮部分的固有频率 f_t 和阻尼比 ζ_t：

$$f_t=\frac{1}{2\pi}\sqrt{(K+K_t)m_1}=\sqrt{\mu(1+\gamma)}f_0 \tag{7-65}$$

$$\zeta_t=C/2\sqrt{(K+K_t)m_1}=\sqrt{\frac{\mu}{1+\gamma_0}}\zeta \tag{7-66}$$

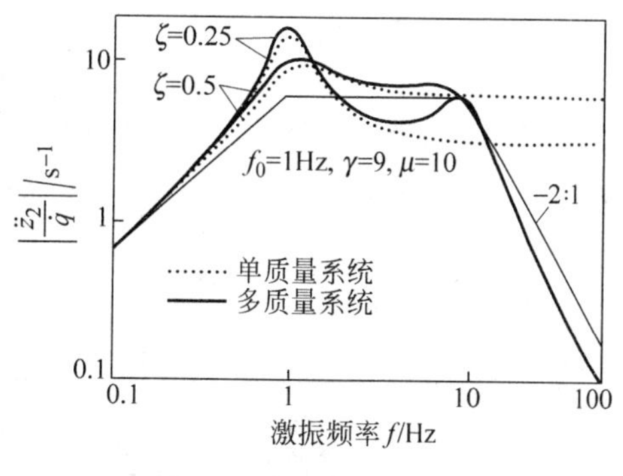

图 7-22 $\ddot{z}_2$-$\dot{q}$ 幅频特性曲线

图 7-22 所示双质量系统，车轮部分的具体参数为 $f_t=10f_0=10\mathrm{Hz}$，$\zeta_t=\zeta=0.25$、0.5。与单质量系统 $\ddot{z}_1$-$\dot{q}$ 幅频特性曲线(在图 7-22 上用虚线表示)比较，在 $f=f_0$ 低频共振区二者基本相同，而在 $f=f_t$ 高频共振区，双质量系统出现另一共振峰，在 $f>f_t$ 之后，当 $\zeta_t=0.5$ 时按−2∶1 斜率衰减。

2. 相对动载 F_d/G 对 $\dot{q}$ 的幅频特性

车轮动载 $F_d=K_t(z_1-q)$，静载 $G=(m_1+m_2)g=m_1(\mu+1)g$。F_d/G 对 q 的频率响应函数为

$$H(\mathrm{j}\omega)_{F_d/Gq}=\frac{F_d}{Gq}=\frac{z_1-q}{q}\frac{K_t}{m_1(\mu+1)g}$$

将式(7-59)代入上式，得

$$\frac{F_{\mathrm{d}}}{Gq}=\left(\frac{A_2K_{\mathrm{t}}}{N}-1\right)\frac{K_{\mathrm{t}}}{m_1(\mu+1)g}$$

$$\left|\frac{F_{\mathrm{d}}}{G\dot{q}}\right|=\frac{\gamma\omega}{g}\left[\frac{\left(\frac{\lambda^2}{1+\mu}-1\right)^2+4\zeta^2\lambda^2}{\Delta}\right]^{\frac{1}{2}} \tag{7-67}$$

图 7-23 采用与图 7-22 所示双质量系统同样的参数。$F_{\mathrm{d}}/G\text{-}\dot{q}$ 幅频特性曲线在 $f=f_0$ 低频共振区，与 $\ddot{z}_1\text{-}\dot{q}$ 幅频特性曲线趋势相同；在 $f=f_{\mathrm{t}}$ 高频共振区，阻尼比对 $F_{\mathrm{d}}/G\text{-}\dot{q}$ 幅频特性曲线的峰值影响很大；在 $f>f_{\mathrm{t}}$ 之后，$\zeta_{\mathrm{t}}=0.5$ 时，$F_{\mathrm{d}}/G\text{-}\dot{q}$ 幅频特性曲线按−1∶1 斜率衰减。

3. 悬架动挠度 f_{d} 对 $\dot{q}$ 的幅频特性

f_{d} 对 $\dot{q}$ 的频率响应函数为

$$H(\mathrm{j}\omega)_{f_{\mathrm{d}}\text{-}q}=\frac{f_{\mathrm{d}}}{q}=\frac{z_2-z_1}{q}=\frac{z_2}{q}-\frac{z_1}{q}$$

将式(7-60)、式(7-63)代入上式，得

$$\frac{f_{\mathrm{d}}}{q}=\frac{A_1K_{\mathrm{t}}}{N}-\frac{A_2K_{\mathrm{t}}}{N}=\frac{K_{\mathrm{t}}(A_1-A_2)}{N}$$

$$\left|\frac{f_{\mathrm{d}}}{\dot{q}}\right|=\frac{\gamma}{\omega}\lambda^2\left[\frac{1}{\Delta}\right]^{\frac{1}{2}} \tag{7-68}$$

图 7-24 仍采用与图 7-22 所示双质量系统相同的参数。与图 7-16 的单质量系统 $f_{\mathrm{d}}\text{-}\dot{q}$ 幅频特性(在图 7-24 上用虚线表示)比较，在 $f=f_0$ 低频区二者相似，而在 $f=f_{\mathrm{t}}$ 高频区，双质量系统又出现一共振峰；在 $f>f_{\mathrm{t}}$ 之后，$\zeta_{\mathrm{t}}=0.5$ 时按−3∶1 斜率衰减。

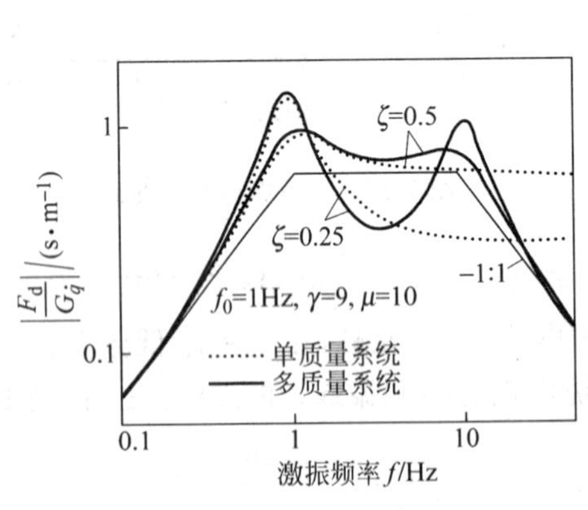

图 7-23　$F_{\mathrm{d}}/G\text{-}\dot{q}$ 幅频特性曲线

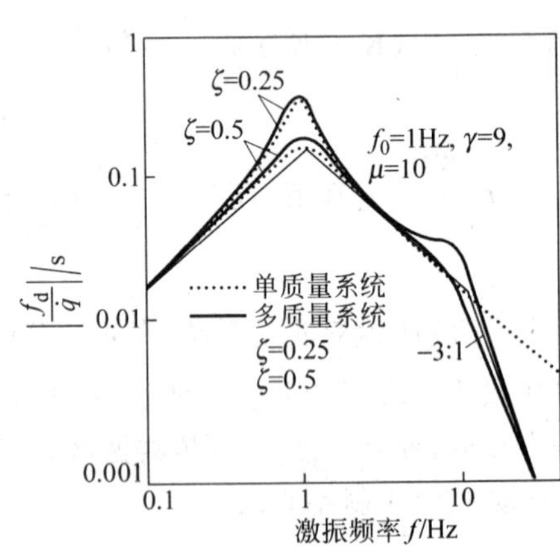

图 7-24　$f_{\mathrm{d}}\text{-}\dot{q}$ 幅频特性曲线

7.6.4　在路面随机输入下系统振动响应均方根值的计算

当确定了路面不平度系数 $G_q(n_0)$ 和车速 u 之后，可按式(7-15)计算路面速度功率谱密度 $G_{\dot{q}}(f)$，并按式(7-64)、式(7-67)、式(7-68)和悬挂系统具体参数，求出振动响应量 $\ddot{z}_2$、

F_d/G、f_d 对 $\dot{q}$ 的幅频特性，然后就可以由式(7-37)求出响应量的功率谱密度。由于这三个振动响应量的均值为零，所以这几个量的统计特征值——方差等于均方值，此值可由其功率谱密度对频率积分求得，以车身加速度为例，其均方值 $\sigma_{\ddot{z}_2}^2$ 为

$$\sigma_{\ddot{z}_2}^2 = \int_0^\infty \left| \frac{\ddot{z}_2}{\dot{q}} \right|^2 G_{\dot{q}}(f)\mathrm{d}f \tag{7-69}$$

式中，$\sigma_{\ddot{z}_2}$ 为车身加速度 $\ddot{z}_2$ 的标准差(等于均方根值)。

将路面功率谱密度代入式(7-69)，得

$$\sigma_{\ddot{z}_2}^2 = 4\pi^2 G_q(n_0) n_0^2 u \int_0^\infty \left| \frac{\ddot{z}_2}{\dot{q}} \right|^2 \mathrm{d}f \tag{7-70}$$

由式(7-70)可以看出，当由系统参数确定的幅频特性 $|\ddot{z}_2/\dot{q}|$ 一定时，车身加速度的均方值 $\sigma_{\ddot{z}_2}^2$ 与路面不平度系数 $G_q(n_0)$ 以及车速 u 成正比。因此，不同路面不平度系数和车速下的均方值 $\sigma_{\ddot{z}_2}^2$ 可以按 $G_q(n_0)$ 和 u 数值变化的比例推算出来。

图 7-25 以图解的形式来表示均方值的计算过程。图 7-25(a)是按照表 7-3 中路面不平度系数的数据代入式(7-15)得到路面不平度速度功率谱密度 $G_{\dot{q}}(f)$，它是一水平线。图 7-25(b)中的虚线是幅频特性 $|\ddot{z}_2/\dot{q}|$ 的平方，与幅频特性 $|\ddot{z}_2/\dot{q}|$ 相比，其平方的频率指数都乘 2，所以其渐近线斜率也乘 2，低频段渐近线斜率为 $+2:1$，高频段渐近线斜率为 $-4:1$。实线为车身加速度的功率谱密度 $G_{\ddot{z}_2}(f)$，它与 $|\ddot{z}_2/\dot{q}|^2$ 曲线形状相同，只是平移了距离 $\lg G_{\dot{q}}(f)$。$G_{\ddot{z}_2}(f)$ 曲线下面的影线面积等于车身加速度的均方值 $\sigma_{\ddot{z}_2}^2$。

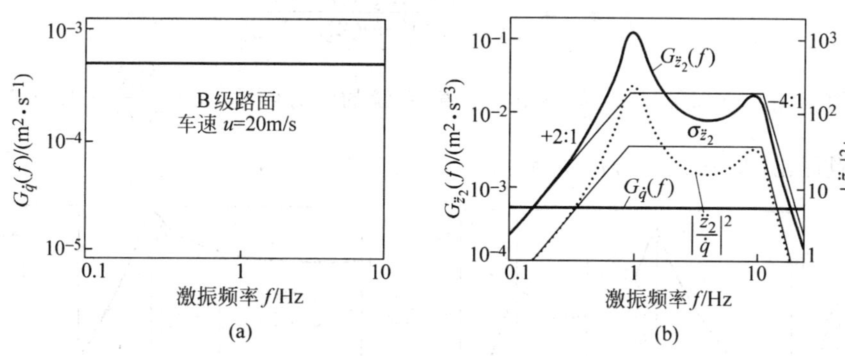

图 7-25　车身加速度均方值 $\sigma_{\ddot{z}_2}^2$ 的计算过程

式(7-70)中幅频特性的表达式相当复杂，一般难以用解析的方法直接进行积分，在工程上常采用数值积分的方法。等间隔取 N 个离散频率值，频带宽度为 Δf，式(7-70)变为

$$\sigma_{\ddot{z}_2}^2 = \sum_{n=1}^{N} G_{\dot{q}}(n\Delta f) \times \left| \frac{\ddot{z}_2}{\dot{q}}(n\Delta f) \right|^2 \Delta f, \quad n = 1,2,3,\cdots,N \tag{7-71}$$

7.7　“人体-座椅”系统的振动

车身地板上的振动通过“人体-座椅”系统传到人体，在掌握了传至人体的振动加速度后，就可以用 7.2 节中介绍的 ISO 2631-1：1997(E)推荐的方法对平顺性进行评价。

7.7.1 “人体-座椅”系统的传递特性

当把人体简化为一刚性质量 m_s 时，它与座椅的弹性阻尼元件构成一单自由度子系统，将其附加在“车身-车轮”双质量系统上，构成图 7-26 所示三个自由度振动系统。

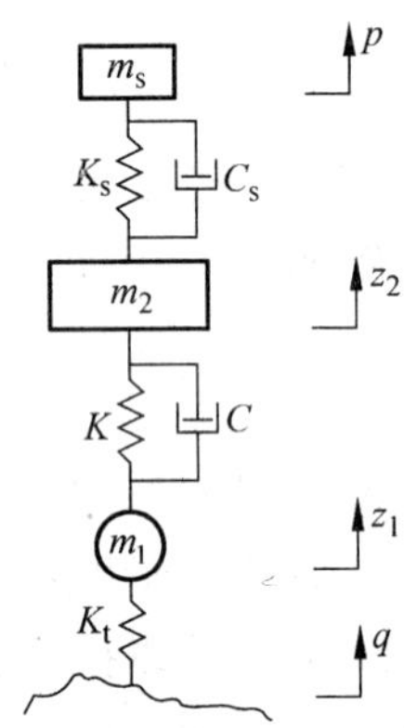

图 7-26 在“车身-车轮”双质量系统上附加“人体-座椅”子系统的振动模型

在人体质量 m_s 比车身质量 m_2 小很多时，可以忽略人体质量的惯性力 $m_s\ddot{p}$对车身质量 m_2 运动的影响，而车身垂直振动 z_2 是“人体-座椅”子系统的输入，于是传至人体的加速度$\ddot{p}$(在 7.1 节用 $a(t)$表示)对路面速度输入$\dot{q}$的幅频特性$|\ddot{p}/\dot{q}|$(图 7-27(c))，等于“人体-座椅”子系统的幅频特性$|p/z_2|$(图 7-27(b))与“车身-车轮”双质量系统幅频特性$|\ddot{z}/\dot{q}|$(图 7-27(a))的乘积：

$$\left|\frac{\ddot{p}}{\dot{q}}\right| = \left|\frac{p}{z_2}\right|\left|\frac{\ddot{z}_2}{\dot{q}}\right| \tag{7-72}$$

车身加速度$\ddot{z}_2$ 对路面速度输入$\dot{q}$的幅频特性在 7.5 节已讨论过，$|p/z_2|$为“人体-座椅”单自由度系统的幅频特性，它与 7.4 节讨论的车身单自由度系统的幅频特性相同，具体的表达式为

$$|p/z_2| = \left[\frac{1+(2\zeta_s\lambda_s)^2}{(1-\lambda_s^2)^2+(2\zeta_s\lambda_s)^2}\right]^{\frac{1}{2}} \tag{7-73}$$

式中，λ_s 为频率比，$\lambda_s=\omega/\omega_s$；$\omega_s$ 为“人体-座椅”系统的固有频率，$\omega_s=\sqrt{\dfrac{K_s}{m_s}}$；$\zeta_s$ 为“人体-座椅”系统的阻尼比，$\zeta_s=C_s/(2\sqrt{K_s m_s})$。

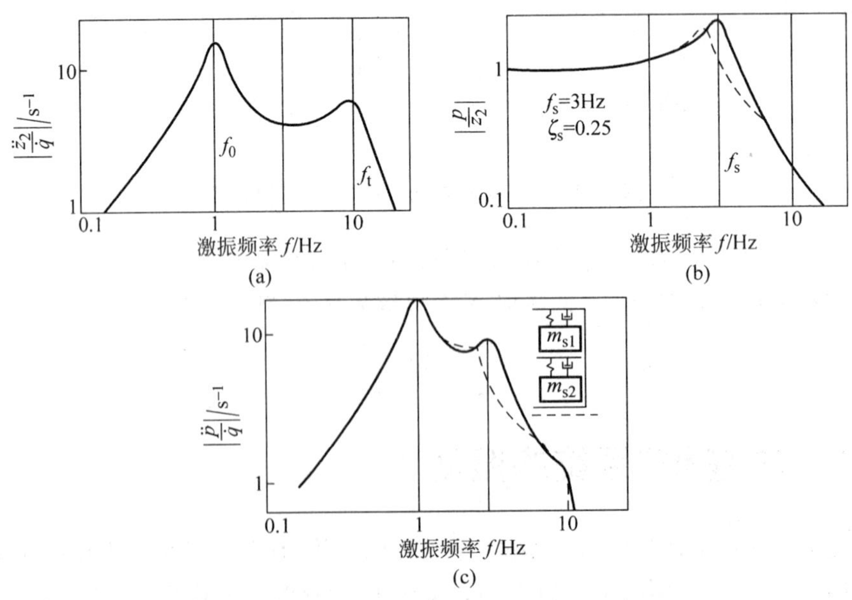

图 7-27 “人体-座椅”系统传递特性

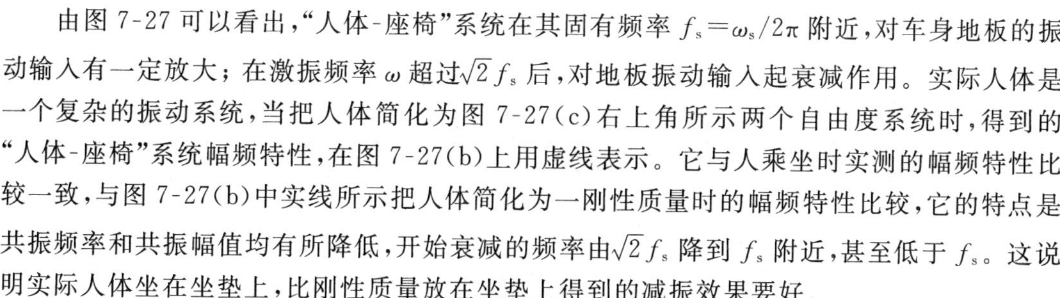

由图7-27可以看出，“人体-座椅”系统在其固有频率 $f_s=\omega_s/2\pi$ 附近，对车身地板的振动输入有一定放大；在激振频率 ω 超过 $\sqrt{2}f_s$ 后，对地板振动输入起衰减作用。实际人体是一个复杂的振动系统，当把人体简化为图7-27(c)右上角所示两个自由度系统时，得到的“人体-座椅”系统幅频特性，在图7-27(b)上用虚线表示。它与人乘坐时实测的幅频特性比较一致，与图7-27(b)中实线所示把人体简化为一刚性质量时的幅频特性比较，它的特点是共振频率和共振幅值均有所降低，开始衰减的频率由 $\sqrt{2}f_s$ 降到 f_s 附近，甚至低于 f_s。这说明实际人体坐在坐垫上，比刚性质量放在坐垫上得到的减振效果要好。

7.7.2　“人体-座椅”系统的参数选择

为了改善平顺性，使传至人体的总加权加速度均方根值 a_V 比较小，在选择“人体-座椅”系统参数时，首先要保证人体垂直方向最敏感的频率范围4～12Hz处于减振区。按“人体-座椅”单自由度系统来考虑，其固有频率 $f_s\leqslant 4\text{Hz}/\sqrt{2}\approx 3\text{Hz}$。在选择固有频率 f_s 时，还要避开与车身部分固有频率 f_0 重合，防止传至人体的加速度 $\ddot{p}$ 的响应谱出现突出的尖峰，这对平顺性很不利。车身部分的固有频率 f_0 一般在1.2～2Hz范围，于是“人体-座椅”单自由度系统固有频率要选在3Hz附近。若把人体的减振效果考虑进去，实际衰减的频率范围向低频扩展，因此 f_s 值可以选得高一些。目前泡沫成型坐垫的 f_s 值，有的选到5～6Hz，在适当的阻尼比 ζ_s 配合下，仍可保证4～12Hz处于衰减区。

“人体-座椅”系统的阻尼比 ζ_s 希望达到0.2以上才有较好的减振效果。有的高阻尼材料制成的泡沫成型坐垫，其阻尼比 ζ_s 可达0.3～0.4。

7.8　汽车平顺性试验和数据处理

7.8.1　平顺性试验的主要内容

平顺性试验主要包括以下几方面内容。

1. 汽车悬挂系统的刚度、阻尼和惯性参数的测定

通过测定轮胎、悬架、坐垫的弹性特性(载荷与变形的关系曲线)，可以求出在规定载荷下轮胎、悬架、坐垫的刚度。由加、卸载曲线包围的面积，可以确定这些元件的阻尼。另外，还要测量悬挂(车身)质量 m_2、非悬挂(车轮)质量 m_1、车身质量分配系数 ε 等振动系统惯性方面的参数。

2. 悬挂系统部分固有频率(偏频)和阻尼比的测定

将汽车前轮、后轮分别从一定高度抛下，记录车身和车轮质量的衰减振动曲线，见图7-28。由图上曲线可以得到车身质量振动周期 T 和车轮质量振动周期 T'，可按下式算出各部分固有频率：

车身部分固有频率

$$f_0=\omega_0/2\pi=\frac{1}{T}$$

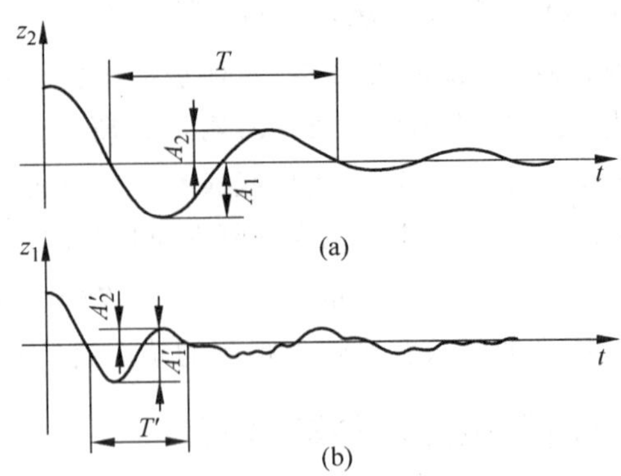

图 7-28 悬挂系统衰减振动曲线

(a) 车身振动；(b) 车轮振动

车轮部分固有频率

$$f_t = \omega_t / 2\pi = \frac{1}{T'}$$

由车身和车轮部分的衰减率 $\tau = A_1/A_2$，$\tau' = A_1'/A_2'$，按下式求出阻尼比 ζ、ζ_t：

$$\zeta = 1 \Big/ \sqrt{1 + \frac{4\pi^2}{\ln^2 \tau}}, \quad \zeta_t = 1 \Big/ \sqrt{1 + \frac{4\pi^2}{\ln^2 \tau'}}$$

用同样方法也可以求出“人体-座椅”系统的部分固有频率 f_s 和阻尼比 ζ_s。

3. 汽车振动系统的频率响应函数的测定

在实际随机输入的路面上或在电液振动台上，给车轮 0.5～30Hz 范围的振动输入，记录车轴、车身、坐垫上各测点的振动响应；然后由数据统计分析仪处理得到悬架、坐垫各环节的频率响应函数。其幅频特性的峰值所在的频率即为各环节的固有频率，幅频幅值 A 由下式近似求出阻尼比 ζ：

$$\zeta = \frac{1}{2\sqrt{A^2 - 1}}$$

4. 在实际随机输入路面上的平顺性试验

随机输入试验是评定汽车平顺性的最主要的试验。这个试验应按照 GB/T 4970—2009《汽车平顺性试验方法》进行。随机输入试验主要以总加权加速度均方根值 $\bar{a}_V$ 来评价，车厢底板及车轴上采用该处的加速度均方根值来评价。

5. 汽车驶过凸块脉冲输入平顺性试验

汽车行驶时偶尔会遇到凸块和凹坑，尽管遇到的概率并不大，但过大的冲击会严重地影响平顺性，脉冲输入试验按 GB/T 5902—1986《汽车平顺性脉冲输入行驶试验方法》进行。评价指标用坐垫上和座椅底部地板加速度的最大响应值 $\ddot{p}_{max}$、$\ddot{z}_{2max}$ 或加权加速度 4 次方和根值方法——振动剂量值(VDV)来评价。

7.8.2　平顺性试验数据的采集和处理

平顺性试验要采集大量随机振动信号，然后以微机为主体配以采样、模-数转换以及各种软、硬件的数据处理系统，进行平顺性评价指标、频谱及频率响应函数的处理。

1. 测试仪器系统

测试仪器系统包括加速度传感器、前置放大器和磁带记录仪或数据采集器。图 7-29 为测试仪器系统的框图。测量仪器的频率范围应为 0.1～300Hz，动态范围不小于 60dB。传感器一般采用压电式加速度计，测量坐垫上的加速度时，要把传感器安装在一个半刚性的垫盘内，盘的最大厚度为 12mm，盘的直径为(ϕ200±0.5)mm，如图 7-30 所示。

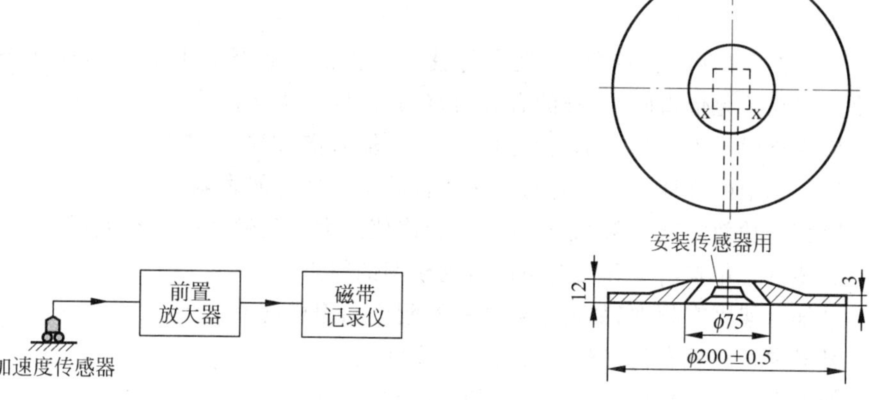

图 7-29　测试仪器系统框图　　图 7-30　安装传感器的半刚性垫盘

2. 数据处理系统

数据处理系统引进快速傅里叶变换(FFT)，采用相应的软件快速、精确地进行自谱、互谱、传递函数、相干函数和概率统计等各种数据处理。

图 7-31 为数字法计算总加权加速度均方根值 a_V 的框图。记录的连续模拟信号 $a(t)$，由模-数转换器离散采样数字化为 $a(i\cdot\Delta t)$，然后进行快速傅里叶变换得到复振幅 A_K，由 A_K 与其共轭复数 A_K^* 计算自功率谱，再按 $W(f)$频率加权计算加权自功率谱，最后计算总加权加速度均方根值 a_V。

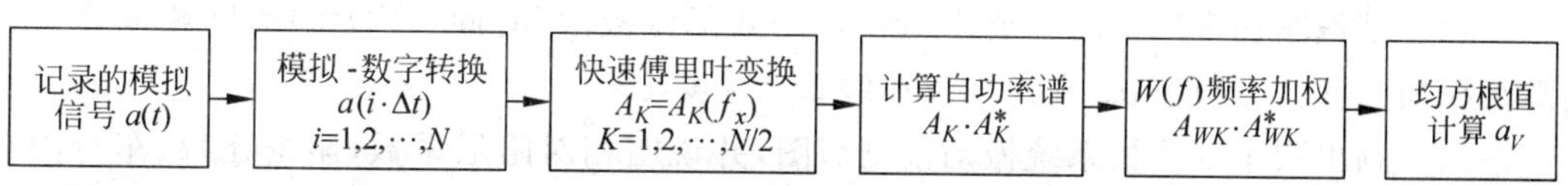

图 7-31　数字法计算总加权加速度均方根值 a_V 框图

3. 人体振级测量仪

近年来，各种按照 ISO 2631 标准进行频率加权的“人体振动测量仪”在平顺性评价试验中得到采用。这种仪器通常用模拟-数字混合法计算加权加速度均方根值 a_W。图 7-32 是它的框图。

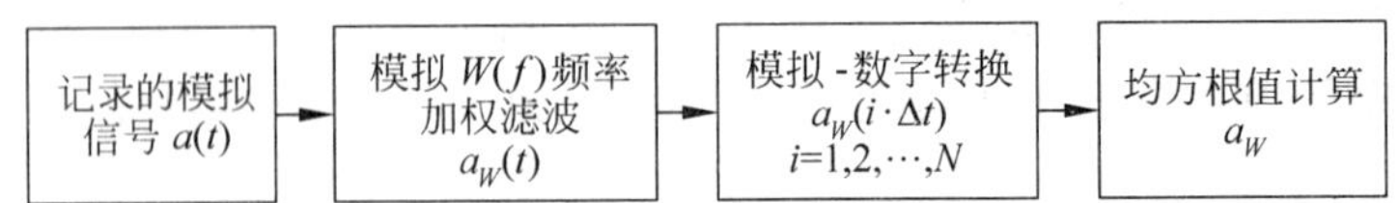

图 7-32 模拟-数字混合法计算总加权加速度均方根值 a_W 框图

连续模拟信号 $a(t)$，经模拟 $W(f)$ 频率加权滤波器滤波得加权的模拟信号 $a_W(t)$，再由模数转换器离散采样数字化为 $a_W(i\cdot\Delta t)$，然后在幅值域进行均方根值计算，给出加权的加速度均方根值 a_W 及相应计权振级 L_{a_W}。

思考题与练习题

7-1 何为汽车的行驶平顺性？汽车行驶平顺性的评价指标是什么？简述 ISO 2631《人承受全身振动的评价指南》标准的有关内容，其评价方法又是什么？

7-2 何为路面不平度的功率谱和路面对汽车输入谱(即激励谱)？

7-3 何为悬架的弹性特性？它对汽车的行驶平顺性有何影响？

7-4 “疲劳-功效降低极限”振动加速度允许值的大小与哪些因素有关？

7-5 试述汽车单自由度和二自由度振动模型的特点。

7-6 已知悬架固有频率，如何求悬架弹簧刚度和静挠度？

7-7 悬架弹簧较软有何好处？会带来什么问题？

7-8 如何选择汽车悬架的固有频率和阻尼比？

7-9 测得汽车坐椅的加权均方根值为某值(例如 0.7m/s^2，1.2m/s^2，等等)，该位置舒适度如何？

7-10 设车身-车轮二自由度汽车模型，其车身部分固有频率 $f_0=2\text{Hz}$。它行驶在波长 $\lambda=5\text{m}$ 的水泥接缝路面上，求引起车身部分共振时的车速 u_a(km/h)。该汽车车轮部分的固有频率 $f_t=10\text{Hz}$，在砂石路面上常用车速为 30km/h。问由于车轮部分共振时，车轮对路面作用的动载荷所形成的搓板路的波长 $\lambda=$？

7-11 设前、后车轮两个输入的双轴汽车模型行驶在随机输入的路面上，其质量分配系数 $\varepsilon=1$，前、后车身局部系统的固有频率均为 $f_0=2\text{Hz}$，轴距 $L=2.5\text{m}$。问引起车身俯仰角共振时的车速 $u_a=$？相应随机路面输入的 $\lambda=$？

7-12 某汽车在常用工况下要求“疲劳-功效降低极限”时间 TFD=4h，问相应垂直方向总加权加速度均方根值 σ_{pw} 和总加权振级 L_{pw} 为多大？

7-13 画出汽车双质量系统振动模型简图，并说明相对阻尼系数(阻尼比)ζ、车身固有频率 f、质量比 μ、悬架与轮胎的刚度比 γ 的改变对汽车行驶平顺性的影响如何。

7-14 车身-车轮双质量系统参数：$f_0=1.5\text{Hz}$，$\zeta=0.25$，$\gamma=9$，$\mu=10$。“人体-座椅”系统参数：$f_s=3\text{Hz}$，$\zeta_s=0.25$。车速 $u=20\text{m/s}$，路面不平度系数 $G_q(n_0)=2.56\times10^{-8}\text{m}^3$，参考空间频率 $n_0=0.1\text{m}^{-1}$。

计算时，频率步长 $\Delta f=0.2\text{Hz}$，计算频率点数 $N=180$。

(1) 计算并画出幅频特性 $|z_1/q|$、$|z_2/z_1|$、$|q/z_2|$ 和均方根值谱 $\sqrt{G_{\ddot{z}_1}(f)}$、$\sqrt{G_{\ddot{z}_2}(f)}$、$\sqrt{G_a(f)}$ 谱图。进一步计算 $\sigma_{\ddot{q}}$、$\sigma_{\ddot{z}_1}$、$\sigma_{\ddot{z}_2}$、σ_a、a_w、L_{aw} 值。

(2) 改变"人体-座椅"系统参数：$f_s=1.5\sim6\text{Hz}$，$\zeta_s=0.125\sim0.5$。分析 a_w、L_{aw} 值随 f_s、ζ_s 的变化。

(3) 分别改变车身-车轮双质量系统参数：$f_0=0.25\sim3\text{Hz}$，$\zeta=0.125\sim0.5$，$\gamma=4.5\sim18$，$\mu=5\sim20$。绘制 $\sigma_{\ddot{z}_2}$、σ_{f_d}、$\sigma_{F_d/G}$ 三个响应量均方根值随以上四个系统参数变化的曲线。

第8章

汽车通过性

汽车的通过性(越野性)是指它能够以足够高的平均车速通过各种坏路和无路地带(如松软地面、凹凸不平地面等)及各种障碍(如陡坡、测坡、壕沟、台阶、灌木丛、水障等)的能力。根据地面对汽车通过性影响的原因,它又分为支承通过性和几何通过性。汽车的通过性主要取决于地面的物理性质及汽车的结构参数和几何参数。同时,它还与汽车的其他性能,如动力性、平顺性、机动性、稳定性、视野性等密切相关。

8.1 汽车通过性评价指标及几何参数

8.1.1 汽车支承通过性评价指标

目前,常采用牵引系数、牵引效率及燃油利用指数三项指标来评价汽车的支承通过性。

(1) 牵引系数 TC　单位车重的挂钩牵引力(净牵引力)。它表明汽车在松软地面上加速、爬坡及牵引其他车辆的能力。表达式为

$$\mathrm{TC} = F_d/G \tag{8-1}$$

式中,F_d 为汽车的挂钩牵引力;G 为汽车重力。

(2) 牵引效率(驱动效率)TE　驱动轮输出功率与输入功率之比。它反映了车轮功率传递过程中的能量损失,这部分损失是由于轮胎橡胶与帘布层间摩擦生热及轮胎下土壤的压实和流动而造成的。表达式为

$$\mathrm{TE} = \frac{F_d}{T_w}\frac{u_a}{\omega} = \frac{F_d r(1-s_t)}{T_w} \tag{8-2}$$

式中,u_a 为汽车行驶速度;T_w 为驱动轮输入转矩;ω 为驱动轮角速度;r 为驱动轮动力半径;s_t 为滑转率。

(3) 燃油利用指数 E_t　单位燃油消耗所输出的功。表达式为

$$E_t = F_d u_a/Q_t \tag{8-3}$$

式中,Q_t 为单位时间内的燃油消耗量。

8.1.2 汽车通过性几何参数

由于汽车与地面间的间隙不足而被地面托住、无法通过的情况,称为间隙失效。当车辆

中间底部的零件碰到地面而被顶住时，称为“顶起失效”；当车辆前端或尾部触及地面而不能通过时，则分别称为“触头失效”和“托尾失效”。显然，后两种情况属同一类失效。

与间隙失效有关的汽车整车几何尺寸，称为汽车通过性的几何参数。这些参数包括最小离地间隙、纵向通过角、接近角、离去角、最小转弯直径等，见图 8-1。

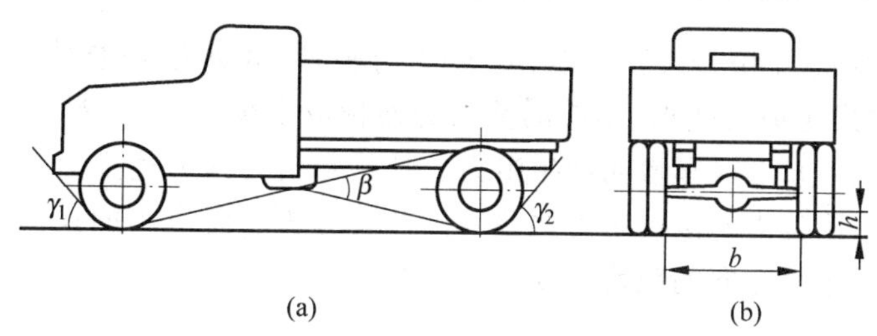

图 8-1　汽车通过性参数

h—最小离地间隙；b—纵向通过半径；γ_1—接近角；γ_2—离去角；β—通过角

（1）最小离地间隙 h　汽车满载、静止时，支承平面与汽车上的中间区域（$0.8b$ 范围内）最低点之间的距离。它反映了汽车无碰撞的通过地面凸起的能力。

（2）纵向通过角 β　汽车满载、静止时，分别通过前、后车轮外缘作垂直于汽车纵向对称平面的切平面，当两切平面交于车体下部较低部位时所夹的最小锐角。它表示汽车能够无碰撞地通过小丘、拱桥等障碍物的轮廓尺寸。β 越大，顶起失效的可能性就越小，汽车的通过性越好。

（3）接近角 γ_1　汽车满载、静止时，后端突出点向前轮所引切线与地面间的夹角。γ_1 越大，越不易发生触头失效。

（4）离去角 γ_2　汽车满载、静止时，后端突出点向后轮所引切线与地面间的夹角。γ_2 越大，越不易发生托尾失效。

（5）最小转弯直径 d_{min}　当转向盘转到极限位置、汽车以最低稳定车速转向行驶时，外侧转向轮的中心平面在支承平面上滚过的轨迹圆直径。它在很大程度上表征了汽车能够通过狭窄弯曲地带或绕过不可越过的障碍物的能力。d_{min} 越小，汽车的机动性越好。

（6）转弯通道圆　当转向盘转到极限位置、汽车以最低稳定车速转向行驶时，车体上所有点在支承平面上的投影均位于圆周以外的最大内圆，称为转弯通道内圆；车体上所有点在支承平面上的投影均位于圆周以内的最小外圆，称为转弯通道外圆。转弯通道内、外圆半径的差值为汽车极限转弯时所占空间的宽度，此值决定了汽车转弯时所需的最小空间。它越小，汽车的机动性越好。各种汽车通过性几何参数的数值范围如表 8-1 所示。

表 8-1　汽车通过性的几何参数

汽 车 类 型	最小离地间隙 k/mm	接近角 γ_1/(°)	离去角 γ_2/(°)	最小转弯直径 d_{min}/m
4×2 轿车	120～200	20～30	15～22	7～13
4×4 轿车、吉普车	210～370	45～50	35～40	10～15
4×2 货车	250～300	25～60	25～45	8～14
4×4、6×6 货车	260～350	45～60	35～45	11～21
6×4、4×2 客车	220～370	10～40	6～20	14～22

8.2 车辆的挂钩牵引力

8.2.1 松软地面的物理性质

车辆在松软地面(土壤、沙漠、雪地、沼泽)上行驶时,驱动轮(或履带)对地面施加向后的水平力,地面随之发生剪切变形,相应的剪切力便构成土壤(沙、雪)对汽车的推力;荷重的车轮压紧土壤(沙、雪),形成车辙而产生阻力。挂钩牵引力是上述推力与阻力之差(相当于在硬路面上行驶时附着力与滚动阻力之差),因此要分析越野汽车的挂钩牵引力,必须掌握松软地面在水平与垂直方向的载荷与变形的关系。

1. 土壤切应力与剪切变形的关系

当车辆在松软土壤上行驶时,在接地面 A 范围内,轮胎花纹或履刺之间的空间里充满着泥土。当车辆发挥最大驱动力时,土壤的剪切就沿着这一接地面积产生,如图 8-2 所示。

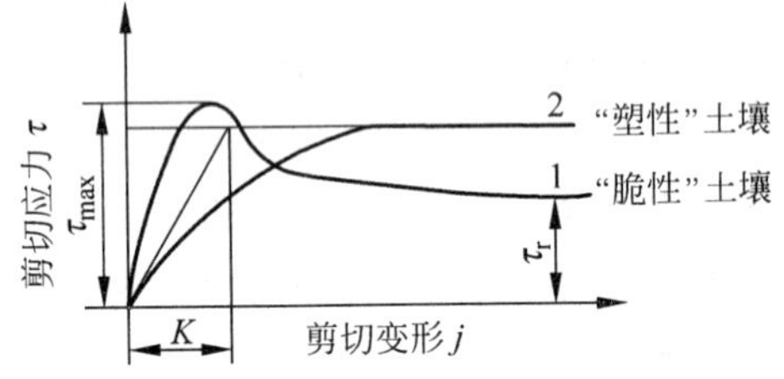

图 8-2 土壤的剪切应力与剪切变形的关系曲线

对于粘性土壤或雪,最大剪切力(即地面给驱动轮或履带的切向反作用力)仅与土壤或雪的粘聚性及轮胎(履带)的接地面积有关,而与轮胎(履带)给地面的垂直载荷 W 无关,即土壤推力

$$F_x = Ac \tag{8-4}$$

式中,A 为驱动轮胎(履带)的接地面积;c 为土壤(或雪)的粘聚系数。

对于摩擦性土壤(干沙、冻结的粒状雪),情况则有些不同。沙粒或冻结的雪粒没有任何粘聚力,它们是松散的。但若将颗粒相互挤压,则在颗粒间就会产生摩擦而使它们难以相对移动。因此,在法向力的作用下,当轮胎花纹或履带履刺间的沙子相对静止沙体发生剪切时,剪切面间的沙粒间便有摩擦力产生。这时,最大土壤推力是按照库仑摩擦定律与负荷 W 成正比地增加,即

$$F_x = W\tan\varphi \tag{8-5}$$

式中,φ 为摩擦角。

大多数土壤既不是纯粘性,也不是纯摩擦性的,而是这两种性质的粒状物质的混合物。因此,最大土壤推力,即地面对驱动轮或履带的切向反作用力为

$$F_x = Ac + W\tan\varphi \tag{8-6}$$

将式(8-6)两边除以面积 A,则得最大切应力即剪切强度 $\tau_{\max}$ 与剪切面法向压力 σ 的关系式为

$$\tau_{\max} = c + \sigma\tan\varphi \tag{8-7}$$

用土壤剪切强度测量仪对土壤进行测试,可找出该土壤的粘聚系数 c 及摩擦角 φ。

上面讨论的是最大剪切力,下面介绍试验得到的切应力与剪切变形的关系。

对于未受扰动的脆性土壤(压实的沙、淤泥、土壤和冻结的雪),切应力与变形的关系曲线如图 8-2 中的曲线 1 所示。在最大切应力 $\tau_{\max}$ 时出现"驼峰",然后维持一定的剩余切应

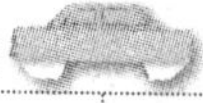

力 τ_r。这种关系曲线与物体非周期性衰减振动的时间-位移关系极为相似，可表示为

$$\tau = \frac{c+\sigma\tan\phi}{y_{\max}}\left[\exp\left(-K_2+\sqrt{K_2^2-1}\right)K_1 j-\exp\left(-K_2-\sqrt{K_2^2-1}\right)K_1 j\right] \quad (8\text{-}8)$$

式中，K_1、K_2 为常数；j 为剪切变形；$y_{\max}$为括号||中的最大值。

对于疏松土壤，如松散的沙子、湿透的粘土、干雪和大多数受过扰动的土壤，切应力与变形的关系曲线表现为逐渐接近最大切应力而无"驼峰"(图 8-2 中的曲线 2)。可用下式表示切应力与变形的关系：

$$\tau = (c+\sigma\tan\phi)[1-\exp(-j/K)] = \tau_{\max}[1-\exp(-j/K)] \quad (8\text{-}9)$$

式中，K 为土壤剪切变形模数。

对式(8-9)微分可求出原点处的斜率为

$$\left.\frac{\mathrm{d}\tau}{\mathrm{d}j}\right|_{j=0} = \left.\frac{\tau_{\max}}{K}\exp(-j/K)\right|_{j=0} = \frac{\tau_{\max}}{K} \quad (8\text{-}10)$$

故 K 值就是曲线 2 在原点处的切线与曲线 2 水平延长线的交点至纵坐标轴的距离。K 可作为最大切应力时相应的土壤变形量的一个度量值。其值取决于土壤的坚实度，对松沙，K 约为 2.5cm；对压实无摩擦的粘土，K 约为 0.6cm。

由于脆性土壤剪切曲线的驼峰对于正常行驶时车辆的土壤推力意义不大，所以常把有驼峰的曲线进行圆滑。当 $\tau_{\max}$与 τ_r 相比不算过大时，可用式(8-10)表示圆滑后切应力与变形的关系。

2. 土壤法向负荷与沉陷的关系

若将一块表示充气轮胎或履带接地面积的平板用均匀负荷压入地面土壤，则其静止沉陷量 z 和单位面积压力 p 之间的关系为

$$\begin{cases} p = kz^n = \left(\dfrac{k_c}{b}+k_\phi\right)z^n \\ k = \dfrac{k_c}{b}+k_\phi \end{cases} \quad (8\text{-}11)$$

式中，k_c 为土壤的"粘聚"变形模数；k_ϕ 为土壤的"摩擦"变形模数；b 为承载面积的短边长，即履带的宽度或轮胎接地印迹椭圆的短轴；z 为土壤沉陷量；n 为沉陷指数。

k_c、k_ϕ、n 值可用有关仪器测试均匀土壤而得，考虑到野外试验时土壤的不均匀性，压板的宽度不宜小于5～10cm，压入的速度一般为 2.5～5cm/s。

图 8-3 是用相同的平板对不同的均匀土壤所测得的一组典型的负荷-沉陷曲线。这组负荷-沉陷关系是在均匀压力且无水平力时测得的。实际上，车辆行驶时驱动轮或履带必然对地面施加水平力，土壤也随之发生剪切变形。试验表明，土壤的剪切变形会增加土壤的沉陷。由于剪切变形引起的沉陷增量，称为滑动沉陷。表 8-2 是试验测得的一些土壤参数。

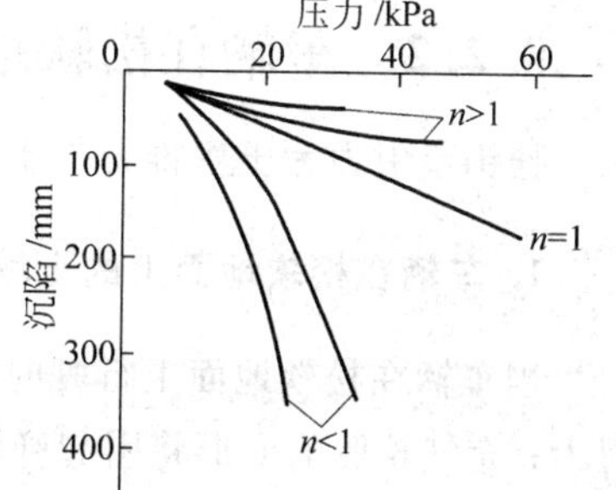

图 8-3 各种均匀土壤的负荷-沉陷曲线

表 8-2 土壤的特性参数

土壤的种类	湿度/%	n	$k_c/(\mathrm{kN/m^{n+1}})$	$k_\phi/(\mathrm{kN/m^{n+2}})$	c/kPa	$\phi/(°)$
干沙	0	1.1	0.95	1528.43	1.04	28
沙壤土	15	0.7	5.27	1515.04	1.72	29
(Land Locomotion Lab)	22	0.2	2.56	43.12	1.38	38
沙壤土、密西根	11	0.9	53.53	1127.97	4.83	20
(Land Locomotion Lab)	23	0.4	11.42	808.96	9.65	35
沙壤土	26	0.3	2.79	141.11	13.79	22
(Strong, Buchcle)	32	0.5	0.77	51.91	5.17	11
粘土壤	38	0.5	13.19	692.15	4.14	13
(Hanamoto)	55	0.7	16.03	1262.53	2.07	10
重粘土	25	0.13	12.70	1555.95	68.95	34
(Thailand)	40	0.11	1.84	103.27	20.69	6
瘦瘠粘土	22	0.2	16.43	1724.69	68.95	20
(WES)	32	0.15	1.52	119.61	13.79	11
雪		1.6	4.37	196.72	1.03	19.7
(Harrison)		1.6	2.49	245.90	0.62	23.2

注：括号中为试验者。

3. 半流体泥浆及雪的密度对通过性的影响

上述关于土壤应力-变形的叙述，显然不能适用于半流体的泥浆。经验表明，流体力学中所采用的简化模型可以用来解决这类问题。车辆在半流体泥浆中所受到的阻力除与其行驶速度、浸入面积等有关外，还与泥浆的密度 ρ 及阻力系数 C_D 有关。ρ 及 C_D 越大，其阻力也越大。

为了确定车辆在雪地上的通过性，除了可根据前述两种应力-应变关系进行分析外，还应了解雪的密度及其覆盖层的厚度。如果雪层厚度小于汽车的离地间隙，则任何密度的雪都不会阻碍汽车通过。如果雪层厚度大于汽车离地间隙的 150%时，轻型汽车可在密度大于 350kg/m^3 的雪地上行驶，重型汽车可在密度大于 500kg/m^3 的雪地上通过。这里均指没有渗水的雪，渗有水分的雪密度大，强度却很低。

8.2.2 车辆在松软地面上的挂钩牵引力

挂钩牵引力为土壤推力与土壤阻力之差，下面对这几个力分别加以分析。

1. 车辆在松软地面上的土壤阻力

当车辆在松软地面上行驶时，轮胎或履带对土壤的压实和推移将产生压实阻力和推土阻力；充气轮胎的变形将引起弹滞损耗阻力。

1) 刚性车轮滚动时的土壤阻力

如果地面足够松软，橡胶轮胎的滚动可近似地看作刚性轮缘的滚动。

如图 8-4 所示，假设松软土壤对滚动着的刚性从动轮的反作用力是径向的，其数值就是

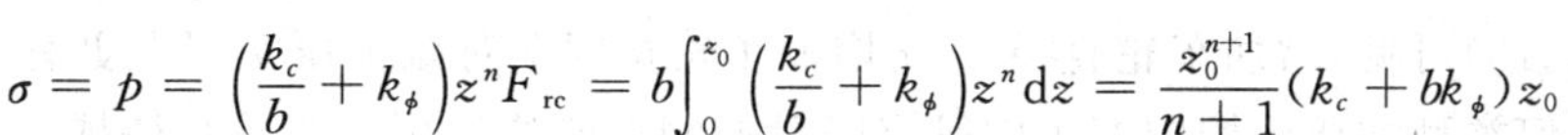

$$\sigma = p = \left(\frac{k_c}{b} + k_\phi\right) z^n F_{rc} = b\int_0^{z_0}\left(\frac{k_c}{b} + k_\phi\right) z^n \mathrm{d}z = \frac{z_0^{n+1}}{n+1}(k_c + bk_\phi) z_0$$

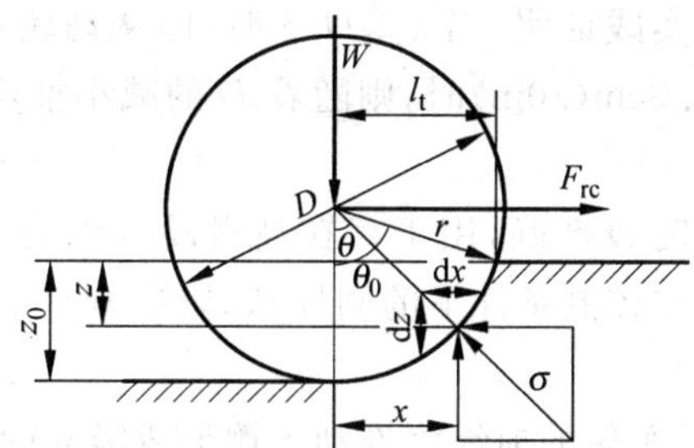

图 8-4　刚性从动轮与松软土壤的相互作用

车轮的受力平衡方程为

$$F_{rc} = b\int_0^{\theta_0} \sigma r \sin\theta \mathrm{d}\theta$$

$$W = b\int_0^{\theta_0} \sigma r \cos\theta \mathrm{d}\theta \tag{8-12}$$

式中，F_{rc}为土壤压实阻力；W 为垂直载荷；b 为车轮宽度。

而

$$\sigma r \sin\theta \mathrm{d}\theta = p\mathrm{d}z, \quad \sigma r \cos\theta \mathrm{d}\theta = p\mathrm{d}x$$

故

$$F_{rc} = b\int_0^{z_0}\left(\frac{k_c}{b} + k_\phi\right) z^n \mathrm{d}z = \frac{z_0^{n+1}}{n+1}(k_c + bk_\phi) \tag{8-13}$$

显然，计算所得的 F_{rc}值与宽度为 b 的单位长度平板垂直压入土内至 z_0 所做的功相等，故 F_{rc}称为压实阻力。用式(8-13)计算 F_{rc}时应先确定 z_0。因为

$$W = b\int_0^{r\sin\theta_0} p\mathrm{d}x = b\int_0^{r\sin\theta_0}\left(\frac{k_c}{b} + k_\phi\right) z^n \mathrm{d}x \tag{8-14}$$

由图 8-4 的几何关系得

$$x^2 = \left(\frac{D}{2}\right)^2 - \left[\frac{D}{2} - (z_0 - z)\right]^2 = D(z_0 - z) - (z_0 - z)^2 \tag{8-15}$$

当沉陷量较小时

$$x^2 = D(z_0 - z), \quad \mathrm{d}x = \frac{-D\mathrm{d}z}{2x} = -\frac{\sqrt{D}\mathrm{d}z}{2\sqrt{z_0 - z}}$$

代入式(8-13)并令 $z_0 - z = t^2$，$\mathrm{d}z = -2t\mathrm{d}t$，得

$$W = (k_c + bk_\phi)\sqrt{D}\int_0^{\sqrt{z_0}} (z_0 - t^2)^n \mathrm{d}t \tag{8-16}$$

展开$(z_0 - t^2)^n$，取其中前两项代入上式，经整理后得

$$z_0 = \left[\frac{3W}{(k_c + bk_\phi)\sqrt{D}(3-n)}\right]^{\frac{2}{2n+1}} \tag{8-17}$$

将式(8-17)代入式(8-13)，即得压实阻力为

$$F_{rc} = \frac{1}{(3-n)^{\frac{2n+2}{2n+1}}(n+1)(k_c + bk_\phi)^{\frac{1}{2n+1}}}\left(\frac{3W}{\sqrt{D}}\right)^{\frac{2n+2}{2n+1}} \tag{8-18}$$

由式(8-18)可见，增加车轮直径 D 比增加车轮宽度 b 对减少压实阻力更有效。这个方程式对在任何类型均质土壤中产生中等沉陷量的刚性轮均适用。车轮直径越大、沉陷越小，用此式推算的结果越准确。实践证明，当 $z \leqslant D/6$ 时，即从动轮在被陷住不能动之前，这种推算都是有用的。当 $D<50.8$cm(20in)时，则随着 D 的减小推算精确度就降低。但这样小的车轮在汽车上很少遇到。

式(8-18)用于粘性土壤时较准确，用于存在高滑动沉陷的干沙土则不准确，因推导公式时未考虑滑动问题。对于在控制条件下的刚性从动轮，则计算与试验结果即使对干沙土也极为一致。

在松软地面上，滚动着的车轮的前缘将推动土壤形成隆起的前缘波，产生推土阻力 F_{rb}。若 z_0 为沉陷量，γ_s 为土壤单位体积重量，c 为粘聚系数，b 为轮宽，则

$$F_{rb} = b(cz_0 K_{pc} + 0.5z_0^2 \gamma_s K_{pr}) \tag{8-19}$$

式中，$K_{pc}=(N_c-\tan\phi)\cos^2\phi$，$K_{pr}=\left(\dfrac{2N_r}{\tan\phi}+1\right)\cos^2\phi$；$N_c$ 及 N_r 是土壤承载能力系数；ϕ 为摩擦角。

若为很松软的地面，则推土阻力可用下式估算：

$$F_{rb} = b(0.67cz_0 K'_{pc} + 0.5z_0^2 \gamma_s K'_{pr}) \tag{8-20}$$

式中，$K'_{pc}=(N'_c-\tan\phi')\cos^2\phi'$，$K'_{pr}=\left(\dfrac{2N'_r}{\tan\phi'}+1\right)\cos^2\phi'$；$N_c$ 及 N_r 是局部剪切失效时土壤承载能力系数；$\tan\phi'=\dfrac{2}{3}\tan\phi$。

式(8-20)表明，F_{rb} 与 b 成正比。因此，当接地面积和负荷一定时，大直径的窄轮胎要比小直径的宽轮胎推土阻力小。

在非细粒状而具有流体性质的泥浆地面，车辆浸入泥浆部分的形状对运动阻力的影响特别明显，此时推土阻力大于压实阻力而成为主要矛盾。在有硬底层的粘性泥浆里行驶的车辆，推土阻力的大小取决于泥浆的密度 ρ、粘度 u、行驶速度 u_a 以及车辆行走部分浸入泥浆中的尺寸，即

$$F_{rb} = C_D \rho u_a^2 A/2 \tag{8-21}$$

式中，C_D 为泥浆的阻力系数，为雷诺数 Re 的函数，而 $Re=\rho u_a h/\mu$；h 为浸入泥浆的深度；A 为浸入泥浆中的面积。

2) 充气轮胎的土壤阻力

充气轮胎在松软地面上会遇到压实阻力、推土阻力及轮胎弹滞损耗阻力。随着土壤坚实度和轮胎充气压力的不同，轮胎将出现两种滚动情况：若土壤很松软，轮胎充气压力 p_i 及胎体刚度产生的压力 p_c 之和大于土壤对轮胎圆周最低点的支承压力，则充气轮胎像刚性轮胎一样滚动；反之，若土壤比较坚实，胎面接地部分将被压成平面。所以，要确定充气轮胎的压实阻力，首先应确定轮胎是按刚性轮还是按弹性轮在土壤上滚动。

若轮胎像刚性轮一样维持圆形，则根据负荷-沉陷的关系式并将式(8-22)代入，求得轮胎圆周上最低点处土壤的支承压力为

$$p_g = \left(\frac{k_c}{b}+k_\phi\right)z_0^n = \left(\frac{k_c}{b}+k_\phi\right)^{\frac{1}{2n+1}}\left(\frac{3W}{(3-n)b\sqrt{D}}\right)^{\frac{2n}{2n+1}} \tag{8-22}$$

若 $p_i + p_c > p_g$，则轮胎维持圆形，如刚性车轮一样滚动，可用式(8-15)估算其压实阻力。由式(8-22)确定的 p_g 值称为充气轮胎的临界压力 p_{cr}。

p_c 可由试验测得。让轮胎在负荷 W 与充气压力 p_i 下在水平光洁的坚硬路面上滚动，用测得的轮胎印迹面积除以 W 后，便得在硬路面上的接地压力 p_g'。显然，$p_g' = p_i + p_c$，将它作为 p_i 的函数绘出曲线。该曲线与 $p_g' = p_i$ 曲线之间的距离，即为给定负荷下的 p_c 值，如图 8-5 所示。

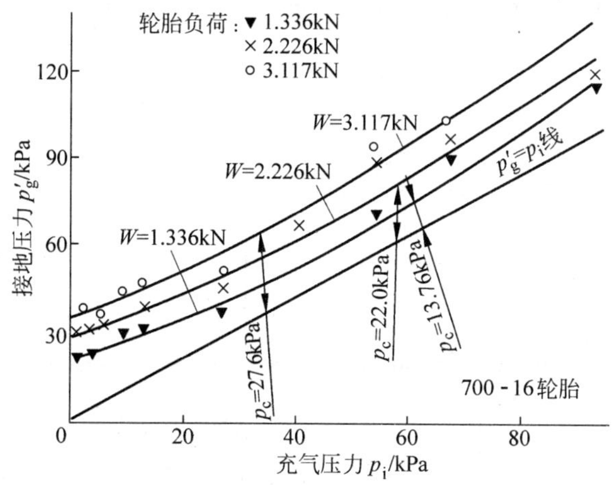

图 8-5 胎体刚度产生的压力 p_c 值的确定

若 $p_i + p_c < p_{cr}$，部分胎缘将变成平面，其接地压力显然为 $p_i + p_c$。此时的沉陷为

$$z_0 = \left(\frac{p_i + p_c}{k_c/b + k_\phi}\right)^{\frac{1}{n}} \tag{8-23}$$

将式(8-23)中的 z_0 值代入式(8-13)，即得弹性轮胎滚动时的土壤压实阻力

$$F_{rc} = b\frac{z_0^{n+1}}{n+1}\left(\frac{k_c}{b} + k_\phi\right) = \frac{[b(p_i + p_c)]^{\frac{n+1}{n}}}{(n+1)(k_c + bk_\phi)^{\frac{1}{n}}} \tag{8-24}$$

轮胎变形 δ_1 引起的弹滞损失，将构成充气轮胎滚动时的弹滞损耗阻力 F_{rt}，其值可近似地由试验确定。令轮胎以不同充气压力 p_i 在光滑路面上滚动，测出的滚动阻力可作为 F_{rt}。根据试验可知，单位负荷弹滞损耗阻力 $f_t = \frac{F_{rt}}{W}$ 可用下面的经验公式来近似表示：

$$f_t = \frac{u_a}{p_i^\alpha} \tag{8-25}$$

式中，α 为经验系数。

由此得

$$F_{rt} = W\frac{u_a}{p_i^\alpha} \tag{8-26}$$

3) 前后串联车轮和车轮重复通过时的土壤压实阻力

前面求出了单个车轮在松软地面上滚动时的土壤阻力，但汽车后轮常是在前轮滚过的土壤上行驶，而车轮滚过后的土壤物理性质可能有些变化，应根据滚过后土壤物理性质的数据，用式(8-13)确定土壤的压实阻力。通常第二次通过时土壤阻力均有所减小，故一般越野汽车都是采用前、后轮距相等并均为单胎的形式，以减小在松软地面上行驶时的阻力。

2. 松软地面给车辆的土壤推力

根据土壤的剪切特性可以确定土壤推力。由于土壤在提供推力时发生剪切变形，故车辆驱动轮的接地面相对于地面有向后的滑动，称"滑转"。它既影响平均车速，又影响燃料消耗，故应掌握土壤推力与滑转的关系。图 8-6 为不同行走机构的土壤推力与滑移率的关系。

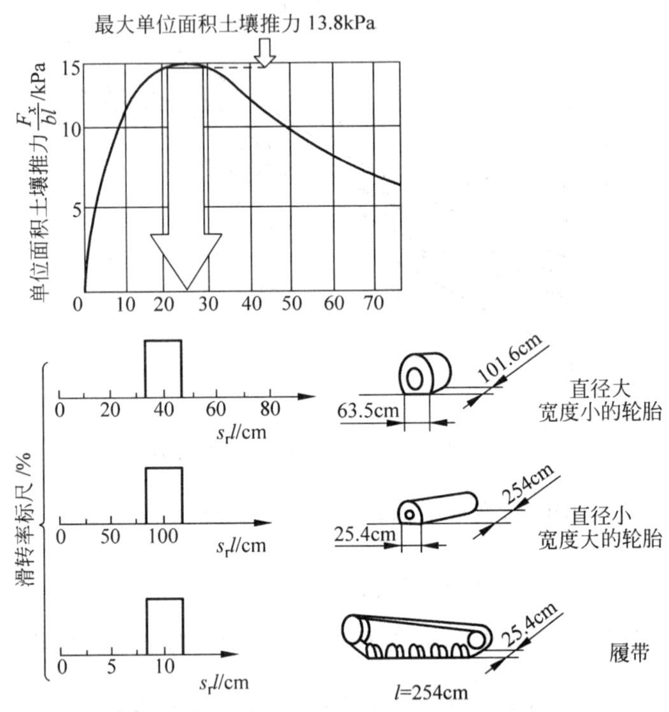

图 8-6　不同行走机构的土壤推力与滑转率关系曲线

对刚性车轮而言，可作如下分析。

轮缘上一点的滑动速度 u_s，即同一点绝对速度的切向分量(图 8-7)，是角 θ 和滑转率 s_r 的函数：

$$u_s = r\omega[1-(1-s_r)\cos\theta] \tag{8-27}$$

土壤与轮缘接触面处的剪切变形为

$$\begin{aligned} j &= \int_0^t u_s \mathrm{d}t = \int_0^{\theta_0} r[1-(1-s_r)\cos\theta]\mathrm{d}\theta \\ &= r[(\theta_0-\theta)-(1-s_r)(\sin\theta_0-\sin\theta)] \end{aligned} \tag{8-28}$$

式中，θ_0 为轮缘与土壤接触面所包含的角度。

若应用式(8-9)，则切应力分布为

$$\begin{aligned} \tau(\theta) &= [c+\sigma(\theta)\tan\varphi][1-\exp(-j/K)] \\ &= [c+\sigma(\theta)\tan\varphi]\left\{1-\exp\left[-\frac{r}{K}(\theta_0-\theta)-(1-s_r)(\sin\theta_0-\sin\theta)\right]\right\} \end{aligned} \tag{8-29}$$

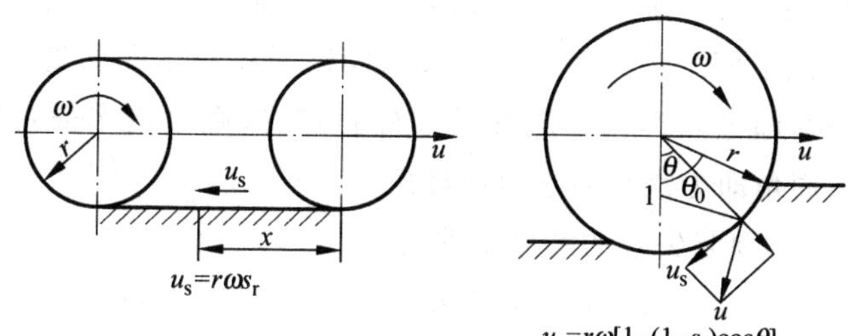

图 8-7 刚性车轮轮缘上土壤剪切变形的产生与履带接地面上剪切变形的比较

对整个车轮与土壤接触面上切应力的水平分量积分，即得土壤推力

$$F_x = \int_0^{\theta_0} br\tau(\theta)\cos\theta \mathrm{d}\theta \tag{8-30}$$

3. 挂钩牵引力

车辆的土壤推力 F_x 与土壤阻力 F_r 之差，称为挂钩牵引力，即

$$F_d = F_x - F_r \tag{8-31}$$

它表示土壤的强度储备，用来使车辆加速、上坡、克服道路不平的阻力或牵引其他车辆。因此，可以利用挂钩牵引力进行车辆的动力性等的设计。

8.3 间隙失效的障碍条件

8.3.1 顶起失效的障碍条件

顶起失效是车辆中间底部的零件碰到地面，而被顶住的间隙失效。图 8-8 是汽车通过由两个相交平面形成的凸起障碍时，汽车与障碍间的相对位置的改变情况。该图也可看成是车辆不动而障碍在运动。此时，障碍顶点 A 的轨迹为直径等于 D_r 的圆，D_r 称为地隙直径。该圆与两车轮在 B、C 点相切。B、C 点的位置可由角 α_0 决定，α_0 由汽车的一个车轮刚好

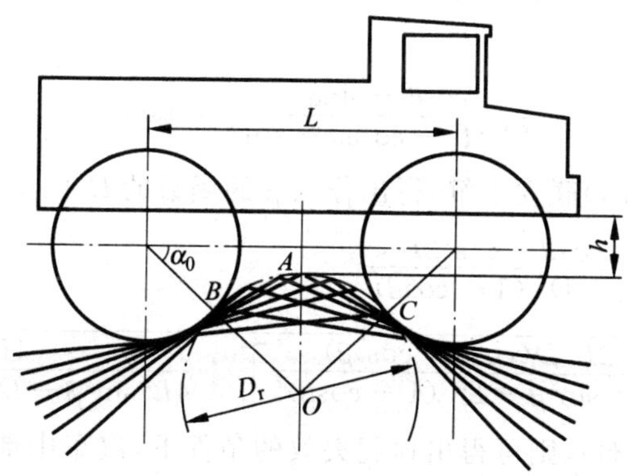

图 8-8 汽车纵向地隙

滚过障碍顶点时的极限位置所确定。BO 与 CO 和汽车轴距中心线的交点 O 即为该圆的圆心。当障碍的尺寸使图上所示的间隙量 $h<0$ 时，即该圆和汽车底部某零件相交时，则发生顶起失效；当 $h=0$ 时，即该圆和汽车底部某零件相切时，则是汽车通过障碍的极限尺寸。此时，BAC 所对的圆周角即为汽车的纵向通过角。

由图 8-9 可知，汽车顶起失效的障碍条件为

$$h_m + 0.5(D+D_r)\sin\alpha_0 - 0.5D \leqslant 0.5D_r$$

或

$$h_m \leqslant 0.5(D+D_r)(1-\sin\alpha_0) \tag{8-32}$$

式中，h_m 为汽车中部地隙；D、D_r分别为车轮直径与地隙直径。

因

$$(D+D_r)\cos\alpha_0 = L \tag{8-33}$$

将式(8-33)代入式(8-32)，可得顶起条件为

$$h_m \leqslant 0.5\left[(D+D_r) - \sqrt{(D+D_r)^2 - L^2}\right] \tag{8-34}$$

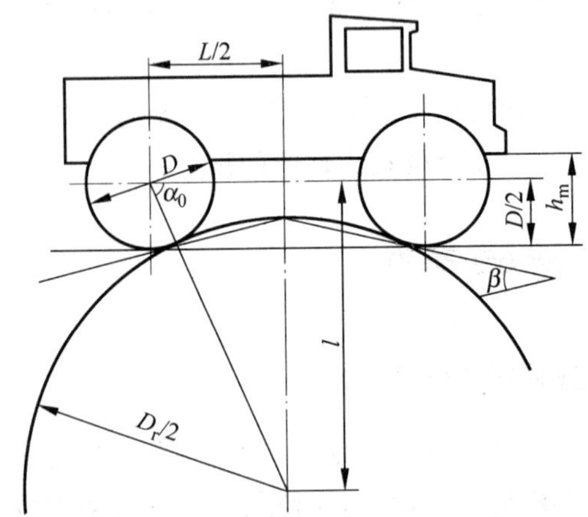

图 8-9　汽车顶起失效的几何关系

由图 8-10，若 β_0 为障碍的上升平面与下降平面之夹角，而 $\beta_0 = 180° - \beta$，$\delta = \alpha_0 - (90° - \beta)$，则有

$$\frac{\cos\delta - \sin\alpha_0}{2L/D - \cos\alpha_0 - \sin\delta} = \tan\delta \tag{8-35}$$

将式(8-35)与式(8-34)联立求解，得出作为 β 的函数的 D_r的值：

$$D + D_r = \frac{2L^2D(\cos\beta - \cos^2\beta)}{4L^2\sin^2\beta - D^2(1-\cos\beta)^2} + \sqrt{\left[\frac{2L^2D(\cos\beta - \cos^2\beta)}{4L^2\sin^2\beta - D^2(1-\cos\beta)^2}\right]^2 + \frac{4L^4}{4L^2\sin^2\beta - D^2(1-\cos\beta)^2}} \tag{8-36}$$

若将此式代入式(8-34)，则可得出顶起失效的条件下，汽车中部地隙 h_m与轴距 L、车轮直径 D 及角 β 之间的关系。

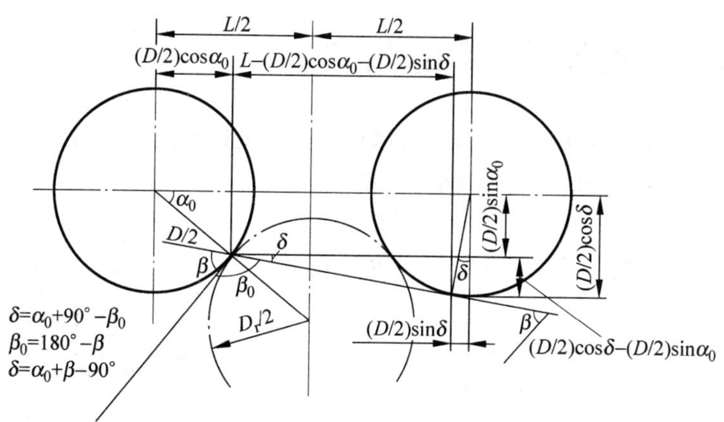

图 8-10　地隙直径的几何关系

8.3.2　触头失效的障碍条件

图 8-11 表示一辆前悬长为 L_f 的汽车，通过平面障碍并驶进深 h、沟底坡度为 β_1 的沟内。为了简化计算，假定汽车前端底部位置位于前、后车轮的中心平面上，如图中小圆圈位置。由几何关系可知，发生触头失效的条件是

$$\frac{D}{2\sin(\beta_1+\alpha)} \leqslant L_f \tag{8-37}$$

式中，α 为汽车失效时纵轴线的倾角；D 为车轮直径。

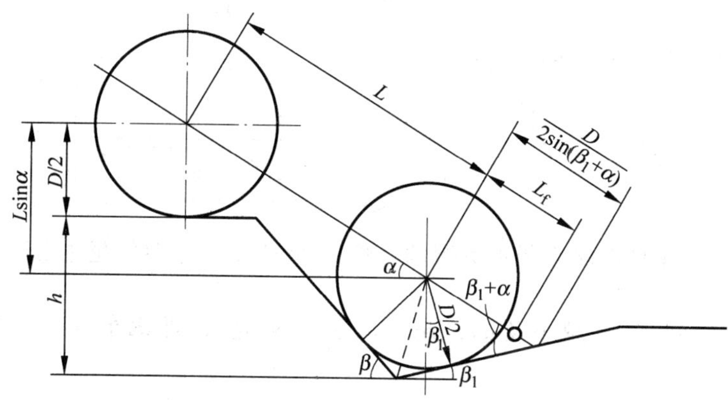

图 8-11　汽车触头失效的几何关系

其中，α 角可由图 8-11 的几何关系确定：

$$\sin\alpha = \frac{h}{L} + \frac{D}{2L}\left(1 - \frac{\cos\dfrac{\beta-\beta_1}{2}}{\cos\dfrac{\beta+\beta_1}{2}}\right) \tag{8-38}$$

确定 α 角（$0<\alpha<\beta$）以后，就可求得不发生触头现象的 L_f 极限值。

8.4 汽车越过台阶、壕沟的能力

汽车在行驶中常常要克服台阶、壕沟等障碍。由于此时车速很低，故可用解静力学平衡方程求得汽车越过障碍能力与其参数间的关系。

图 8-12 是后轮驱动的四轮汽车越过硬路面上的台阶时的受力情况。前轮（从动轮）碰到台阶时有下列平衡方程式：

$$\begin{cases} F_1\cos\alpha + fF_1\sin\alpha - \varphi F_2 = 0 \\ F_1\sin\alpha + F_2 - fF_1\sin\alpha - G = 0 \\ fF_1\dfrac{D}{2} + F_2L - Ga - \varphi F_2\dfrac{D}{2} = 0 \end{cases} \tag{8-39}$$

式中，G 为汽车总重力；F_1 为台阶作用于前轮的反作用力；F_2 为后轴负荷；φ 为附着系数；f 为滚动阻力系数。

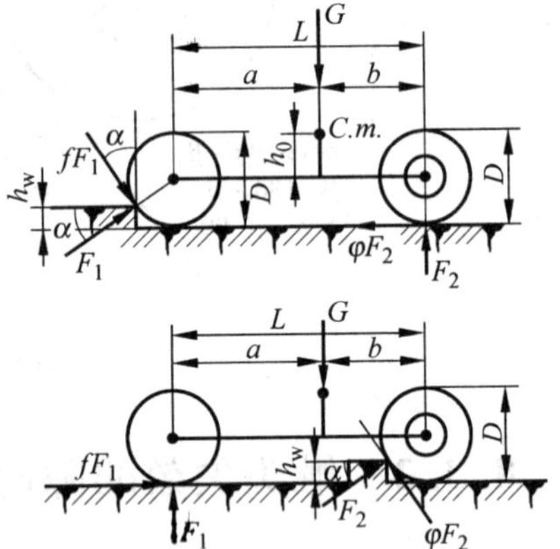

图 8-12　4×2 汽车通过台阶时的情况

将式(8-39)中的 G、F_1、F_2 消去，可得如下的无因次方程式：

$$\left(\frac{\varphi+f}{\varphi}\frac{a}{L}-\frac{f}{\varphi}+\frac{fD}{2L}\right)\sin\alpha-\left(\frac{1}{\varphi}-\frac{1-f\varphi}{\varphi}\frac{a}{L}-\frac{D}{2L}\right)\cos\alpha=\frac{fD}{2L}$$

由图 8-12 所示的几何关系可得

$$\sin\alpha=\frac{0.5D-h_w}{0.5D}=1-\frac{2h_w}{D}$$

代入上式，并设硬路面上的 $f\approx0$，可得

$$\left(\frac{h_w}{D}\right)_1=\frac{1}{2}\left\{1-\frac{1}{\sqrt{1+\varphi^2\left[\dfrac{a/L}{1-a/L-(\varphi D/2L)}\right]^2}}\right\} \tag{8-40}$$

式中，$\left(\frac{h_w}{D}\right)_1$ 为前轮单位车轮直径可克服的台阶高，它表示汽车前轮越过台阶的能力。

由式(8-40)可知，L/D 越小及 a/L 越大，$\left(\frac{h_w}{D}\right)_1$ 就越大，即汽车的前轮容易越过较高台阶。

当后轮（驱动轮）碰到台阶时，平衡方程式为

$$\begin{cases} fF_1 + F_2\cos\alpha + \varphi F_2\sin\alpha_2 = 0 \\ F_1 + F_2\sin\alpha - \varphi F_2\cos\alpha - G = 0 \\ \varphi F_2\dfrac{D}{2} - fF_1\dfrac{D}{2} + F_1L - Gb = 0 \end{cases} \tag{8-41}$$

式中，F_1 为前轴负荷；F_2 为台阶作用于后轮的反作用力。

将 $\sin\alpha=1-2h_w/D$ 及 $f=0$ 代入可得

$$\left(\frac{h_w}{D}\right)_2=\frac{1}{2}\left(1-\frac{1}{\sqrt{1+\alpha^2}}\right) \tag{8-42}$$

式中，$\left(\frac{h_w}{D}\right)_2$ 为后轮单位车轮直径可克服的台阶高，它表示汽车后轮越过台阶的能力。

由上式可知，后轮越过台阶的能力与汽车参数无关，且由于通常 $a>b$，比较式(8-40)和式(8-42)可知，后轮是限制汽车越过台阶的主要因素。

同理可得 4×4 汽车在硬路面上越过台阶的受力情况。当前轮与台阶相碰时，有

$$\left(\frac{1}{\varphi}-\frac{1+\varphi^2}{\varphi}\frac{a}{L}-\frac{D}{2L}\right)\cos\alpha-\left(1-\frac{\varphi D}{2L}\right)\sin\alpha=\frac{\varphi D}{2L}$$

同样以 $\sin\alpha=1-2h_w/D$ 代入，可以求得 $\left(\frac{h_w}{D}\right)_1$。经分析计算可知，$\left(\frac{h_w}{D}\right)_1$ 是随 L/D 的增加而降低的。另外，增加 a/L 的比值时，可以使 4×4 汽车前轮越过台阶的能力显著提高，甚至可以使车轮爬上高度大于其半径的台阶。

当后轮碰到台阶时，有

$$\left(\cos\beta-\varphi\sin\beta+\frac{\varphi D}{2L}\right)\sin\alpha-\frac{\varphi D}{2L}$$
$$-\left[\left(\frac{1+\varphi^2}{\varphi}\frac{a}{L}-\varphi\right)\cos\beta+\left(\frac{1+\varphi^2}{\varphi}\frac{h_0}{L}-1\right)\sin\beta+\frac{D}{2L}\right]\cos\alpha=0$$

由上式分析可知，a/L 比值的影响正好与 4×4 汽车前轮越过台阶的情况相反。长轴距、前轴负荷大的汽车(即 a/L 比值小)，其后轮越过障碍的能力要比前轮大。较大的 L/D 比值时，不论汽车的总质量如何在轴间分配，总会改善后轮的越障能力。

汽车越过壕沟的情况如图 8-13 所示，与汽车越过台阶的情况相似，因此可以采用类似的办法，可以用壕沟宽度 l_d 与车轮直径 D 之比来评价。$\frac{l_d}{D}$ 与 $\frac{h_w}{D}$ 的换算关系为

$$\frac{l_d}{D}=2\sqrt{\frac{h_w}{D}-\left(\frac{h_w}{D}\right)^2} \tag{8-43}$$

因此，只要计算出汽车越过垂直障碍的能力 $\frac{h_w}{D}$，即可由上式确定越过壕沟的宽度与车轮直径的比值 $\frac{l_d}{D}$，从而计算出能跨越的壕沟宽度。

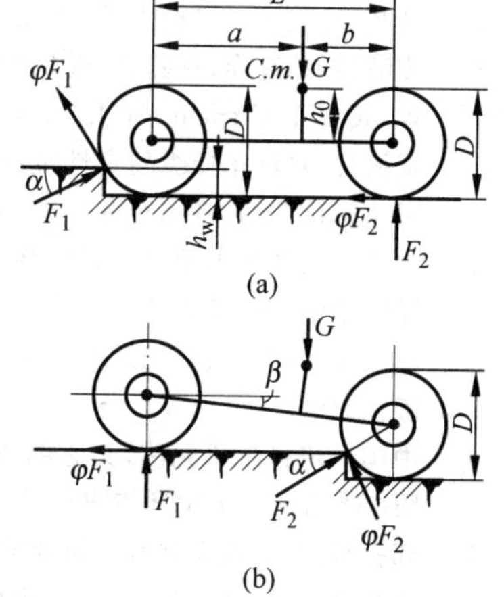

图 8-13 4×4 汽车通过台阶时的情况

思考题与练习题

8-1 汽车通过性的几何参数主要有哪些？并解释定义。

8-2 从使用角度讲，影响汽车通过性的主要因素有哪些？

8-3 一个 38×20-16 的轮胎，直径 $D=0.975$m、宽为 0.47m，行驶在 $n=0.44$，$k_c=8.93\text{kN/m}^{1.44}$，$k_\phi=230.69\text{kN/m}^{2.44}$ 的沙壤土上。轮胎的垂直载荷为 8586N，充气压力为 49kPa，由胎壳刚性产生的压力是 19.6kPa。试估计该轮胎的压实阻力。

参考文献

[1] 余志生.汽车理论[M].5版.北京：机械工业出版社，2009.

[2] 张文春.汽车理论[M].2版.北京：机械工业出版社，2009.

[3] 清华大学.汽车理论 [M].北京：机械工业出版社，2006.

[4] 米奇克.汽车动力学[M].陈荫三，译.北京：人民交通出版社，1992.

[5] 吉林工业大学.汽车理论 [M].北京：中国工业出版社，1962.

[6] 冯建璋.汽车发动机原理与汽车理论[M].北京：机械工业出版社，1999.

[7] 喻凡，林逸.汽车系统动力学 [M].北京：机械工业出版社，2005.

[8] Pacejka T B. Tire and Vehicle Dynamics [M]. UK：Butterworth-Heinemann，2012.

[9] 曹红兵.汽车理论 [M].北京：机械工业出版社，2013.

[10] 吴光强.汽车理论 [M].北京：人民交通出版社，2007.

[11] 日本汽车技术会.汽车工程手册 1：基础理论篇[M].北京：北京理工大学出版社，2009.

[12] 洪水，郭玲.汽车理论 [M].北京：北京交通大学出版社，2009.

[13] 陈家瑞.汽车构造 [M].北京：机械工业出版社，2002.

[14] 张代胜.汽车理论 [M].合肥：合肥工业大学出版社，2011.

[15] 马强骏.汽车动力性检测中路试与台试的差异性分析 [J].中国测试技术，2006，32(4)：126-132.

[16] Thomas D. Gillespie. Fundamentals of Vehicle Dynamics [M]. Warrendale PA：SAE. Inc，1992.

[17] 马芳武.汽车空气动力学 [M].北京：机械工业出版社，1993.

[18] 陈清泉，孙逢春，祝嘉光.现代电动汽车技术[M].北京：北京理工大学出版社，2002.

[19] Wong L T，Clemens W J. Power Matching for Better Fuel Economy [J/OL]. SAE paper 790045.

[20] 陈振日.对汽车操纵稳定性现行评价指标的分析与建议[J].汽车技术，2006(9)：5-8.

[21] 阿达姆措莫托.汽车行驶性能[M].黄锡明，解春阳，译.北京：科学普及出版社，1992.

[22] 中华人民共和国国家质量监督检验检疫总局，中国国家标准化管理委员会.GB/T 6323—2014 汽车操纵稳定性试验方法[S].北京：中国标准出版社，2014.

[23] 国家质量技术监督局.GB 12676—1999 汽车制动系统结构性能和试验方法[S].北京：中国标准出版社，1999.

[24] 中国环境科学研究院，交通部公路科学研究所.GB 18285—2005 点燃式发动机汽车排气污染物排放限[S].北京：中国环境出版社，2005.

[25] 郭孔辉.长春汽车研究所近年来对汽车操纵稳定性的研究[J].汽车技术，1984(3)，17-23.

[26] 宗长富，郭孔辉.汽车操纵稳定性的研究与评价[J].汽车技术，2000(6)：6-11.

[27] 管欣.驾驶员方向控制模型及闭环驾驶安全性预测方法的研究[D].长春：吉林工业大学，1992.

[28] Genta G，Morello L. The automotive chassis：volume 2：system design[M]. Springer，2008.

[29] 刑如飞，管欣，田承伟，等.汽车操纵稳定性主观评价指标权重确定方法[J].吉林大学学报：工学版，2009，S1：33-38.

[30] 熊坚，曾纪国，宋健.汽车操纵稳定性虚拟仿真的研究[J].汽车工程，2002(05)：430-433.

[31] 尹念东，王树凤，余群.汽车操纵稳定性的虚拟实验[J].汽车工程，2001(4)：233-235.

[32] 车华军，陈南，殷国栋.基于操纵稳定性的车辆悬架性能参数稳健设计方法[J].汽车工程，2009，31(04)：371-375.

[33] Lincke W，Schmidt R，Richter B. Simulation and measurement of driver vehicle handling performance [J]. SAE paper 730489，1973.

[34] Bergman W. Measurement and subjective evaluation of vehicle handling[J]. SAE Paper 730492，1973.

[35] Zschocke A，Albers A. Links between subjective and objective evaluations regarding the steering character of automobiles[J]. International Journal of Automotive Technology，2008，9(4)：473-481.

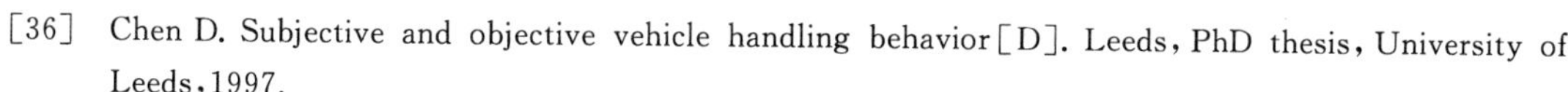

[36] Chen D. Subjective and objective vehicle handling behavior[D]. Leeds, PhD thesis, University of Leeds, 1997.

[37] Ash H A S. Correlation of subjective and objective handling of vehicle behavior[D]. Leeds, PhD thesis, University of Leeds, 2002.

[38] Bergman W. Relationships of certain vehicle handling parameters to subjective ratings of ease of vehicle control [C]. Tokyo, Proc. of 16th Fisita Congress, 1978.

[39] Matsushita A, Takanam K, Nobuyoshi T, et al. Subjective evaluation and vehicle behavior in lane-change maneuvers[J]. SAE Paper 800845, 1980.

[40] Reighelt W. Correlation analysis of open /closed loop data for objective assessmeent of handling characteristics of cars[J]. SAE Paper 910238, 1991.

[41] Crolla D A, Chen D C, Whitehead J P, et al. Vehicle handling assessment using a combined subjective-objective approach[J]. SAE Paper 980226, 1998.

[42] Crolla D A, King R P, Ash H A S. Subjective and objective assessment of vehicle handling performance[C]. Seoul, 2000 FISITA World Automotive Congress, 2000.

[43] Chen D C, Crolla D A. Subjective and objective measures of vehicle handling: drivers & experiments [J]. Vehicle System Dynamics: International Journal of Vehicle Mechanics and Mobility, 1998, 29 (1): 576-597.

[44] Silvio C D, Pascali L, Santi C. Handling objective evaluation using a parametric driver model for ISO Lane Change Simulation[J]. SAE, 2002(1): 1569.

[45] Data S, Frigerio F. Objective evaluation of handling quality[J]. J Automobile Engineering, 2002, 216 (D): 297-305.

[46] Caviasso G, Data S C, Pascali L, et al. Customer orientation in advanced vehicle design[J]. SAE, 2002 (01): 1576.

[47] Käppler W D, Van Randwijk G J, Ruijs M J, et al. Methodology for predicting car and truck handling assessments[C]. London, Paper 925044, C389 /379, FISITA XXIV Congress, MechE, 1992.

[48] Bekker M G. Introduction to Terrain-Vehicle Systems [M]. Ann Arbor, University of Michigan Press, 1969.

[49] Karafith L L, Nowatzki E A. Soil Mechanics for Off-road Vehicle Engineering Trans[M]. Tech. Publications, 1978.

[50] 庄继德. 汽车地面力学[M]. 北京：机械工业出版社，1981.

[51] 陈秉聪. 土壤-车辆系统力学[M]. 北京：中国农业出版社，1981.

[52] Seiffer U, Waltzer P. The Future for Automotive Technology [M]. London: Frances Finter, 1984.

[53] 靳晓雄. 汽车振动分析[M]. 上海：同济大学出版社，2002.

[54] Mechanical vibration and shock—Evaluation of human exposure to whole-body vibration—Part Ⅰ: General requirements[S]. ISO 2631-1: 1997(E).

[55] 长春汽车研究所. GB/T 4970—1996 汽车平顺性随机输入行驶试验方法[S]. 北京：中国标准出版社，1996.

[56] 中国第一汽车集团公司技术中心，吉林大学. GB/T 6323—2014 汽车操纵稳定性试验方法[S]. 北京：中国标准出版社，2014.

[57] Whitcomb D W, Milliken W F. Design Implications of General Theory of Automobile Stability and Control[C]. London: Proceedings of the Institution of Mechanical Engineers, Automobile Division. 1956—1957.

[58] 机械工业部汽车工业司产品处，中国汽车技术研究中心标准所. 汽车定型与通用试验方法标准汇编[G]. 天津：中国汽车技术研究中心，1994.

[59] 刘晶郁. 摆角速度反馈对车辆操纵稳定性的影响[J]. 长安大学学报，2006, 26(6): 99-101.